As Múltiplas Faces da Constituição Cidadã

Organização
Jefferson O. Goulart

Prefácio
Gilberto Bercovici

As Múltiplas Faces da Constituição Cidadã

Textos
Angélica A. Tanus Benatti Alvim
Antônio Sérgio Rocha
Carlo José Napolitano
Cicero Araujo
Cicilia M. Krohling Peruzzo
Jefferson O. Goulart
Luiz Guilherme Rivera de Castro
Maximiliano Martin Vicente
Murilo César Soares
Nelson Saule Júnior
Othon Jambeiro
Rachel Moreno
Sarah Feldman

1ª edição - 2009
São Paulo

CULTURA
ACADÊMICA
Editora

Imagem da capa
Agência Brasil – Empresa Brasil de Comunicação

Capa
Marcos C. Monteiro

Projeto Gráfico e Diagramação
Canal 6 Projetos editoriais
www.canal6.com.br – Fone: (14) 33137968

Revisão
Eduardo Massuh Cury

CIP-BRASIL. CATALOGAÇÃO-NA-FONTE
SINDICATO NACIONAL DOS EDITORES DE LIVROS, RJ

M926 As múltiplas faces da Constituição cidadã / organização Jefferson O. Goulart ; prefácio Gilberto Bercovici ; textos Angélica A. Tanus Benatti Alvim... [et al.]. - 1.ed. - São Paulo : Cultura Acadêmica, 2009.
220 p. ; 21 cm.

Inclui bibliografia
ISBN 978-85- 98605-83-8

1. Direito constitucional - Brasil - Interpretação e construção. 2. História constitucional - Brasil. 3. Brasil - História. 4. Brasil - Política e governo. I. Goulart, Jefferson O. (Jefferson Oliveira), 1963-.
09-3178.
CDU: 342(81):94(81)
30.06.09 03.07.09 013532

CULTURA ACADÊMICA Editora

Editora Unesp

Praça da Sé, 108
01001-900 – São Paulo – SP
www.editoraunesp.com.br
feu@editora.unesp.br

Sumário

Prefácio

Vinte anos da Constituição de 1988

As constituições do século XX não representam mais a composição pacífica do que já existe, mas lidam com conteúdos políticos e com a legitimidade, em um processo contínuo de busca de realização de seus conteúdos, de compromisso aberto de renovação democrática. Não há mais constituições monolíticas, homogêneas, mas sínteses de conteúdos concorrentes dentro do quadro de um compromisso deliberadamente pluralista. A constituição é vista como um projeto que se expande para todas as relações sociais. O conflito é incorporado aos textos constitucionais, que não parecem representar apenas as concepções da classe dominante; pelo contrário, tornam-se um espaço no qual ocorre a disputa político-jurídica. As constituições não pretendem mais receber a estrutura econômica e social existente, mas querem alterá-la. As constituições positivam tarefas e políticas a serem realizadas no domínio econômico e social para atingir certos objetivos. A ordem econômica e social destas constituições é diretiva ou 'programática', incorporando conteúdos de política econômica e social. A constituição que conhecemos surge quando a estrutura econômico-social se revela problemática, acabando a crença na harmonia pré-estabelecida do mercado.

A característica essencial das constituições do século XX é, portanto, o seu caráter diretivo ou programático Esta característica é fruto da democracia de massas. A tentativa de incorporação da totalidade do povo no Estado passa a exigir a presença de uma série de dispositivos constitucionais que visam a alterar ou transformar a realidade socioeconômica. A reação a esta incorporação de temas de política econômica e social nos textos constitucionais gera boa parte do debate político-constitucional do século XX. O Brasil também não fugiria a esta regra em 1933-1934, 1945-1946 e 1987-1988. Os debates e disputas transcorridos durante a convocação e os trabalhos da Assembleia Nacional Constituinte de 1987-1988 sobre temas como ampliação da participação popular, reestruturação federativa, reforma agrária, reforma urbana, papel do Estado na economia, direitos sociais, entre outros, demonstram a riqueza e a complexidade destes processos de elaboração de constituições em sociedades que pretendem construir uma democracia.

A promulgação da Constituição de 1988 vai gerar, ainda, um dos nossos grandes debates constitucionais: o da concepção de constituição dirigente, ideia introduzida no Brasil a partir da obra *Constituição Dirigente e Vinculação do Legislador* (1982), do constitucionalista português José Joaquim Gomes Canotilho. Para ele, a constituição dirigente busca racionalizar a política, incorporando uma dimensão de legitimidade material pelos fins e tarefas previstos no texto constitucional. A constituição, assim, não é só garantia do existente, mas também um programa para o futuro. Esta dimensão transformadora é ressaltada por todas as versões de constituição dirigente. Seja a constituição dirigente 'revolucionária', como a Portuguesa de 1976, em cuja versão original havia a consagração da transição ao socialismo como um dos objetivos da República. Seja a constituição dirigente 'reformista', como a Espanhola de 1978 e a Brasileira de 1988, que, embora não proponham a transição para o socialismo, determinam um programa vasto de políticas públicas inclusivas e distributivas.

A Constituição de 1988 é uma constituição dirigente, como se pode perceber pela leitura de seus artigos 1º e 3º (fundamentos e objetivos da República), e tem expressamente uma constituição econômica voltada para a transformação das estruturas sociais (artigo 170), além da garantia expressa dos direitos fundamentais sociais (artigos 6º a 11 e 193 a 232), incorporando ao seu texto, portanto, o conflito, muitas vezes ignorado pela doutrina jurídica. Esta incorporação, chamando formalmente a atenção sobre estas questões e determinando a necessidade de se encontrarem soluções, é particularmente sensível e perceptível no capítulo da ordem econômica: não é à toa que neste capítulo se travaram os grandes embates políticos e ideológicos nas discussões da Assembleia Nacional Constituinte. Também não é por outro motivo que este capítulo foi o mais desfigurado pelo intenso processo de reformas constitucionais neoliberais levado a cabo desde o governo de Fernando Henrique Cardoso. Será justamente na ordem econômica da constituição que os seus críticos encontrarão as 'contradições' e os chamados 'compromissos dilatórios', além das célebres 'normas programáticas', que são sinônimos de normas que não possuem nenhum valor concreto. Ou seja, toda norma incômoda passa a ser classificada como 'programática', bloqueando, na prática, a efetividade da constituição e, especialmente, da constituição econômica e dos direitos sociais.

Outra crítica feita à Constituição de 1988 diz respeito à acusação de que, como uma constituição dirigente, ela teria substituído o processo de decisão política pelas imposições constitucionais, sendo responsável, inclusive, pela 'ingovernabilidade' brasileira. O curioso é que são apenas os dispositivos relativos às políticas públicas e aos direitos sociais que 'engessam' a política, retirando a liberdade de atuação do legislador. E estes mesmos críticos são os grandes defensores das políticas de estabilização e de supremacia do orçamento monetário sobre as despesas sociais. Não houve nenhuma manifestação de que se estava 'amarrando' os futuros governos a uma única política possível, sem alternativa, com a imposição, inclusive pela via da reforma constitucional, das políticas ortodoxas de ajuste fiscal e de liberalização da economia. Ou seja, a constituição dirigente das políticas públicas e dos direitos sociais é entendida como causadora última das crises econômicas e do déficit público. A constituição dirigente invertida, isto é, a constituição dirigente das políticas de ajuste fiscal, é vista pelo sistema financeiro internacional como algo positivo para a credibilidade e a confiança do país.

A batalha ideológica em torno da Constituição de 1988 é, assim, cada vez mais acirrada. As críticas conservadoras todas podem ser solucionadas, formalmente, por uma hermenêutica constitucional leal à constituição. Mas só isto não basta. Para resistir às críticas e tentativas de enfraquecimento e desfiguração da Constituição de 1988, é necessário sair do instrumentalismo constitucional, ou seja, da crença de que é possível mudar a sociedade, transformar a realidade apenas com os dispositivos constitucionais. Consequentemente, o Estado e a política são ignorados, deixados de lado. E é justamente por meio da política e do Estado que a constituição e seus dispositivos relativos à reestruturação econômica e à transformação das estruturas sociais vão ser concretizados. O risco deste afastamento da constituição em relação ao Estado e à política, com a hegemonia cada vez maior dos tribunais constitucionais, é o do abandono, pela política democrática e partidária, da esfera da constituição. Afinal, a constituição se liberta da política, mas a política também acaba se desvinculando dos fins e tarefas previstos no texto constitucional. Ou seja, ao constitucionalizar tudo, tornando o tribunal constitucional o grande ator da concretização e da interpretação do texto constitucional, o risco é de que isto represente, como reação, a constitucionalização do nada, com a atividade político-partidária cada vez menos vinculada, na prática, às determinações constitucionais.

Diante deste quadro, qual é ainda o sentido de se falar na constituição dirigente de 1988? Se representar a pretensão de constitucionalizar tudo, a constituição dirigente não faz sentido. Acaba se tornando uma teoria constitucional esvaziada da política e do Estado, portanto, estéril. No entanto, ela faz sentido como projeto emancipatório, que inclui expressamente no texto constitucional as tarefas que o povo brasileiro entende como absolutamente necessárias para a superação do subdesenvolvimento, e que não foram concluídas. Como projeto nacional e como denúncia desta não-realização dos anseios da soberania popular no Brasil, ainda faz sentido falar em constituição dirigente e em celebrar os vinte anos da Constituição de 1988.

Gilberto Bercovici
Professor Associado de Direito Econômico e Economia Política da Faculdade de Direito da Universidade de São Paulo

* * *

AS MÚLTIPLAS FACES DA CONSTITUIÇÃO CIDADÃ é resultado da *X Jornada Multidisciplinar*, evento sob a mesma denominação promovido pelo Departamento de Ciências Humanas da FAAC/UNESP, em setembro de 2008.

O processo político-institucional que resultou na promulgação da Carta de 1988 – a *Constituição cidadã*, na síntese de seu presidente, Ulysses Guimarães – apresenta algumas singularidades, dentre elas um arcabouço reconhecidamente progressista e o fato de se inserir na transição que superou o regime autoritário e inaugurou o ciclo democrático que vivemos até o presente. Não por acaso, foi um período marcado por intensas disputas políticas e polarizações ideológicas, além de ativa participação da sociedade civil.

Revisitar o processo constituinte concluído em 1988 e examinar o seu legado implica mergulhar no passado recente para compreender o Brasil contemporâneo e projetar seu futuro. Tal desafio requer um olhar multidisciplinar, com múltiplos focos e abordagens que permitam contemplar a política, a estrutura jurídica, a sociedade, a comunicação, o urbano e outras tantas dimensões do tema. Pois esse é o espírito dos autores desta obra coletiva. Alguns participaram da *Jornada* como conferencistas ou debatedores, outros como organizadores, e também há estudiosos e pesquisadores especialistas nas diferentes abordagens escolhidas.

O livro está organizado de uma forma sequencial que pretende facilitar a incursão do leitor. No primeiro bloco, os temas envolvem basicamente a política e sua dimensão institucional. Em *O processo constituinte: sociedade civil e povo na transição*, Cicero Araujo constrói um enquadramento original do seu objeto como recurso para compreender os resultados da própria Constituição de 1988, isto é, retoma os conceitos de sociedade civil e de povo para dimensionar o peso de cada um na relação entre processo constituinte e transição para a democracia. Em seguida, Carlo Napolitano apresenta *A Constituição de 1988: controle de constitucionalidade das leis e judicialização da política*, texto em que analisa sob quais condições ocorre a expansão das prerrogativas do Poder Judiciário, especialmente do Supremo Tribunal Federal, interpretando o controle de constitucionalidade das leis na Carta de 1988 e suas alterações subsequentes. Fechando esse grupo, Antônio Sérgio Rocha, em *A Assembleia Nacional Constituinte e o 'problema do orçamento público' no Brasil*, enfrenta o tema do orçamento público e como este emerge das relações entre Executivo e Legislativo, tomando como referência analítica a influência das experiências orçamentárias da democracia populista sobre os constituintes de 1988.

Na segunda seção, a Constituição de 1988 é vista sob a ótica da questão urbana. Com *A Constituição de 1988 e política urbana no Brasil: recuperando um percurso de construção de ideias e práticas*, Sarah Feldman situa as conquistas da Carta cidadã como parte de um longo embate entre a persistente atuação de urbanistas e os recorrentes obstáculos impostos pela sociedade e pela política brasileiras a um planejamento mais efetivo. Na sequência, Nelson Saule Jr., em *Possibilidades de proteção do direito à moradia no balanço de 20 anos da Constituição brasileira*, avalia o caráter positivo da evolução da ordem jurídica urbanística com o reconhecimento do direito à moradia como um direito fundamental. Em *Da Constituição cidadã ao Estatuto da Cidade: políticas públicas democráticas no governo local*, Jefferson Goulart focaliza o marco institucional inovador da Carta de 1988 ao incluir a política urbana e reconhecer os municípios como entes federados, concluindo com um balanço preliminar da experiência recente de implantação do Estatuto da Cidade. Angélica A. T. Benatti Alvim e Luiz Guilherme Rivera de Castro fecham o bloco com *Avaliação de políticas urbanas a partir do Estatuto da Cidade*, artigo em que discutem possibilidades e limites de processos de avaliação de política urbana nos municípios brasileiros a partir dos marcos legais firmados pela Constituição Federal de 1988 e pelo Estatuto da Cidade.

No derradeiro bloco, o tema é a comunicação. Em *A Comunicação na Constituição de 1988*, Othon Jambeiro analisa o tratamento dado à Comunicação pela Constituição de 1988, a partir de uma reconstituição histórica das quatro constituições que a antecederam após a Revolução de 1930. *Comunicação em xeque: o debate na regulamentação pós-constituição*, de Maximiliano Martin Vicente, avalia o embate originado na tentativa de regulamentar o disposto no inciso III do Artigo 221 da Constituição Federal, referente à regionalização da programação cultural, artística e jornalística e à produção independente nas emissoras de rádio e TV, constatando a ausência da população – maior interessada na democratização da comunicação. *Comunicação e cidadania, uma questão de direitos humanos*, de Cicilia Peruzzo, discute as relações entre comunicação e cidadania visando a identificar suas interfaces do ponto de vista teórico e do avanço das práticas sociais em prol do direito à comunicação. Murilo Soares, em *O jornalismo como instituição política*, examina as formas de influência do jornalismo no processo político com base nos conceitos de agendamento e enquadramento. *Mulher, mídia e controle social*, de Rachel Moreno, aborda a mobilização do movimento feminista e de mulheres em geral pelo controle social da imagem da mulher na mídia e pela democratização do acesso aos meios de comunicação.

Cicero Araujo

O processo constituinte:

sociedade civil e povo na transição

Pretendo apresentar uma reflexão em torno da pesquisa, financiada pelo CNPq, que um grupo de colegas está fazendo sobre a Constituição de 1988, cujo objeto é o que estamos chamando de processo constituinte. A pesquisa ainda encontra-se em estágio bastante incipiente e, por isso, cabe alertar que a exposição será bastante incompleta, em vários sentidos. Primeiro, devido à sua própria complexidade, apresentando dimensões cujo entrelaçamento ainda precisa ser desvendado. Segundo, embora já haja boa quantidade de informação, resta ainda muita a ser colhida, tanto em termos de documentos quanto de depoimentos vivos de atores os mais diversos, dentro e fora das instituições decisórias, do governo ou do parlamento, dos partidos e dos movimentos sociais. Terceiro, mesmo considerando a massa de informação já conhecida, ela está longe de ter sido devidamente digerida – só para ficar num exemplo, o imenso e rico material dos anais da Constituinte.[1]

Por outro lado, se o que tenho a oferecer é um tanto escasso do ponto de vista empírico ou factual, essa mesma escassez me dá a oportunidade de formular um enquadramento conceitual ao objeto, junto com algumas hipóteses gerais sobre seu resultado, isto é, a própria Constituição de 1988. A exposição inspira-se nos *workshops*, entrevistas e discussões que nosso grupo de pesquisa já fez. Mas isso é ainda muito pouco e, portanto, arrisco-me a dar vários tiros no escuro e, sem dúvida, vou deixar muitos fios soltos.

O principal ponto da análise é a relação entre o processo constituinte e a transição brasileira à democracia. Meu maior interesse é instalar a ob-

1 Esse importantíssimo documento já se encontra disponível na internet, no sítio da Câmara dos Deputados (ver em Referências Bibliográficas).

servação daquele ponto para trás (o passado), e menos daquele ponto para frente, embora uma indicação sobre isso seja feita no final. De que modos a política da transição afetou a política da Constituinte? Em sentido inverso, de que modos a política da Constituinte poderia nos ajudar a esclarecer pelo menos certos aspectos da transição? Como quem formula essas questões tem o privilégio da visão de retrospecto, que também abrange o que veio depois da Constituinte até o presente, é claro que elas vêm contaminadas com certa percepção a respeito do período posterior, algo inevitável, mas que pode ser razoavelmente controlado.

A primeira dificuldade que se apresenta é definir o que é o processo constituinte. Poderíamos ficar com a definição mais elementar, singelamente técnica: entre 1º de fevereiro de 1987, data de instalação da Assembleia Nacional Constituinte, e 5 de outubro de 1988, data de sua promulgação. Se não quisermos ficar presos a balizas tão formais, a fim de explorar os termos politicamente mais dinâmicos do processo, poderíamos estender esse período para antes e depois. Mas quanto antes e quanto depois? Isso vai depender do interesse do analista e de suas hipóteses de investigação. Quem pensar a Assembleia Constituinte como um processo essencialmente incompleto, vai ser tentado a compreender certos acontecimentos futuros como sequelas daquele evento: daí que se fale de uma 'longa Constituinte' e o primeiro mandato de FHC, período de intensa revisão da Carta de 1988, como uma espécie de 'terceiro turno' do processo.[2] Mas se o inserirmos na etapa final da transição, como é o meu caso, será muito interessante recuar um pouco – pelo menos até o início do mandato presidencial de José Sarney (1985), quando, após alguma hesitação, a questão da Constituinte é posta definitivamente na mesa. Mesmo essa, porém, é uma delimitação precária, provisória, pois é óbvio que, dependendo do que se discute e se pretende explicar, torna-se necessário recuar mais.

A segunda dificuldade, relacionada a essa, é porém mais substantiva: afinal, o que precisa ser explicado ou interpretado no processo constituinte? Quais os fatos relevantes? Quais os atores políticos fundamentais? Como articular uma narrativa do processo? De novo, embora os fatos e a cronologia deem uma base para a narração objetiva, não há como separar a resposta a essas perguntas do interesse analítico do pesquisador. O meu, como disse, é resgatar fatos e cronologia tendo em vista a transição. O que houver para ser explicado – atores, suas escolhas, a própria sucessão dos acontecimentos, etc. – terá de sê-lo em vista do modo como se entende a transição e, mais geralmente, como já indicarei, as mudanças respectivas de regime político e das regras constitucionais, e do que chamarei de infraestrutura do Estado.

2 Ver, a esse respeito, o artigo de Couto (1998).

Especialmente quanto aos atores, embora sem querer despersonalizá-los e negar-lhes os nomes próprios – o governo, os partidos (PMDB, PFL, PDS, PDT, PT) e seus representantes individuais, além dos militares, os movimentos sociais, a mídia, etc. –, minha tendência é antes construir figuras mais abstratas para depois dar-lhes a devida encarnação e identificação histórica. O propósito final da minha pesquisa é construir uma narrativa do processo – se possível refletindo a tensão e a dramaticidade dos acontecimentos –, porém com base num quadro conceitual mais frio e generalizante, junto com essas mesmas figuras abstratas, as quais me servirão de balizas para, ao mesmo tempo, contar e explicar. No que segue, vou explorar um pouco esse quadro conceitual.

SOCIEDADE CIVIL E POVO

Gostaria, primeiramente, de sugerir uma distinção entre os conceitos de Sociedade Civil e de Povo. São duas ideias que costumam ser confundidas, em particular quando se vive um período de transição à democracia. Contudo, será útil para a presente análise definir Povo como a cidadania organizada eleitoralmente, e Sociedade Civil, a cidadania organizada de dois modos: a) em associações, sindicatos, movimentos sociais, de protesto ou de defesa de causas; b) através de instrumentos, empresariais ou não, de mediação e expressão da opinião pública, isto é, as agências formadoras de opinião. Assim, o poder político do Povo está concentrado no voto; o da Sociedade Civil, na militância associativa (voluntária ou profissional), por um lado, e nos meios de informação e expressão da opinião (os meios de comunicação), por outro.

Essa distinção reflete diferentes modos de participação da cidadania na vida política, e são também diferentes modos de intervir na formação das alternativas e das próprias decisões políticas. Na linguagem da Ciência Política contemporânea, poderíamos tentar enquadrá-la na distinção entre a simples preferência dos participantes – o voto, que estipula a igualdade da participação do cidadão-eleitor –, e as intensidades dessas mesmas preferências – cujos diferentes graus têm como efeito a desigualdade da participação nos modos do engajamento (a militância) e da expressão de opiniões. Essa terminologia é interessante, mas é preciso refiná-la um pouco mais, desde que, evidentemente, ao se analisar a expressão da opinião, não se leve em conta apenas a intensidade, mas também a qualidade, o nível de elaboração intelectual das preferências. Para completar esse quadro de atores abstratos, teríamos também de encontrar lugar para um tipo que não é propriamente nem Sociedade Civil nem Povo, mas algo intermediário: os partidos. Em termos formais, a unidade básica de participação no âmbito do Povo, porque expressa no voto, é individual, enquanto a da Sociedade Civil se dá sempre ao modo de uma agência coletiva. Aparentemente, configuram lógicas de participação muito distintas. Em termos práticos, porém, o partido é uma das maneiras de promover a mediação entre essas duas formas. Essa mediação assume características diversas, dependendo do regime político, das origens dos partidos e dos modos diferenciados como se conectam com a Sociedade Civil, com o Povo ou com o governo.

Numa democracia representativa em pleno funcionamento, o Povo é a sua mais alta autoridade, e a eleição, a mais alta manifestação dessa autoridade. A Sociedade Civil, nesse contexto, mesmo que tenha muito poder, configura uma autoridade subordinada. Entenda-se: todos esses diferentes campos de poder político da democracia, quando ativos, têm sempre grande influência no processo decisório e, além disso, mantêm vasos comunicantes entre si – através de partidos, por exemplo – determinando-se reciprocamente. Porém, numa democracia representativa, quando há conflito entre esses campos (isto é, quando tendem para direções divergentes numa mesma questão), o peso do voto é mais decisivo do que o peso da militância e da opinião.

As coisas mudam de figura quando se trata de um regime autoritário. Por quê? Porque esse tipo de regime não reconhece plenamente nem o poder político do Povo nem o da Sociedade Civil. Pode-se supor um tipo puro de regime autoritário, uma ditadura sem adjetivos, em que esse reconhecimento seja absolutamente nulo. Porém, a história recente da América Latina nos ensina que há ditaduras e ditaduras. Nos tempos da ditadura militar, no Brasil, era mais difícil reconhecer esse fato a partir do campo democrático. Certa vez, um ministro do governo do general Ernesto Geisel chegou a dizer que o Brasil vivia uma "democracia relativa". Seria mais exato, porém um tanto constrangedor, se ele tivesse dito que se vivia uma "ditadura relativa".

O regime autoritário que havia no Brasil, obviamente, não dava pleno reconhecimento a esses campos propriamente desenvolvidos apenas em democracias representativas; porém, havia algum reconhecimento, em especial depois que o regime decidiu-se por uma oscilante liberalização. Primeiro, porque a ditadura militar permitiu certo espaço para o voto, mantendo as eleições parlamentares e municipais (exceto as capitais e algumas outras cidades) e os respectivos calendários eleitorais. Segundo, porque permitiu algum nível de associativismo (por exemplo, a sindical) e de comunicação através da imprensa. Tudo isso, é claro, de modo sistematicamente tutelado, controlado e vigiado, e, no caso da Sociedade Civil, alternado com períodos de intensa coerção, intimidação e repressão. Ainda assim, havia algo diferente na ditadura brasileira, se comparada com outras ditaduras militares na América Latina nesse mesmo período – e isso vai determinar um caminho peculiar para a nossa transição.

Não é o caso de recapitular o longo caminho do retorno brasileiro à democracia.[3] Estamos mais interessados em sua etapa final, a qual, entre outras coisas, define o modo como o processo constituinte foi desencadeado. Basta dizer que essa etapa é o resultado não planejado de algo que, no início, deveria ter sido apenas uma abertura controlada do regime – "lenta, gradual e segura", como diziam então as vozes oficiais – e que acabou se transformando numa autêntica vaga democratizante, de fato não controlada por nenhum ator ou campo de atores. Mas essa vaga não apenas subverteu as intenções de quem detinha a rédea da transição no início (a ditadura), mas criou uma enorme expectativa no campo oposto. É nesse quadro que Tancredo Neves será eleito presidente da República em janeiro de 1985, ainda que dentro dos marcos institucionais do regime autoritário, após uma massiva campanha popular pelo restabelecimento das eleições diretas para o cargo.

Entre os pontos de sua plataforma como candidato, constava a ideia da convocação de uma Assembleia Constituinte, intenção reafirmada depois de sua eleição. Seu formato concreto, porém, ainda permanecia indefinido quando o país soube, às vésperas da posse, que o presidente eleito não poderia assumir devido a graves problemas de saúde que culminariam na sua morte tempos depois. Esse impedimento explicitou, de imediato, a conta que deveria ser paga pelo sucesso de uma passagem mais ou menos tranquila de governo, de um presidente militar para um político proveniente das fileiras oposicionistas. É que seu vice, José Sarney, tornado agora presidente da República por força das circunstâncias, integrava (aliás, dirigia) o partido que havia sido criado pela própria ditadura, mas que formara uma ala dissidente nos estertores do regime, justamente para compor com Tancredo.

Ao mesmo tempo, esse fato era revelador de uma das peculiaridades da transição brasileira: sendo iniciada por um regime autoritário ansioso por sua própria institucionalização, cada vez mais levado a negociar seus próximos passos, a transição também acabava imprimindo um caráter ambíguo às mudanças que deveriam reconduzir o país à democracia. Se ainda restavam dúvidas, isso ficou claro quando o novo presidente pôs em andamento a ideia da Assembleia Constituinte. A fórmula encontrada foi convocá-la através de uma emenda à Constituição de 1967, outorgada pela ditadura, uma indicação de que a nova institucionalidade deveria ser de alguma maneira gestada a partir da antiga, isto é, sem grandes sobressaltos.

3 A literatura sobre a transição é vasta, e seria ocioso citá-la aqui, mesmo porque minha intenção agora não é fazer uma revisão crítica do debate acadêmico do tema. Se nas próximas linhas faço uma breve remissão, necessariamente esquemática, de um processo ultracomplexo, é apenas para dar ensejo à formulação conceitual proposta no texto. Naturalmente, a pesquisa mais aprofundada terá de dar conta dos detalhes históricos e da própria literatura não discutida neste espaço.

Pensando nas condições em que se encontrava, talvez não devesse surpreender que Sarney tivesse antes convocado o Congresso para exercer funções constituintes, e não uma Assembleia exclusivamente para esse fim, como defendiam os advogados de uma marcha menos ambígua da transição. Porque isso parecia consistente com o modo como o presidente mesmo havia chegado àquela posição, o que o levava a agir tentando corresponder ao delicado equilíbrio que seu governo representava[4].

Contudo, dependendo do ponto de vista, esse encaminhamento do processo constituinte podia ser avaliado de modos exatamente opostos: era uma maneira prudente de, no fundo, liquidar com a velha Constituição da ditadura; ou, ao contrário, de tentar continuá-la, mas depurando-a, usando para isso, entre outros recursos, remanescentes do antigo regime (por exemplo, os senadores biônicos nomeados em 1982). Enfim, havia uma disputa entre as forças ou as correntes que mantinham tensa a corda da transição. E, desde o início, estavam dispostas a medir suas forças, e continuariam a fazê-lo até o final.

DITADURA E TRANSIÇÃO

Passemos agora para um ponto um tanto escorregadio, mas inevitável, do quadro conceitual. Trata-se de sugerir uma definição para a transição, bastante simples, mas que leve em conta as peculiaridades da ditadura militar brasileira acima indicadas. Aí vai: a transição foi um processo de gradativo alargamento daqueles dois campos democráticos, o Povo e a Sociedade Civil. Um alargamento não-linear, cheio de hesitações, avanços e retrocessos. Que peculiaridades devemos ressaltar?

Primeiro, que em parte esses campos se alargaram desde a própria institucionalidade do regime autoritário e por iniciativa dele num primeiro momento. (O fato de ter sido uma iniciativa do próprio regime se deveu, muito provavelmente, à necessidade de gerir seus conflitos internos usando discreta e seletivamente os recursos externos do campo democrático.) Segundo: que, sob um regime autoritário, mas onde há transição, os distintos campos da democracia em ampliação têm papéis e pesos diferentes do que têm num regime democrático pleno. Por definição, o Povo não tem como ser a mais alta autoridade sob uma ditadura, não tem como exercer seu poder político plenamente – mesmo havendo eleições, os cargos mais decisivos permanecem isolados da influência desse campo. A Sociedade Civil

---

4 Há vários relatos da história da bandeira da Constituinte inseridos na história mais ampla da ditadura e da transição. Até onde sei, porém, não há um texto específico sobre esse tópico. Ver Whitaker et al. (1989), cap.1, Kinzo (1988), cap.7 e Gaspari (2004), pp.447-460.

também é cerceada no exercício de suas capacidades, porém há diferenças importantes. Sob um regime autoritário, a Sociedade Civil constitui um ator mais forte, mais poderoso, de oposição ao regime, do que o Povo. Enquanto não pode se credenciar como a autoridade mais elevada do processo decisório, esse campo nem sequer expressa, necessariamente, uma oposição à ditadura. Pelo contrário, até pode ser usado para legitimá-la – certamente a ditadura militar pensou nisso ao preservar as eleições, o calendário eleitoral e criar um sistema dual de partidos. Mas essa instrumentalização é uma faca de dois gumes: pode legitimar, mas também pode deslegitimar. Mesmo assim, há um limite na capacidade do Povo de expressar sua oposição a uma ditadura, porque essa expressão é intermitente, em vista dos intervalos eleitorais, e ela é mais numérica do que intensiva e qualitativa. Algo bem diferente ocorre com a Sociedade Civil: se é verdade que ela nunca poderá ser a mais alta autoridade de qualquer regime (democrático ou não), sob uma ditadura, o associativismo, a militância e a expressão da opinião podem ter um impacto maior do que a força dos números de uma eleição.

Desafiar uma ditadura através da militância e opinião da Sociedade Civil é muito mais complicado que desafiá-la através do voto – isso pode significar perda de emprego, perseguições, prisão, tortura e até morte. Contudo, uma vez ultrapassado o patamar em que o regime não é mais capaz de suprimir esse tipo de oposição pura e simplesmente pela força, e então é obrigado a negociar com ele, tais atores ganham um prestígio e uma legitimidade capazes de competir e até superar a legitimidade derivada das urnas. Trata-se de uma legitimidade que vem da aura construída pela luta frontal, pública, que o militante e o formador de opinião são obrigados a fazer contra o regime, ao contrário do eleitor, que pode fazê-lo de modo elusivo, solitário e até silencioso (ao abrigo da urna). Essa é uma aura que, involuntariamente, só uma ditadura pode propiciar.

Com isso, pretendo dizer o seguinte: que, durante uma transição como a que tivemos no Brasil, o polo dinâmico do campo democrático tende a ser a Sociedade Civil, especialmente sua face militante e associativa, e não o Povo. Ela tem mais capacidade de articular e organizar poder político do que o voto, mais capacidade de iniciativa e de atrair prestígio e legitimidade. E, dependendo da circunstância, ela pode até mesmo reivindicar mais autoridade para expressar os anseios do país como um todo (a nação) do que a eleição e o voto – exatamente na medida em que o próprio voto e o processo eleitoral sejam oficialmente tutelados, controlados e eventualmente manipulados por regras oportunistas e fraudes. Pode-se mesmo afirmar que esse é o único período em que a Sociedade Civil tem condições de se apresentar como porta-voz de uma nação, com mais credibilidade do que o próprio Povo, isto é, a cidadania organizada em eleição. A transição, portanto, ao mesmo tempo em que é a época mais perigosa para o ator da Sociedade Civil, é também a sua época de ouro, o período de sua ascensão e apogeu, isto é, quando comparado com o poder relativo do Povo nesse mesmo período. Porém, ao contrário, quando a democracia representativa passa a se afirmar, o Povo, encarnado na figura do cidadão-eleitor, volta a recuperar sua autoridade para expressar a vontade do país como um todo, até finalmente ultrapassar a legitimidade da Sociedade Civil.

O processo que levou à promulgação de nossa atual Constituição, em 1988, ocorreu mais ou menos no meio desse caminho. Ou melhor, já mais próximo da baliza democrática do que da baliza autoritária. O Povo estava rapidamente recuperando suas prerrogativas, mas a Sociedade Civil mantinha forte seu prestígio e autoridade. Esse último aspecto era reforçado pelo sucesso da campanha das Diretas-Já, em 1984, apesar da derrota no Congresso da própria emenda constitucional que motivou a campanha. Com a derrota, os atores da Sociedade Civil podem momentaneamente ter perdido algo de seu ímpeto, mas de modo algum saíram dela desprestigiados. Bem ao contrário: isso só lhes rendeu mais credenciais para voltar à carga sobre o Congresso, desta vez através da elaboração da nova Constituição.

Pensando contrafactualmente, tivesse a emenda das diretas sido aprovada, o cidadão-eleitor veria sua autoridade recuperada antes mesmo de um eventual processo constituinte. E então o papel e a influência da Sociedade Civil no processo teriam sido diferentes, provavelmente bem menores. Por quê? Entre outras coisas, porque teríamos um presidente da República com legitimidade mais elevada e com outra capacidade de iniciativa, eventualmente concorrendo ou mesmo pondo em xeque a autoridade da Sociedade Civil de se colocar como porta-voz da nação. Agora não: essa autoridade permanecia mais ou menos intacta, e isso haveria de ser empregado, como de fato foi, para exercer pressão sobre os constituintes e alterar, por fora, a correlação de forças do Congresso. Quem quisesse, portanto, exercer tal pressão, teria que fazer as vezes da Sociedade Civil, e não apenas as de representante do Povo. Esse papel a chamada ala progressista do Congresso, formada na época da Constituinte, descobriu muito cedo, e soube desempenhá-lo muito bem a seu favor. Em algum momento, os atores reunidos em torno da ala mais conservadora, o chamado Centrão, também descobriram o caminho das pedras – eis que a União Democrática Ruralista (UDR) surge no cenário como uma espécie de ator da Sociedade Civil – porém, talvez já tarde demais para mudar substancialmente o rumo dos acontecimentos.[5]

5 Para uma análise da elaboração da Constituição a partir da polarização entre 'progressistas' e 'conservadores', ver Pilatti (2008).

REGIME POLÍTICO E ESTADO

Passo à última distinção conceitual que gostaria de sugerir. Uma coisa é a mudança de um regime político – por exemplo, de um regime autoritário para um regime democrático. Outra é a mudança de certos padrões mais rotineiros de atuação do Estado para a sociedade, os quais frequentemente sobrevivem à mudança de regime. Essa diferença é um tanto elusiva – na verdade, chega a ser muito difícil formulá-la abstratamente. Ela tem a ver com a diferença entre um regime político e as instituições básicas do Estado. Um regime político é mais fácil de ser definido por uma Constituição (a Carta Magna) do que o Estado – por isso, é quase automático que a mudança de um regime implique a mudança da Constituição – se não ao modo de uma Assembleia Constituinte, como foi o caso brasileiro, pelo menos através de reformas constitucionais mais ou menos profundas, como foi o caso da Argentina e de outros países.

O regime é um arranjo específico das instituições básicas do Estado; quando há uma mudança de regime, essas instituições se rearrumam, mudam seus papéis, mas não necessariamente deixam de existir. Porém, geralmente, só uma ruptura mais drástica entre um regime e outro – uma revolução social, por exemplo – é capaz de pôr em xeque essas instituições e mudar abruptamente seu padrão rotineiro de atuação. Isso significa que uma mudança de regime através de uma transição, como ocorreu no Brasil, guarda uma alta probabilidade de preservá-las, certamente enfraquecendo algumas e reforçando outras.

Assim, pensemos em instituições como a Presidência da República, o Congresso, o Poder Judiciário, os governos estaduais e alguns ministérios fundamentais, como o Ministério da Fazenda, ou instituições como o Banco Central e o BNDES. E pensemos naquele padrão de atuação dessas instituições para a sociedade, que a literatura tem chamado de "Estado nacional-desenvolvimentista". Como se sabe, tanto aquelas instituições quanto esse padrão sobreviveram a várias mudanças de nossos regimes políticos, desde a década de 1930. Quando ocorreram mudanças para o autoritarismo, o Congresso e o Judiciário geralmente perderam poder em favor da Presidência da República. Outras instituições permaneceram inalteradas. O Estado nacional-desenvolvimentista pode ter sofrido alguma alteração importante nessas mudanças, mas seu padrão fundamental foi preservado até recentemente. Em outras palavras, o ciclo de vida disso que poderíamos chamar de infraestrutura do Estado obedece a uma lógica e a um *timing* bem diferentes do ciclo de vida de um regime. A curva de sua mudança é provavelmente bem mais longa do que a curva de mudança de um regime e sua Constituição, porque envolve forças sociais e rotinas muito mais rígidas e menos permeáveis às alterações das regras do jogo político, e mesmo constitucional. É claro que essas duas curvas interagem e suas dinâmicas se influenciam; eventualmente, uma mudança de regime, do jogo constitucional, pode dar ensejo a mudanças fortes na infraestrutura estatal – porém, isso depende não só deste, mas de outros fatores concorrentes, exógenos à Constituição e ao próprio regime. Importa, de qualquer forma, guardar isto: que são diferentes, ainda que sutilmente diferentes.

O leitor deve já imaginar meu alvo nessa diferença, o ponto imediato de sua aplicação: a nossa nova Constituição consagrou, por certo, a mudança do regime político; porém, substantivamente, ela manteve intacta, e em certos aspectos reforçou, o padrão nacional-desenvolvimentista da infraestrutura estatal, num momento em que as pressões contra esse padrão começavam a se tornar esmagadoras. Talvez tenha sido isso o que mais deixou a impressão de um processo constituinte incompleto. Mas penso que essa impressão é superficial. Naquele momento do processo de transição, no fundo não havia nenhuma força, social ou institucional, capaz de operar uma mudança tão profunda no padrão de atuação das instituições básicas do Estado. Seria necessário que algumas dessas instituições – especialmente a Presidência da República e o Ministério da Fazenda – recuperassem sua legitimidade política para que se tornassem polo aglutinador de uma reformulação desse porte. De imediato, a nova Constituição bloqueou essa mudança no conteúdo de alguns de seus capítulos; porém, a médio prazo, contribuiu decisivamente ao restabelecer os pressupostos de autoridade indispensáveis para que o regime viesse a atuar sobre sua própria infraestrutura.

Como disse, a passagem do autoritarismo para a democracia certamente reforça certas instituições e rebaixa outras, mas não necessariamente do modo como um certo raciocínio mecânico poderia esperar. Importa aqui não tanto o momento final da passagem, mas precisamente suas etapas intermediárias. Se é verdade que o Parlamento ganha reforço na democratização e a Presidência perde poder constitucional, esse reforço e essa perda devem ser devidamente qualificados. Ocorre que, a exemplo da Sociedade Civil, o Congresso é uma instituição que ganha autoridade exatamente na medida em que capitaliza para si a polarização Estado *versus* Sociedade, a qual se intensifica enquanto a transição avança. Mesmo quando ainda não ganha suficiente poder legislativo (o que seria, por definição, contraditório com um regime autoritário), a instituição se reforça como caixa de ressonância da sociedade, exatamente enquanto perdura a ditadura – diga-se de passagem, fenômeno que se repete desde os tempos da contestação das monarquias absolutistas na Europa.

Por outro lado, enquanto o Povo, expresso no eleitorado, não recupera plenamente suas prerrogativas, inclusive para eleger esta máxima magistratura do Estado, a Presidência da República pode ser vítima de um desgaste cada vez mais veloz antes mesmo do fim do regime autoritário – provavelmente seja preciso que algo assim aconteça para que a transição democrática consiga fazer seu arremate. De fato, isso pode acontecer sem que desapareçam os poderes formais que a ditadura lhe concedeu, porém, sim, com a perda do prestígio e da autoridade dos tempos áureos do regime, e portanto com perda crescente de iniciativa. Esta, a iniciativa, vai passando para outros atores e instituições, inclusive e especialmente o Congresso – contudo, não por causa do papel e do poder que as democracias representativas lhe reconhecem, mas por conta das peculiaridades do lusco-fusco entre ditadura e democracia. Pode-se afirmar, nesse sentido, que tal lusco-fusco corresponde ao período áureo do Congresso, enquanto faz as vezes, mais ou menos como o faria a Sociedade Civil, de contraponto do Estado e porta-voz da sociedade.[6] Paradoxalmente, a recuperação do prestígio e da autoridade da Presidência da República depende da recuperação das prerrogativas do Povo, do cidadão-eleitor, como ator credenciado a elegê-lo. Só assim ela se torna capaz, também, de recuperar seu poder de iniciativa e então voltar a sobrepujar o próprio Congresso nesse papel.

Todos esses problemas dependem, como se vê, da duração da passagem e das doses relativas de continuidade e descontinuidade da própria mudança. A nossa, por exemplo, foi uma longa transição, marcada ela mesma por diferentes etapas e ritmos. Como sabemos, algumas pequenas, médias e até grandes mudanças ocorreram ao longo desse tempo e antes mesmo do processo constituinte – o que nos faz pensar numa passagem (e, portanto, numa narrativa) pontuada mais pela continuidade do que a descontinuidade. Cabe notar, de passagem, que o regime havia sido mais ou menos bem-sucedido em liquidar com a institucionalidade político-partidária do regime anterior, a de 1946-1964. Ao mesmo tempo, porém, criou uma nova institucionalidade, ainda que na forma restrita de um sistema bipartidário (partido da situação e partido da oposição). O resultado não-intencional dessa iniciativa foi a renovação da liderança política e dos símbolos da política eleitoral e partidária, especialmente no campo oposicionista. Reside aí mais uma diferença importante em relação aos processos de redemocratização de outros países da América Latina. No Brasil, por conta da nova institucionalidade desenvolvida no interior do próprio regime autoritário, o velho sistema de partidos e as velhas clivagens eleitorais não retornaram com o seu colapso. Além disso, essa

---

6 Essa é a força e, ao mesmo tempo, a debilidade do Congresso e também da Sociedade Civil como 'agentes de iniciativa'. Eles tendem a refletir melhor o pluralismo societal, o que lhes dá amplitude quando se trata de enfrentar um Estado autoritário. Essa mesma condição, porém, lhes debilita quando se trata de oferecer uma alternativa política clara – como, por exemplo, o exige a elaboração de uma Carta constitucional. Somente uma estrutura de partidos suficientemente forte, isto é, suficientemente independente do Estado, mas também da Sociedade Civil (mesmo que em estreito diálogo com ela), poderia ter superado essa debilidade.

institucionalidade acabou criando um terreno no qual as lideranças situacionistas e oposicionistas, especialmente as atuantes no Congresso, assembleias legislativas, etc., pudessem negociar alternativas ao longo da transição, tanto pontuais (como a Lei da Anistia, de 1979) quanto de governo (como ocorreu em 1985). É claro que isso também ajudou a dar ao retorno do país à democracia um caráter mais suave e ambíguo, ou com menos descontinuidades, do que outras transições no mesmo período.

Isso não significa, de modo algum, propor a ideia de uma continuidade disfarçada do antigo regime; pelo contrário, exatamente porque houve mudanças reais no sentido democrático ainda durante a transição, foi ocorrendo um afastamento do regime autoritário, principalmente depois que a ditadura e a cúpula militar que a sustentava começaram a perder o controle do *timing* e da agenda da transição. De fato, muita gente, na expectativa de grandes rupturas ou passagens abruptas para a democracia, começou a suspeitar de uma transição maquiada, uma "transição transada", como se dizia na época, sem se dar conta de que vivíamos uma transição real, exatamente porque nenhum ator relevante a controlava plenamente.[7]

Assim, quando chegamos ao momento da Assembleia Constituinte, boa parte do terreno já estava preparada para o que viria a seguir. Isso, apesar de todas as tentativas das partes remanescentes da ditadura de deter a ampliação avassaladora do processo, ou pelo menos o seu ritmo; apesar dos temores dos chamados moderados de ambas as partes (antigos opositores e antigos apoiadores da ditadura), agora coligados numa mesma frente governamental, de um descontrole da transição e, portanto, de um retrocesso; e isso, finalmente, a despeito das expectativas alternadamente pessimistas, tanto do campo à esquerda quanto do campo à direita da transição, sobre o resultado final do processo, vale dizer, a própria Carta constitucional. O que prevaleceu, no entanto, e exatamente no final das contas, foi uma Carta mais progressista do que esperavam os progressistas, e menos conservadora do que esperavam os simpatizantes do chamado Centrão. Essa estranha reversão de expectativas, aliás, precisaria ser mais bem analisada e explicada, coisa que, evidentemente, não farei aqui, mas creio que deixo uma pista.

REFERÊNCIAS BIBLIOGRÁFICAS

ANAIS DA ASSEMBLÉIA NACIONAL CONSTITUINTE 1987/1988. Disponível em: <http://www2.camara.gov.br/constituicao20anos/publicacoes/anais-da-assembleia-nacional-constituinte>.

7 Para uma apresentação bastante sofisticada dessa perspectiva, ver Faoro (2007).

COUTO, C.G. A longa Constituinte: reforma do Estado e fluidez institucional no Brasil. *Dados – Revista de Ciências Sociais* 41(1): 51-86, 1998.

FAORO, R. Assembléia Constituinte: a legitimidade resgatada. In: *A República Inacabada*. São Paulo: Editora Globo, 2007.

GASPARI, E. *A ditadura encurralada*. São Paulo: Cia. das Letras, 2004.

KINZO, M. D. *Oposição e autoritarismo*. São Paulo: Vértice/Idesp, 1988.

PILATTI, A. *A Constituinte de 1987-1988*: Progressistas, Conservadores, Ordem Econômica e Regras do Jogo. Rio de Janeiro: Lumen Juris/Ed. PUC-Rio, 2008.

WHITAKER, F.; LUCAS COELHO, J.G.; MICHELIS, VIEIRA FILHO, E.G.; VEIGA, M. G.; PRADO, R.P. *Cidadão constituinte*: a saga das emendas populares. Rio de Janeiro: Paz e Terra, 1989.

Carlo José Napolitano

A Constituição de 1988:

controle de constitucionalidade das leis e judicialização da política

A JUDICIALIZAÇÃO DA POLÍTICA

A expressão 'judicialização da política' passou a ser amplamente utilizada após a publicação de um livro organizado por Tate e Vallinder (1994), responsáveis por sua criação. O termo é uma simplificação ou abreviatura do título da obra *The global expansion of judicial power*. Inúmeros são os conceitos de judicialização da política formulados pelos pesquisadores do assunto a partir desse trabalho.

Koerner e Maciel (2002), Oliveira (2005) e Teixeira (1997), por exemplo, entendem por judicialização da política a utilização por parte dos poderes políticos de procedimentos tipicamente judiciais para a solução de seus conflitos. Configuraria o empenho do Legislativo e do Executivo em adotar procedimentos idênticos aos judiciais, como, por exemplo, as Comissões Parlamentares de Inquérito e os processos administrativos que adotam claramente procedimentos tipicamente judiciais como interrogatórios, acareações, etc., para a tomada de decisão nesses tipos de conflitos.

O termo também pode ser compreendido como a possibilidade de revisão, no Judiciário, de uma decisão tomada pelos poderes políticos tendo por fundamento o ordenamento constitucional, revisão esta que, em regra, é feita através do processo de controle de constitucionalidade das leis (CARVALHO, 2004), o que possibilita ao Judiciário intervir ativamente nas decisões legislativas e executivas.

Teixeira (1997) aponta que o conceito de judicialização da política pode ser compreendido como o comportamento institucional do sistema de justiça que expande suas atribuições sobre o sistema de poder, através de um ativismo judicial, compreendido como uma propensão do Judiciário de ampliar o foco de suas análises.

Vallinder (1994) refere que a expressão pode ser entendida como a expansão da jurisdição das cortes ou dos juízes à custa dos políticos e administradores, isto é, a transferência das tomadas de decisão da legislatura e dos gabinetes administrativos para as cortes de justiça; ou ainda, a propagação de métodos judiciais da tomada de decisão fora da arena judicial apropriada.

Dito de outro modo, judicialização da política poderia ser compreendida como a utilização de métodos e procedimentos decisórios utilizados tipicamente nas arenas políticas dentro dos processos decisórios judiciais. Seria a apropriação por parte do Judiciário de prerrogativas ou critérios de decisão que são inerentes aos poderes políticos.

Alguns autores preferem, neste caso, utilizar a terminologia politização da justiça, pois o sistema de justiça colocaria em evidência os seus valores e preferências políticas no momento da tomada de decisões. Para que houvesse a politização da justiça, portanto, seria necessária uma atitude ativa dos membros do Poder Judiciário de almejarem a condição de coparticipantes das decisões políticas, ao invés de deixá-las a cargo dos atores políticos administrativos e legislativos. Seria a ideia de um Judiciário cocriador das políticas públicas e não um mero aplicador das leis (KOERNER & MACIEL, 2002).

Diferentemente de Koerner e Maciel (2002), Tate (1994), co-criador da expressão, não distingue judicialização da política de politização da justiça, raciocínio que será seguido no presente trabalho.

MÉTODOS DE CONTROLE DE CONSTITUCIONALIDADE

Segundo diversos trabalhos pesquisados para a elaboração do presente, o controle de constitucionalidade é um *locus* privilegiado para a verificação da judicialização da política e análise do controle de constitucionalidade:

> É de particular interesse teórico porque nele se condensam as dimensões políticas. O seu objeto é diretamente político, pois se trata de ato normativo enunciado por representante eleito, legislativo ou executivo, em nível estadual ou federal. O órgão que exerce o controle é único, os legitimados ativos são em número restrito e recebem este poder em virtude de sua relevância política nacional, o objeto do exame é focado na compatibilidade entre a Constituição e o dispositivo normativo contestado, o qual é considerado em termos abstratos.

> Os efeitos da decisão são imediatos e de plena eficácia, cabendo ao próprio Tribunal ampla margem de apreciação a esse respeito. Todas essas características acentuam a relevância dos conceitos jurídicos formulados em ações de controle concentrado, dada a associação entre a concentração das decisões e os seus impactos imediatos sobre o sistema político, enfim, o seu alto potencial de tensão política (KOERNER, BARATTO; INATOMI, 2007, p. 18).

Nesse sentido, faz-se necessária a análise do controle de constitucionalidade das leis. O constitucionalismo moderno tem por característica conceber a Constituição como uma norma superior dentro do ordenamento jurídico de um Estado, sendo ela imutável pelos mecanismos legislativos comuns. Dessa característica decorre o reconhecimento da rigidez constitucional e o consequente surgimento do controle de constitucionalidade das leis, a qual significa a necessidade de verificação da compatibilidade das leis infraconstitucionais com o disposto no ordenamento constitucional (SILVA, 1978).

A literatura menciona a existência de duas espécies de controle de constitucionalidade das leis: o controle preventivo e o controle repressivo.

O controle preventivo visa a impedir que uma norma contrária à Constituição possa ingressar no ordenamento jurídico. Esse controle é exercido pelo Legislativo através do juízo de cada parlamentar e pelas comissões temáticas, em especial pela Comissão de Constituição e Justiça, que tem por função verificar a constitucionalidade dos projetos de lei apresentados no Legislativo. O controle preventivo também pode ser exercido pelo chefe do Poder Executivo, que tem a prerrogativa de vetar projetos de leis por considerá-los incompatíveis com o ordenamento jurídico constitucional.

Por controle repressivo entende-se aquele que tem por objetivo expurgar do sistema uma lei, já em vigor, contrária à Constituição (MORAES, 1999).

Segundo Silva (1993), existem, no Direito Comparado, três formas de controle repressivo de constitucionalidade das leis, como segue.

O controle repressivo político, exercido por órgãos de natureza eminentemente políticos, como é o caso da França, sendo que essa atribuição é exercida pelo *Conseil Constitutionnell* francês (SILVA, 1978).

O modelo de controle jurisdicional, cuja atribuição é exclusividade do Poder Judiciário de declarar a incompatibilidade dos atos normativos perante os mandamentos constitucionais.

Por fim, menciona a literatura a existência de um controle misto, em que determinadas leis são submetidas ao crivo de constitucionalidade política e outras, à apreciação do Judiciário.

O controle político decorre de fatos históricos, pois no direito europeu continental, pós-Revolução Francesa, os juízes eram considerados a boca da lei e eram os inimigos a serem combatidos, pois estavam fortemente atrelados ao antigo regime, quando o juiz não tinha que se amparar na lei e decidia conforme suas próprias convicções e critérios pessoais, que geralmente estavam vinculados à vontade dos proprietários de terra, ocorrendo uma verdadeira justiça senhorial (CASTRO, 2003).

O Judiciário, no regime pré-revolucionário era, muitas vezes, acusado de interferir nos demais poderes, até mesmo através do arbítrio:

> [...] não foi à toa que aqueles juízes estiveram, quase sempre, entre os adversários mais implacáveis de qualquer, mesmo mínima, reforma em sentido liberal, e, então, implacabilíssimos adversários da Revolução que, nas terras das guilhotinas, fez, afinal, larga messe de suas veneráveis cabeças (CAPPELLETTI, 1992, p. 97).

Para os franceses, historicamente, é inconcebível, tendo em vista a teoria de separação de poderes de Montesquieu, levada ao limite, atribuir-se um controle judicial a atos emanados da assembleia, representante da soberania popular. Muito embora, não se desconsidera que a teoria da separação de poderes de Montesquieu preveja mecanismos de controles mútuos.

Para Campilongo (2002), era de se esperar atribuir-se preponderância ao Legislativo em relação aos demais poderes, que eram considerados coadjuvantes, durante o Estado liberal. Isso se justificava, pois era desejo da burguesia deslocar a decisão política para o lugar onde ela tinha assento. Isso porque, numa ordem liberal, o arranjo político da representação parlamentar é visto como um modelo exemplar. É no Parlamento, através dos partidos, que se forja uma legislação. Essa leitura de Campilongo (2002), contudo, não é imune a críticas. A teoria da divisão dos poderes classicamente

> [...] se funda na supremacia incontestável da lei sobre todas as demais manifestações da vontade estatal. Por isso mesmo, no modelo constitucional clássico, o Poder Supremo é sempre do Legislativo, ao qual compete, em sua qualidade de representante por excelência do povo, a tarefa solene de dar expressão legal à soberania popular. Aos demais poderes – o Executivo na parte administrativa e o Judiciário em caso de conflito de interesses – cabe a mera execução das normas legais, sem nenhuma iniciativa ou impulso próprio. O constitucionalismo liberal consagrou em cheio esse paradigma de Estado Legislativo. (COMPARATO, 1997, p. 17)

Na França, as decisões políticas majoritárias promulgadas pelo Parlamento não podem, pelos motivos apontados acima, ser revistas pelo Judiciário; essas intervenções são consideradas ilegítimas e antidemocráticas, pois podem contrariar uma manifestação da vontade popular (ARANTES e KERCHE, 1999).

Essa explicação histórica ajuda a entender por que a França não adotou o controle judicial dos atos legislativos. Lá o controle é preventivo, político. O conselho que declara a inconstitucionalidade da lei impede a sua promulgação; deste modo, o controle da constitucionalidade é anterior à entrada em vigor da lei, que não chega sequer a existir.

Já o controle repressivo jurisdicional, de origem norte-americana, decorre também de razões históricas. Nos EUA, a teoria da separação dos poderes de Montesquieu foi recepcionada com algumas mudanças em comparação ao paradigma europeu. Nos Estados Unidos, juntamente com a tripartição dos poderes, desenvolveu-se a teoria dos *checks and balances*, ou dos freios e contrapesos entre os poderes da República, que consiste em mecanismos de interferências recíprocas entre eles.

Naquele país permite-se a interferência do Judiciário em atos legislativos e em atos administrativos; contudo, o Congresso e o Executivo também interferem no Judiciário norte-americano através da nomeação dos juízes que compõem a Suprema Corte (CAPPELLETTI, 1992).

Diferentemente do ocorrido na França, onde os juízes eram vistos com desconfiança, os juízes norte-americanos eram e são considerados os garantidores da Constituição e limitadores do Legislativo, contra a ameaça que poderia ou pode surgir das eventuais maiorias democráticas (CAMPILONGO, 2002).

A questão central dos constituintes norte-americanos era o controle do Parlamento, no intuito de limitar a sua tirania e voracidade legislativa. Para tanto, a Constituição foi erigida à norma superior e tomada como parâmetro para o controle de constitucionalidade das leis, atribuindo-se essa função ao Judiciário. É importante, contudo, frisar, conforme Arantes e Kerche (1999), que essa atribuição do Judiciário não foi definida de forma explícita no texto da Constituição norte-americana de 1787, sendo reconhecida somente em 1803, através da famosa decisão do juiz John Marshall, então presidente da Suprema Corte norte-americana, no caso *Marbury vs. Madison.*

A literatura ainda menciona duas formas de controle jurisdicional repressivo de constitucionalidade dos atos normativos, o de jurisdição constitucional difusa, ou de forma mais sucinta, controle difuso e o de jurisdição constitucional concentrada, ou, de forma reduzida, controle concentrado (SILVA, 1993).

O modelo difuso é assim denominado pois pode ocorrer dentro de um processo judicial qualquer, perante qualquer autoridade judiciária e dentro de qualquer espécie de procedimento judicial. Neste modelo, todo e qualquer juiz ou tribunal de um país tem a prerrogativa de declarar a inconstitucionalidade de uma lei dentro de um processo judicial. O controle é, portanto, prerrogativa de todos os juízes e tribunais existentes no país.

A alegação de incompatibilidade de uma lei perante a Constituição, no controle difuso, pode ser alegada por todos aqueles que participam do processo judicial – a parte que iniciou o processo judicial, a parte contra quem foi iniciado o processo. O Ministério Público, órgão estatal encarregado de fiscalizar a aplicação correta da lei e, por fim, o próprio juiz ou tribunal responsável pelo processo que deve sempre verificar a constitucionalidade de uma lei, podendo afastá-la na aplicação em um caso concreto por entendê-la incompatível com a normatividade constitucional.

Fala-se, também, que este tipo de controle é exercido subjetivamente, pois há sempre um interesse individual em jogo, e a questão principal do processo não é a declaração ou não da inconstitucionalidade da norma e, sim, a proteção a um direito pessoal que está sendo violado.

No controle difuso, a declaração de inconstitucionalidade não retira do ordenamento jurídico a norma inconstitucional – ela continuará válida para as partes não envolvidas no processo.

Por sua vez, o controle concentrado é assim denominado, pois a atribuição para verificação da compatibilidade das leis em relação à Constituição é de apenas um órgão de cúpula do Poder Judiciário ou de cortes especialmente criadas para essa finalidade.

A esse modo de verificação da adequação das leis ao ordenamento constitucional convencionou-se chamar também de controle objetivo, pois não há interesse pessoal em jogo. O interesse reside na manutenção da integridade da ordem jurídica constitucional, violada por uma lei infraconstitucional. O processo tem por finalidade solucionar uma inconstitucionalidade e garantir o bom funcionamento do sistema constitucional, expurgando dele uma lei inconstitucional. Não está em jogo, neste processo, o interesse individual deste ou daquele cidadão; está, sim, sendo discutida a manutenção da ordem e da coerência do direito.

Para Cappelletti (1992), esse tipo de controle concentrado de constitucionalidade das leis configura uma junção entre o modelo jurisdicional norte-americano e o modelo político francês. A criação de cortes constitucionais seria uma forma de controle político, ao passo que a possibilidade de controlar os atos legislativos e administrativos *a posteriori* seria uma influência do modelo norte-americano. O controle jurisdicional de constitucionalidade tem a peculiaridade de fazer a junção de dois poderes da República, de dois atos e formas normativas e dois personagens, ou seja, é o encontro do Legislativo com o Judiciário, da lei com a sentença, da norma com o julgamento e do legislador com o magistrado.

O controle judicial dos atos legislativos tem por origem histórica a Constituição norte-americana de 1787, sendo que a grande inovação desta foi a definição da supremacia constitucional em relação às leis ordinárias e à vinculação dos juízes àquela. É, para Cappelletti (1992), sem dúvida, com essa constituição que se tem início a época do constitucionalismo e, em consequência, do controle de constitucionalidade das leis. Foi ela que deu origem às chamadas constituições rígidas, que preveem a imposição de um procedimento legislativo próprio para a sua alteração, em oposição ao conceito de constituição flexível, que pode ser mudada pelo processo legislativo ordinário.

HISTÓRICO DO CONTROLE JURISDICIONAL DE CONSTITUCIONALIDADE E O CONTROLE DE CONSTITUCIONALIDADE DAS LEIS NA CONSTITUIÇÃO DE 1988

O controle judicial de constitucionalidade das leis pode ser concebido como uma criação tipicamente do Poder Judiciário norte-americano, em especial da Suprema Corte daquele país.

Essa criação decorre da própria origem do Estado norte-americano, que nasce baseado em um documento jurídico denominado Constituição e que tem primazia em relação aos demais atos legislativos.

Essa criação é, contudo, mais produto de uma evolução histórica do pensamento constitucional do que propriamente um ato genuíno norte-americano. Alguns precedentes históricos teriam dado suporte a essa criação jurisprudencial norte-americana, e o controle de constitucionalidade das leis pelo judiciário foi sobretudo "[...] um ato amadurecido através de séculos de história: história não apenas americana, mas universal [...]" (CAPPELLETTI,1992, p. 63).

Não havia, contudo, na Constituição norte-americana de 1787 nenhuma menção explícita acerca da possibilidade do controle judicial da constitucionalidade das leis. De fato, foi através da interpretação dos enunciados nela contidos que possibilitou à Suprema Corte criar essa técnica de controle de constitucionalidade das leis.

A literatura especializada aponta como pioneira uma decisão proferida pela Suprema Corte norte-americana, em 1803, que ficou conhecida como o caso *Marbury vs Madison*, quando aquela corte, através de um voto do juiz John Marshall, declara a supremacia da Constituição em relação às demais leis elaboradas pelo Estado norte-americano. E é deste julgamento o mérito pela difusão da ideia de supremacia da Constituição em relação às demais leis elaboradas por um Estado (PALU, 2004).

O caso *Marbury vs Madison* particulariza os Estados Unidos, que desde o seu nascimento traduziu conflitos políticos em assuntos de natureza legal. A Constituição norte-americana transforma, assim, o governo das leis em um "[...] empreendimento atravessado por mecanismos de controle judicial de competências e prerrogativas" (MELO, 2002, p. 63).

Esse tipo de controle jurisdicional da constitucionalidade das leis, criado nos Estados Unidos, no início do século XIX, é o denominado controle difuso.

No início do século XX, o jurista austríaco Hans Kelsen criou um novo mecanismo de controle jurisdicional da constitucionalidade das leis: o controle concentrado. Kelsen, ao auxiliar na elaboração da Constituição austríaca de 1920, criou um órgão do Poder Judiciário que teria por função precípua a guarda da Constituição. Toda e qualquer discussão acerca da constitucionalidade das leis deveria ser analisada por este tribunal especializado.

Esses dois modelos estão presentes na sistemática de controle de constitucionalidade das leis no Brasil.

A análise da história constitucional brasileira permite mencionar que no Brasil Imperial a Constituição de 1824 era semirrígida, sendo que parte dela era considerada rígida e, portanto, sujeita a algum tipo de controle. Não havia, contudo, no Império a previsão do controle jurisdicional. O controle era político, com nítida influência francesa, e era exercido pelo Poder Moderador, pelo imperador. No Império, muito embora a Constituição

> [...] conferisse independência ao Poder Judiciário, tratava-se de uma independência bastante relativa, já que o mesmo texto constitucional dotava o imperador de amplos poderes, inclusive o de interferir no Judiciário e exercer o controle sobre ele (SADEK, 1995, p. 10).

Em 1891, com a constituição republicana, o país adotou o controle judicial difuso de constitucionalidade, baseando-se no modelo norte-americano. As constituições de 1934, 1937 e 1946 mantiveram essa forma de controle, sem alterações substanciais. Contudo, ainda sob a vigência da Constituição de 1946, no ano de 1965, no início do regime militar, instituiu-se, através da Emenda Constitucional nº 16, de 26/11/1965, o controle concentrado de constitucionalidade, através de uma representação que deveria ser ajuizada no Supremo Tribunal Federal pelo procurador-geral da República. A partir dessa emenda, o sistema jurídico passa a conjugar as duas formas de controle judicial da constitucionalidade das leis, sendo que esse hibridismo fora mantido pelas constituições de 1967 e 1988 (CLÈVE, 2000).

A Constituição de 1988, ao tratar da estrutura e organização do Poder Judiciário, atribui ao STF a competência de ser o guardião da Constituição. O constituinte, por isso, reforçou o papel do STF, transformando-o em um órgão judicial cuja missão principal é ser o responsável pela manutenção da integridade constitucional. Para tanto, o constituinte municiou o Supremo de instrumentos para verificação da compatibilidade das leis ao ordenamento jurídico constitucional.

Essa prerrogativa não seria de fato colocada em prática caso o Judiciário não fosse independente do Executivo; por isso, os constituintes também municiaram o Judiciário "[...] de maior autonomia orçamentária e de maior independência externa para decidir, privativamente, suas necessidades administrativas [...]" (SOUZA, 2005, p. 71).

Na atual sistemática jurídica brasileira, estão previstas ações específicas para a verificação dessa compatibilidade. Trata-se da ação direta de inconstitucionalidade genérica, ação direta de inconstitucionalidade interventiva, ação de inconstitucionalidade por omissão, a ação declaratória de constitucionalidade e da ação de arguição de descumprimento de preceito fundamental.

A ação direta de inconstitucionalidade (Adin) tem por objetivo o reconhecimento, por parte do Judiciário, mais especificamente pelo STF, da incompatibilidade de uma lei ou ato normativo federal ou estadual em relação à Constituição Federal. Este é o objeto principal dessa espécie de procedimento jurisdicional, cuja finalidade "[...] é retirar do ordenamento jurídico lei ou ato normativo incompatível com a ordem constitucional." (MORAES, 1999, p. 558).

No julgamento de uma Adin não se fala em partes, não há conflitos intersubjetivos de interesses e, sim, uma controvérsia relacionada à constitucionalidade de uma lei, seja ela constitucional (emenda à Constituição) ou infraconstitucional. O único interesse em discussão é a harmonização do direito como um todo e não a discussão ou definição de quem tem direito a quê. Serve essa ação somente para clarificar o direito e manter uma ordem jurídica coerente.

O Constituinte de 1988 ampliou sobremaneira a possibilidade de utilização desse instrumental, já que a Constituição de 1967 previa a possibilidade de somente o procurador-geral da República representar ao Supremo a inconstitucionalidade de uma lei ou ato normativo federal ou estadual.[1] Há, contudo, quem lamente a não-inclusão do cidadão como parte legitimada para a propositura desses tipos de ação, fato que aumentaria sensivelmente a comunidade de intérpretes e tornaria a interpretação da Constituição mais

1 A ação direta de inconstitucionalidade pode, segundo disposição do artigo 103 da atual Constituição, ser utilizados pelo presidente da República, pela Mesa do Senado Federal, pela Mesa da Câmara dos Deputados, pelas Mesas das Assembleias Legislativas ou da Câmara Legislativa do Distrito Federal, pelos governadores de estado ou do Distrito Federal, pelo procurador-geral da República, pelo Conselho Federal da Ordem dos Advogados do Brasil, por partido político com representação no Congresso Nacional, por confederação sindical ou entidade de classe de âmbito nacional (BRASIL, 1988).

democrática (SILVA, 1993). Essa possibilidade de o cidadão ser também um propositor dessas ações também foi cogitada por Kelsen (2003), no início do século passado, quando da criação da Constituição austríaca.

Contudo, a ampliação do rol dos legitimados para a propositura dessas ações foi salutar para o debate constitucional, pois, desde a criação da ação direta até 1988, somente cabia ao procurador-geral da República essa função, que muitas vezes deixava de representar ao STF a alegação de inconstitucionalidade.

O constituinte reformador também introduziu importantes alterações na sistemática do controle concentrado, no intuito de reforçar a atuação do Supremo como guardião da Constituição.

A Emenda Constitucional nº 3, de 17 de março de 1993, que criou a ação declaratória de constitucionalidade, introduziu no sistema jurídico pátrio o efeito vinculante. Essa importante inovação diz respeito à possibilidade de as decisões definitivas de mérito, proferidas pelo Supremo nas Adins e nas ações declaratórias de constitucionalidade, produzirem efeito vinculante em relação aos demais órgãos do Judiciário e à administração pública direta e indireta, nas esferas federal, estadual e municipal. Assim, qualquer ato administrativo ou decisão judicial que contrariar uma decisão proferida anteriormente pelo Supremo poderá ser revista, pelo próprio Supremo, através de um procedimento denominado reclamação, sendo que o STF poderá anular o ato ou cassar a decisão judicial reclamada, determinando que outra seja proferida.

Essas alterações legislativas no sistema de justiça brasileiro foram efetivadas devido a alguns fatores que serão elencados a seguir.

O direito brasileiro historicamente tem tradição individualista. Isso se reflete na própria atuação do Judiciário, que a rigor deve analisar singularmente os litígios levados até ele, fato que, inevitavelmente, pode redundar em julgamentos conflitantes, o que gera, sem dúvida alguma, incerteza nas relações jurídicas. Um mesmo conflito de interesse pode redundar em milhares ou até mesmo milhões de processos envolvendo o mesmo assunto jurídico.

A súmula vinculante torna-se salutar ao sistema de justiça, pois

> [...] se o Supremo Tribunal Federal recebe esse grande número de processos pela via do controle concreto e difuso da constitucionalidade é sem dúvida em razão da resistência dos juízes e tribunais estaduais que firmaram, por seu turno, uma jurisprudência divergente (LOBATO, 2003, p. 141).

A súmula vinculante tem justamente a finalidade de evitar que os juízes e tribunais inferiores desrespeitem as decisões proferidas pelo Supremo, guardião máximo da ordem constitucional. A súmula estabelece a hierarquia no sistema de justiça.

A súmula vinculante, no que diz respeito ao controle de constitucionalidade das leis, também teria o condão de determinar a forma de julgamento das instâncias inferiores em matéria constitucional. Além disso, a criação da ação declaratória de constitucionalidade teve como finalidade a preocupação de pacificar e unificar os julgamentos de milhares de ações quando questionada a constitucionalidade de uma lei editada pelo governo federal, evitando-se desta forma julgamentos conflitantes e prejuízos para a segurança jurídica.

Uma outra novidade legislativa, que pode ser traduzida em atribuição de maiores poderes ao STF, foi a adoção através da Emenda Constitucional nº 45, do juízo discricionário para análise de recursos extraordinários. Essa alteração legislativa teve como paradigma o direito norte-americano.

Por ser a Suprema Corte norte-americana um órgão recursal, todas as questões decididas pelo controle difuso podem, em tese, chegar, via recursos processuais, até aquela corte, ou seja, todos os processos judiciais norte-americanos podem ser levados até ela para o juízo de constitucionalidade. Entretanto, a Suprema Corte tem a possibilidade de exercer um juízo discricionário, não sendo obrigada a decidir sobre todas as questões que chegam até ela.

Essa técnica adotada nos Estados Unidos é conhecida como *writ of certiorari*, que possibilita à corte exercer um juízo discricionário e escolher os casos que irá julgar. Na prática, é o mecanismo pelo qual a Suprema Corte norte-americana utiliza o poder discricionário de escolher os casos que quer julgar. Naquele país, um julgamento pela Suprema Corte implica um privilégio das partes e não um direito (ROSEN, 2002).

Esse juízo discricionário consiste em um pedido de análise do caso para a Suprema Corte. Esta, por sua vez, pelo voto de quatro de seus membros, decide se aceita ou não apreciar o pedido. Ao aceitar, ordena que o tribunal inferior que apreciou o caso encaminhe os autos processuais para a sua análise (MORAES, 2006).

A Suprema Corte norte-americana é composta por nove juízes, sendo que a decisão ou o uso da discricionariedade para acolher ou não um recurso, pela técnica do *writ of certiorari* demanda a concordância de dois terços dos juízes que compõem a corte.

Nos sistemas legais adeptos à tradição romano-germânica, como é o caso brasileiro, em regra, o recurso aos tribunais diz respeito a um direito subjetivo do cidadão, sendo que os tribunais necessariamente devem analisar individualmente todos os casos que chegam até eles. Cappelletti (1993) alega que essa obrigatoriedade legal dos tribunais de julgarem todos os processos acaba por dificultar seus trabalhos e até mesmo a enfraquecê-los perante os demais poderes, diferentemente do que acontece nos Estados Unidos, onde as cortes superiores podem escolher os casos que irão julgar. Essa obrigatoriedade acarreta a necessidade de numerosos julgamentos por parte das cortes superiores, daquela tradição apontada, em detrimento ao número reduzido de julgados das cortes superiores dos Estados Unidos. Neste último caso, as decisões podem ser mais consistentes e menos contraditórias.

Vigora também nos EUA uma regra vinculativa das decisões proferidas pelos tribunais judiciais. Trata-se do princípio do *stare decisis*, simplificação da expressão *stare decisis et quieta non movere*, que significa "mantenha-se a decisão e não se perturbe o que foi decidido" (MORAES, 2006). Essa regra obriga os juízes e tribunais a respeitar as suas decisões pretéritas e as decisões dos tribunais superiores em casos semelhantes, o que, de certa forma, confere homogeneidade às decisões, o que reduz a insegurança (ARANTES, 1997) e valoriza o precedente jurídico (MELO, 2002).

O instituto é utilizado predominantemente nos países de direito anglo-saxão, segundo o qual os juízes e tribunais se obrigam a seguir os precedentes judiciais (ROSEN, 2002). Esse método, em regra, não encontra aplicabilidade nos sistemas jurídicos do *civil law*, como é o caso brasileiro, pois, nesse sistema, entende-se que essa regra interferiria na prerrogativa de os juízes interpretarem as leis e na prerrogativa do Legislativo de elaborá-las. Vieira (2002) menciona que o fato de as decisões do STF não contarem com tal princípio acaba por vulnerar a autoridade do Judiciário brasileiro.

Para Cappelletti (1992), a não-vinculação das decisões em controle de constitucionalidade pode ser considerado um resquício de influência francesa em nossa estrutura de fiscalização das normas, pois o controle político de constitucionalidade francês é meramente consultivo e não vincula o Legislativo ao governo.

Esse princípio, contudo, é salutar a um sistema de justiça, pois confere aos seus julgamentos maior racionalidade, evitando-se, dessa forma, decisões contraditórias por parte dos órgãos do Poder Judiciário e a repetição de processos para casos iguais, sendo que ausência desse mecanismo, nos países adeptos ao sistema difuso, como é o caso brasileiro, acaba induzindo "[...] que cada juiz tenha uma visão pessoal sobre determinada questão constitucional [...]" (PALU, 2004, p. 127), ocasionando indiscutível incerteza jurídica.

O controle de constitucionalidade brasileiro, muito embora procedente do modelo norte-americano, não adotou, originariamente, a possibilidade de vincular as decisões de inconstitucionalidade aos demais órgãos do Legislativo e a todos os demais cidadãos, ficando restrito somente às partes envolvidas no processo decidido pelo STF.

Contudo, tendo em vista a necessidade de racionalizar os trabalhos da justiça brasileira, em especial do STF, e conferir a esse órgão de cúpula da justiça a autoridade de um poder da República, foi incorporado ao sistema de justiça o *stare decisis*, através da Emenda Constitucional nº 3, de 17/03/1993, tendo sido a sua aplicabilidade ampliada pela Emenda Constitucional nº 45, de 8/12/2004, que ficou conhecida como a reforma do Poder Judiciário.

A Emenda Constitucional nº 3 permite a aplicação desse princípio, que no Brasil passou a ser definido como efeito vinculante, aplicável somente para as decisões proferidas nas ações declaratórias de constitucionalidade. Entretanto, com a EC nº 45, a possibilidade de aplicação dos efeitos vinculantes foi bastante ampliada, permitindo-se, de forma expressa, a aplicabilidade dessa regra também para as Adins.

A previsão de se aplicar os efeitos vinculantes somente às ações declaratórias de constitucionalidade era um despautério, pois não há diferença de resultados entre a decisão que declara a constitucionalidade de uma lei e a que declara a sua inconstitucionalidade. Ademais, permitir-se o efeito vinculante para se declarar a constitucionalidade de uma lei e não se permitir para se declarar a sua inconstitucionalidade seria no mínimo contraditório, pois, sendo o Supremo guardião da Constituição, com maior razão, deveria permitir-se o efeito vinculante às suas decisões, quando este órgão decidir que uma norma contraria o texto constitucional do que quando este decidir que a norma inferior não o contraria. Haveria uma grande contradição possibilitar ao guardião da Constituição dar a palavra final quanto à constitucionalidade e negar esse efeito quando declarasse a norma inconstitucional, permitindo-se, dessa forma, que juízes e tribunais inferiores continuassem a aplicar uma norma já decidida pelo Supremo como inconstitucional. Essa prática traria inegáveis prejuízos de ordem prática e racionalização da prestação jurisdicional. A alteração introduzida pela EC nº 45 corrigiu esse grave defeito no sistema de justiça.

Entretanto, a EC nº 45 foi além. Ampliou a possibilidade de vincular outras decisões proferidas pelo Supremo, além daquelas proferidas nas ações declaratórias, tendo em vista a validade, a interpretação e a eficácia das normas.

Essa possibilidade do STF de vincular as suas decisões, independentemente do tipo de procedimento ao qual está a decisão atrelada, passou a ser denominada súmula vinculante. O objetivo da introdução desse procedimento no sistema de justiça é evitar a insegurança jurídica e a multiplicação de processos sobre questões idênticas, aproximando-o, assim, do sistema norte-americano.

Segundo Vianna et al (1997), no sistema judicial brasileiro vem ocorrendo, já há algum tempo, uma convergência dos sistemas do *common law* e do *civil law*.

Essa convergência é facilmente percebida, em especial no que se refere ao sistema de controle de constitucionalidade. O Brasil, muito embora historicamente seguidor dos princípios do sistema da *civil law*, de forte influência européia continental, acolheu, com a Constituição Republicana de 1891, o controle difuso de constitucionalidade, inspirado no *judicial review* norte-americano. Contudo, em 1965, inspirado na teoria kelseniana, o Brasil adotou o controle concentrado, técnica que acabou sendo reforçada pela Constituição de 1988. Porém, com a EC nº 45, volta-se novamente às origens republicanas, buscando no sistema norte-americano a técnica para vincular as decisões do Supremo (*stare decisis*) e a regra do juízo discricionário (*writ of certiorari*).

Nesse sentido, o texto constitucional passou a dispor que as decisões definitivas de mérito proferidas pelo STF nas ações declaratórias produzem eficácia contra todos, e efeito vinculante relativamente aos demais órgãos do Judiciário e da administração pública, nas esferas federal, estadual e municipal. Também prevê o texto que o STF pode, independentemente do tipo de ação, depois de reiteradas decisões suas, mediante decisão de dois terços dos ministros, editar súmula com efeito vinculante, obrigando os órgãos mencionados acima a respeitá-la.

Essa última inovação é demasiadamente benéfica para o sistema de justiça brasileiro, pois pode o Supremo atribuir efeito vinculante e geral para o controle difuso de constitucionalidade das leis. Antes dessa inovação, os efeitos da declaração de inconstitucionalidade estavam restritos somente aos participantes do processo, fato que inegavelmente causa prejuízos jurídicos para uma quantidade enorme de pessoas e também para a justiça.

Essas alterações constitucionais que refletiram na sistemática do controle de constitucionalidade das leis no Brasil, segundo Moro (2004), é uma tentativa e tendência que vem sendo percebida no Estado brasileiro de reforço do controle concentrado, em detrimento do controle difuso.

A não-adoção do *stare decisis* nos sistemas da *civil law*, segundo Cappelletti (1992), pode acarretar inegáveis prejuízos e consequências perigosas, como incertezas jurídicas e conflitos constantes entre órgãos de governo e mesmo do Judiciário. O princípio, se adotado no controle de constitucionalidade, de fato possibilita a eliminação da lei inconstitucional do sistema jurídico, pois os juízes e tribunais inferiores devem, necessariamente, seguir a orientação dada pelo Supremo, bem como evita que juízes e tribunais inferiores julguem de forma diversa ao estabelecido pelo STF, guardião da Constituição. Entretanto, o mesmo Cappelletti (1993) alerta que, quando o Judiciário estabelece decisões vinculantes gerais ou diretivas em matéria interpretativa, sem qualquer ligação com um caso concreto, este poder exerce uma função legislativa e não judiciária. Isso pode acontecer no caso brasileiro, pois, no julgamento das Adins, não há interesse subjetivo em discussão, havendo somente alegações quanto à compatibilidade ou não da lei ao ordenamento constitucional.

Diante disso, verifica-se que o modelo de controle de constitucionalidade das leis no Brasil apresenta uma simbiose dos modelos da *civil law* e do *common law*, criando-se dessa forma um sistema genuinamente brasileiro, contudo com marcante influência norte-americana.

CONTROLE DE CONSTITUCIONALIDADE E JUDICIALIZAÇÃO DA POLÍTICA

Vários estudos foram desenvolvidos na tentativa de verificar se ocorre no Brasil a judicialização da política. Dentro os trabalhos analisados encontram-se muitas divergências quanto à intensidade da ocorrência do fenômeno da expansão do Poder Judiciário no Brasil. O que parece ser comum nessas pesquisas é o reconhecimento de que a judicialização da política no Brasil decorre mais de fatores externos ao judiciário do que propriamente de uma nova postura ou um de ativismo deste poder em relação aos demais poderes da República.

Vianna et al (1999), por exemplo, concluem em seu trabalho que o Judiciário brasileiro pouco intervém nas decisões políticas e que, portanto, a judicialização da política ainda se apresenta de forma tímida no Brasil. A intervenção do Judiciário, quando ocorre, não consiste em uma mudança de comportamento dessa instituição, não configura uma disposição desse poder em ampliar o foco das questões a serem solucionadas no campo jurídico, sendo, sim, um fenômeno decorrente da mudança do próprio direito que possibilitou ao Judiciário exercer novos papéis. Apontam ainda que o STF tem sido muito parcimonioso em relação aos poderes Legislativo e Executivo, o que poderia levar à conclusão de que, de fato, não existe no Brasil um processo de judicialização da política. Para esses autores, o constituinte de 1988, ao ter dotado o sistema jurídico brasileiro de um amplo controle de constitucionalidade das leis, ampliou sobremaneira as possibilidades de o Judiciário exercer essa função, exigindo-se deste uma nova postura, a de ser o finalizador de uma lei inacabada feita no Legislativo. Torna-se, a partir dessa mudança, um legislador implícito pelo fato de sempre restar a possibilidade de uma lei, editada pelo Legislativo ou Executivo, vir a ser questionada no Judiciário, no que diz respeito à sua adequação constitucional, sendo que o Judiciário é que dará, sempre, a palavra final sobre a compatibilidade da lei com o ordenamento constitucional.

Esta é também a conclusão de Vieira (2002), pois, com as alterações promovidas pela Constituição de 1988, especialmente, no que tange às funções do Supremo, o processo de elaboração de leis passou a ter a presença deste novo ator, que passa a ser considerado um "[...] apêndice do processo legislativo, na medida em que confere a última chancela para que a lei seja considerada plenamente válida [...]" (VIEIRA, 2002, p. 156), através do controle de constitucionalidade das normas.

Castro (1993) pontua que a Constituição de 1988 posicionou o Judiciário na organização do Estado, atribuindo-lhe novas funções. Além da clássica de ser o intérprete da lei, passa a ser um ativo participante no processo de criação legislativa, através do controle de constitucionalidade das leis.

No mesmo sentido, a "[...] nova arquitetura institucional propiciou o desenvolvimento de um ambiente político que viabilizou a participação do judiciário nos processos decisórios [...]" (CARVALHO, 2004, p. 3).

A compreensão das alterações no direito, introduzidas pela Constituição de 1988, é, portanto, fundamental para entender a judicialização da política no Brasil, pois as interpretações que se referem a essa temática ressaltam que as mudanças político-sociais no plano da sociedade e do Estado são as responsáveis por esse fenômeno, e não decorrem de uma mudança de comportamento endógeno do Judiciário.

REFERÊNCIAS BIBLIOGRÁFICAS

ARANTES, R. B. O sistema híbrido de controle de constitucionalidade das leis no Brasil. *Revista CEJ*, Brasília, n. 1, abr. 1997. Disponível em: <http://www.cjf.gov.br/revista/numero1/sumario.htm>. Acesso em: 04 de agosto de 2006.

ARANTES, R. B.; KERCHE, F. Judiciário e democracia no Brasil. *Novos Estudos Cebrap*, São Paulo, n. 54, p. 27-41, jul. 1999.

______. *Constituição (1988)*. Constituição da República Federativa do Brasil: promulgada em 5 de outubro de 1988. Disponível em:<http://www.presidencia.gov.br>. Acesso em: 14 de junho de 2006.

CAMPILONGO, C. F. *Política, sistema jurídico e decisão judicial*. São Paulo: Max Limonad, 2002.

CAPPELLETTI, M. *O controle judicial de constitucionalidade das leis no direito comparado*. 2. ed. Porto Alegre: SAFE, 1992.

______. *Juízes legisladores?* Porto Alegre: SAFE, 1993.

CARVALHO, E. R. de. *A judicialização da política no Brasil*: apontamentos para uma nova abordagem. Rio de Janeiro: *ABCP*, 2004.

CASTRO, M. F. Política e economia no judiciário: as ações diretas de inconstitucionalidade dos partidos políticos. *Cadernos de Ciência Política*, Brasília, n. 7, Fundação Universidade de Brasília, 1993.

CLÈVE, C. M. *A fiscalização abstrata da constitucionalidade no direito brasileiro*. 2. ed. São Paulo: RT, 2000.

COMPARATO, F. K. Ensaio sobre o juízo de constitucionalidade de políticas públicas. *Revista dos Tribunais*, São Paulo, ano 86, v. 737, p. 11-22, mar. 1997.

KELSEN, H. *Jurisdição constitucional*. São Paulo: Martins Fontes, 2003.

KOERNER, A; MACIEL, D. A. Sentidos da judicialização da política: Duas análises. *Lua Nova*, São Paulo, n. 57, p. 113-134, 2002.

KOERNER, A.; BARATTO, M.; INATOMI, C. C. Pensamento jurídico e decisão judicial: o processo de controle concentrado em decisões do Supremo Tribunal Federal pós-1988. In: *Encontro anual da Anpocs*, n. 31, 2007, Caxambu.

LOBATO, A. O. C. Política, constituição e justiça: a legitimidade da jurisdição constitucional e a consolidação das instituições democráticas. In: TAVARES, A. R.; FERREIRA, O. A. V. A.; LENZA, P. (Coord.) *Constituição Federal:* 15 anos. São Paulo: Método, 2003. p. 133-146.

MELO, M. P. C. A suprema corte dos EUA e a judicialização da política: notas sobre um itinerário difícil. In: VIANNA, L. W. (Org.) *A democracia e os três poderes no Brasil*. Belo Horizonte: Ed. UFMG; Rio de Janeiro: IUPERJ: FAPERJ, 2002, p. 63-89.

MORAES, A. de. *Direito constitucional*. 5. ed. São Paulo: Atlas, 1999.

______. ______ 19. ed. São Paulo: Atlas, 2006.

MORO, S. F. *Jurisdição constitucional como democracia*. São Paulo: RT, 2004.

OLIVEIRA, V. E. Judiciário e privatizações no Brasil: existe uma judicialização da política. *Dados*, Rio de Janeiro, v. 48, n. 3, p. 559-587, 2005.

PALU, O. L. *Controle dos atos de governo pela jurisdição*. São Paulo: RT, 2004.

ROSEN, K. S.. O controle da constitucionalidade no Brasil: desenvolvimentos recentes. *Revista de Direito Administrativo*, Rio de Janeiro, n. 227, p. 1-30, jan-mar. 2002.

SADEK, M. T. A organização do poder judiciário no Brasil. In: ______. (Org.) *Uma introdução ao estudo da justiça*. São Paulo: Idesp/ed. Sumaré, 1995. p. 9-16.

SILVA, J. A. Da jurisdição constitucional no Brasil e na América Latina. *Revista da Procuradoria-Geral do Estado de São Paulo*, São Paulo, n. 13/15, p. 105-171, dez. 1978/1979.

______. *Curso de direito constitucional positivo*. 9. ed. São Paulo: Malheiros, 1993.

SOUZA, M. T. A reforma do judiciário brasileiro no circuito decisório da Câmara dos Deputados. *Perspectiva*, São Paulo, n. 27, p. 69-81, 2005.

TATE, C. N., VALLINDER, T. *The global expansion of judicial power*. New York: New York University Press, 1994.

TATE, C. N. Why the expansion of judicial power? In: TATE, C. N., VALLINDER, T. *The global expansion of judicial power*. New York: New York University Press, 1994. p. 25-36.

TEIXEIRA, A. *A judicialização da política no Brasil (1990-1996)*. 1997. 173 fls. Mestrado Ciência Política – Instituto de Ciência Política e Relações Internacionais, Universidade de Brasília, Brasília, 1997.

VALLINDER, T. When the courts go marching in. In: TATE, C. N., VALLINDER, T. *The global expansion of judicial power*. New York: New York University Press, 1994. p. 10-23.

VIANNA, L. W; et al. *Corpo e alma da magistratura brasileira*. Rio de Janeiro: Revan, 1997.

______. *A judicialização da política e das relações sociais no Brasil*. Rio de Janeiro: Revan, 1999.

VIEIRA, O. V. *Supremo Tribunal Federal*: jurisprudência política. 2. ed. São Paulo: Malheiros, 2002.

Antônio Sérgio Rocha

A Assembleia Nacional Constituinte e o 'problema do orçamento público' no Brasil

EXECUTIVO, LEGISLATIVO E O 'PROBLEMA DO ORÇAMENTO'

No extenso período da transição política brasileira, a existência de eleições diretas em todos os níveis de governo e a nova ordem constitucional eram tomadas como condições necessárias, embora não suficientes, para a normalização da vida democrática no Brasil. Existia ainda uma série de instituições complementares que deveriam ser construídas e desenvolvidas, com vistas a permitir que a sociedade participasse de forma efetiva nas decisões que afetam seu destino. O processo orçamentário se constituía numa dessas instituições.

Assim como o processo de votação revela as preferências do eleitor na escolha dos representantes políticos, o processo orçamentário funciona como o mecanismo pelo qual a sociedade manifesta suas preferências em relação à origem e destinação dos recursos fiscais. Por outro lado, a orçamentação significa também o instrumento por excelência para fiscalizar a destinação desses recursos, ao permitir que os representantes políticos possam avaliar os resultados da política econômica e social conduzidas pelo Executivo, de modo a exercer o controle dos gastos públicos.

A alocação dos recursos públicos tem um impacto diferenciado sobre os diversos setores da economia. Em outras palavras, haverá sempre alguns setores da sociedade mais favorecidos pela ação governamental. Em vista dessas características, a decisão sobre a origem e a alocação de recursos se torna extremamente complexa, requerendo a combinação de análise técnica e julgamento político. O resultado final é um acordo multilateral sobre a programação da atividade financeira do governo, acordo este que envolve os diversos ministérios, o órgão central da orçamentação e o Poder Legislativo.

Do ponto de vista institucional, a conciliação no orçamento é problemática porque, nos marcos do sistema presidencialista, Congresso e Executivo são dotados de diferentes dinâmicas eleitorais e organizacionais. Legislativos são fundamentalmente organizações fragmentadas e descentralizadas. Para dar estruturação aos seus trabalhos internos, empregam, além das atividades de plenário, um sistema de comissões parlamentares. A ação individual dos parlamentares decorre basicamente dos interesses que eles politicamente representam. Nessas condições, o parlamentar se torna particularmente sensível às demandas dos interesses específicos que lhes são afins, de modo a dar continuidade à sua carreira política.

Se, de modo geral, para o congressista é a 'parte' que lhe importa e interessa, para o Executivo, em princípio, é o 'todo' que o mobiliza e lhe diz respeito. Daí que o Executivo reivindique para si as considerações de racionalidade e eficiência econômica que o processo orçamentário deve envolver. E sua ação irá buscar assegurar a coerência dos diversos elementos que compõem o orçamento público.

O conjunto dessas exigências - assegurar a participação de Executivo e Legislativo, coibir os excessos de ambas as partes - constitui o núcleo do que podemos denominar 'problema do orçamento'. Sua resolução implica a construção de um aparato institucional específico que, além dessas finalidades, possibilite o incremento na coordenação entre os dois poderes: o 'processo orçamentário' é a solução ao problema do orçamento, estabelecendo instituições políticas capazes de processar adequadamente, e de maneira estável, o jogo de interesses que se desenrola na orçamentação, em que essas instituições se veem confrontadas com a tarefa de conciliar, de um lado, eficiência e capacidade governativa; de outro, participação e representatividade política (DAHL, 1994).

No Brasil, houve três tentativas de se resolver constitucionalmente esse problema: denominaremos 'solução populista' a conformação inscrita na Constituição Federal de 1946; 'solução autoritária' o desenho posto na Carta Constitucional de 1967; e 'participação responsável' a configuração insculpida na Constituição Federal de 1988. O exame das atas da Assembléia Nacional Constituinte (1987-88) sugere que os trabalhos as atividades dos seus membros foram marcadas pelo temor de que a retomada da participação do Legislativo pudesse impactar negativamente a coerência e eficiência das políticas governamentais. O diagnóstico convencional de que o Congresso Nacional havia se tornado um "engenho de inflação" (CAMPOS, 1994), ao longo dos anos da Democracia Populista, informou poderosamente os debates e as decisões dos constituintes acerca do sistema orçamentário que se pretendia elaborar na nova Carta Magna. Conquanto a hipótese da indisciplina fiscal do Legislativo nesse período nunca tenha sido estudada ou testada concretamente, tal premissa foi tomada como um dado pelos constituintes, a ser combinada com o imperativo da recuperação das prerrogativas do Congresso na política orçamentária. Encontramos nos debates e pronunciamentos da ANC[1] afirmações como "fugir de ambos os extremos no processo orçamentário" (constituinte César Maia, PDT-RJ), "construir para o futuro, mas com os olhos postos no passado: [...] não devemos repetir os erros cometidos em 1946 e 1967" (constituinte Osmundo Rebouças, PMDB-CE); "nem a Carta superpolaca de 1967 nem a anarquia de 1946" (constituinte José Jorge, PFL-PE) e vários outros. Vejamos as características básicas das Constituições de 1946 e de 1967 que seriam continuamente invocadas pelos parlamentares de 1987-88 para fundamentar seu esforço de construção institucional.

'SOLUÇÃO POPULISTA': A EXPERIÊNCIA DO PROCESSO ORÇAMENTÁRIO NO PERÍODO 1946-63

Na Constituição de 1946, houve, de um lado, a institucionalização da peça orçamentária, proibindo a inclusão de matéria alheia às receitas e despesas públicas (VIANA, 1950). De outro, estabeleceu-se a participação do Legislativo no processo orçamentário. A Constituinte que lhe dá origem ocorre após o período do Estado Novo. Nos quinze anos da ditadura Vargas, o Poder Legislativo nem ao menos funcionou: toda a orçamentação se processava inteiramente nos ministérios e departamentos administrativos da Presidência da República. A democratização exigia, portanto, a participação do Congresso na orçamentação pública.

Essa participação, contudo, foi estabelecida de maneira irrestrita: a Constituição de 1946 não criou normas disciplinadoras para as emendas dos parlamentares na proposta do Executivo nem criou mecanismos adequados para compatibilizar as despesas e as receitas votadas no Legislativo. A participação do Legislativo na fase de formulação do orçamento concentrava-se na possibilidade de alterar, via emendas, a parte variável das despesas públicas. Essa concepção esteve presente desde o início do 'Projeto Primitivo'. Pelos relatos disponíveis (VIANA, 1950; DRAIBE, 1985), a ideia de uma participação parlamentar irrestrita e sem limites prévios foi uma constante em todas as etapas do processo constituinte, e sua redação final na Constituição praticamente repetia a versão original do Projeto. A esse respeito, Viana (1950) apontava um aspecto crucial: no exercício das suas prer-

1 Diários da Assembléia Nacional Constituinte (DANC), sessão de 21/07/87.

rogativas orçamentárias, o Legislativo poderia comprometer a integridade dos programas de governo: a falta de restrições à atuação dos parlamentares no orçamento era o caminho certo para conduzir à indisciplina fiscal. A emenda por ele apresentada, porém, nenhum efeito teve sobre os termos já previstos no Projeto Primitivo: a questão não suscitou debates entre os constituintes nem foi levada a voto. Draibe (1985) tenta explicar a rejeição da emenda de Vianna pelo interesse que o manejo das verbas orçamentárias representava para a ação clientelística da área parlamentar: a esse respeito, os constituintes mantiveram-se zelosos, de maneira quase consensual, e independentemente de suas cores político-partidárias.

Para analistas do período, o efeito desse dispositivo constitucional foi uma marcada "propensão ao déficit" (SIMONSEN, 1977): a legislação aprovada no Congresso já trazia despesas em montante superior às receitas orçadas. A percepção generalizada era de que a indisciplina fiscal do Congresso estava no epicentro das dificuldades econômicas do país. A participação legislativa à *outrance* no orçamento tornava-se, assim, fonte de fragilidade para o próprio Congresso: essa 'solução populista' se revelava ineficiente e instável.

Com base no diagnóstico de que a ação dos congressistas se constituía no foco da desordem orçamentária, a coalizão que deu o golpe em 1964 inculpou principalmente o Congresso pela piora das condições econômicas do país. E o Legislativo foi o primeiro alvo das reformas que pôs em prática.

'SOLUÇÃO AUTORITÁRIA': O PROCESSO ORÇAMENTÁRIO NO REGIME MILITAR (1964-84)

Na Carta Constitucional de 1967, a opção pela eficiência econômica levou o Executivo a afastar inteiramente o Congresso da orçamentação, criando restrições várias tanto à ação individual dos parlamentares como à do próprio Poder Legislativo. Em nome da racionalidade e consistência macroeconômicas, aos formuladores do regime militar foi concedida vasta latitude decisória e alocativa nas políticas públicas. O princípio norteador dos arranjos orçamentários inverte os sinais: em vez de assegurar a 'participação', o que passava a importar era estabelecer a 'eficiência econômica' do processo orçamentário. De um conjunto de reformas estruturais implementadas a partir de meados da década de 1960 se originará o 'sistema de orçamentos múltiplos', constituindo o efetivo processo orçamentário do regime militar.

A partir da reforma bancária de 1964, originou-se uma situação de duplo comando na política monetária, estabelecendo, na prática, um sistema misto de Autoridade Monetária. O Orçamento Monetário (OM) foi a resposta que se buscou para resolver o problema de coordenação entre as duas agências. O objetivo inicial dessa peça era o controle dos meios de pagamentos, adequando-as ao programa de combate à inflação e às necessidades de crescimento da economia. Mas o OM foi paulatinamente recebendo inúmeras funções, que resultaram principalmente da ampliação das atribuições do Banco Central.

O Orçamento da Previdência Social (Sinpas) também era uma peça à parte. Um órgão da administração direta – o próprio Ministério da Previdência Social – é que estava incumbido da sua elaboração e gerenciamento, com aprovação feita por decreto do presidente da República. Essa peça orçamentária incorporava fundamentalmente as entidades financeiramente autônomas do Tesouro Nacional, que operavam com contribuições parafiscais. O documento, entretanto, não abarcava todo o universo da previdência social. Por um lado, esse orçamento deixava de incorporar algumas receitas de contribuição social, que eram alocadas no orçamento fiscal, e não abrangia, por outro lado, as entidades da administração indireta, que tinham as contas relativas à previdência social consignadas diretamente nos orçamentos das entidades de administração indireta. No intuito de ampliar a capacidade de financiamento do Estado, a descentralização promovida pelo Decreto-Lei nº 200/67 dotou as entidades da administração indireta de autonomia financeira, orçamentária e administrativa. A partir dessa concepção de autofinanciamento da administração indireta, a criação de empresas públicas e a multiplicação do número de autarquias e fundações federais ganhou forte impulso. Por mais de uma década, acompanhando a ampliação das intervenções do Estado no domínio econômico e social, ocorreu uma acentuada proliferação dos orçamentos da administração indireta: os Orçamentos Adin. Graças à autonomia conferida pela reforma administrativa, os orçamentos dessas entidades, inclusive das empresas estatais, não eram obrigados a integrar o Orçamento Geral da União, que era a única peça encaminhada ao Congresso. Os Orçamentos Adin eram, desse modo, peças inteiramente autônomas, elaborados e geridos pelas próprias entidades da administração indireta e aprovados por decreto do Executivo.

Os militares mantiveram o ritual da apreciação da proposta orçamentária pelo Congresso, ainda que estabelecessem condições altamente restritivas para a participação legislativa. O outro aspecto desse ritual é que, também do ponto de vista do Executivo, o documento enviado era objeto de muitas limitações: apenas o Orçamento Fiscal era incluído na Lei Orçamentária Anual. Mas nem mesmo a íntegra das contas fiscais estava incluída nesta peça. Pelo ângulo das receitas, o Orçamento Fiscal (OF) incorporava, além dos ingressos da arrecadação tributária, algumas receitas de contribuição social (que eram, desse modo, subtraídas ao Orçamento Sinpas) – mas, por outro lado, perdia os rendimentos do IOF (Imposto sobre Operações Financeiras), que eram alocados no Orçamento Monetário. As despesas públicas, por sua vez, eram incorporadas no documento de maneira apenas parcial: o OF se restringia a abranger as políticas tradicionais de governo (educação, segurança pública e justiça); as contas relativas às entidades da administração indireta não eram incluídos nessa peça, mas nos Orçamentos Adin. O Orçamento Fiscal não contemplava, por fim, as operações de responsabilidade do Tesouro Nacional executadas pelo Bacen (as Contas Fiscais), que eram inscritas no Orçamento Monetário. Ao arranjo final dessa complicada combinação de receitas e despesas se dava o nome de Orçamento Geral da União.[2] Essa era a única peça que pertencia formalmente ao processo de planejamento orçamentário do regime.

Paradoxalmente, o labiríntico aparato orçamentário montando pelo regime militar ruiu a partir de seus próprios movimentos endógenos: por um lado, a descentralização administrativa, pedra de toque da reforma de 1967, gerou um alto grau de fragmentação decisória, levando ao colapso do planejamento público; por outro, a situação de duplo comando das Autoridades Monetárias gerou expansão do gasto público e descontrole monetário. Durante algum tempo, o acesso aos recursos externos assegurou o padrão de financiamento das contas públicas e permitiu que o sistema seguisse funcionando. O epicentro do seu colapso está situado no choque cambial de 1982. A interrupção do fluxo voluntário de divisas implicou uma profunda desestruturação dos mecanismos de financiamento da orçamentação pública, cuja capacidade de gasto não-inflacionário estava, em última instância, determinada pelo ingresso de recursos externos.

A crise do Balanço de Pagamentos levou o governo brasileiro ao Fundo Monetário Internacional. Na raiz das turbulências econômicas, o FMI diagnosticou a "disfuncionalidade institucional do setor público brasileiro" (GUARDIA, 1992), resultante de três conjuntos de fatores: (a) do sistema de orçamentos múltiplos, (b) do sistema de duplo comando das Autoridades Monetárias, (c) da autonomia do Banco Central na gestão da dívida pública interna. Conjugados, esses fatores representavam o esgotamento da 'opção pela eficiência' levada a cabo pelos planejadores do regime.

Em fins de 1963, os dezoito anos de funcionamento da 'solução populista' haviam resultado em dispersão da peça orçamentária, déficit público, crise econômica e inflação próxima de 100% ao ano. No final de 1984, vinte anos após a vitória da coalizão militar, o cenário era de dispersão ain-

2 Este orçamento, além da designação inapropriada, contribuiu também para o escamoteamento da real situação do setor público, vez que, tal como estabelecido, o arranjo propiciava a geração de recorrentes superávits fiscais.

da maior da peça orçamentária, déficit público, crise econômica e inflação superior a 200% ao ano (ABREU, 1990). A 'solução autoritária' ao 'problema do orçamento' igualmente fracassara.

Ficava evidente que a remoção do Congresso Nacional do circuito decisório não garantira, portanto, a racionalidade do processo orçamentário. A partir do programa de ajuste econômico do FMI, pôs-se em marcha um novo processo de reordenação institucional do orçamento, de início apenas no âmbito do Poder Executivo, constituindo as diversas etapas da reunificação orçamentária que, no âmbito do governo, seriam desencadeadas sistematicamente a partir de 1985, alcançando seu arremate nos trabalhos da Assembléia Nacional Constituinte (ANC).

ASSEMBLEIA NACIONAL CONSTITUINTE, 1987-88: A FORMAÇÃO DA NOVA 'SOLUÇÃO ORÇAMENTÁRIA'

Instalada em fevereiro de 1987 e concluída em outubro de 1988, a Assembléia Nacional Constituinte teve seus trabalhos organizados em torno de três momentos distintos: a fase das Comissões Temáticas, a fase da Comissão de Sistematização e a fase do Plenário. No primeiro momento, foram montadas oito Comissões Temáticas, cada uma delas subdividida em três Subcomissões. O tema das Finanças Públicas foi tratado pela Comissão do Sistema Tributário, Orçamentos e Finanças, presidida por Francisco Dornelles (PFL-RJ) e tendo José Serra (PMDB-SP) como relator. Além disso, a matéria orçamentária foi apreciada complementarmente pela Comissão de Organizacão dos Poderes e Sistema de Governo, presidida e relatada, respectivamente, por Bocayuva Cunha (PDT-RJ) e José Jorge (PFL-PE).

Examinando os trabalhos constituintes a respeito do orçamento público, pode-se notar que três aspectos singularizam as atividades relativas à matéria. Em primeiro lugar, a discussão do tema concentrou-se fundamentalmente na Subcomissão de Orçamentos e Fiscalização Financeira, que era presidida por João Alves (PFL-BA) e relatada por José Luiz Maia (PDS-PI). Em segundo lugar, praticamente todo o debate sobre o orçamento foi tratado, de maneira quase exclusiva, por um pequeno grupo de constituintes: César Maia (PDT-RJ), José Jorge (PFL-PE), José Serra (PMDB-SP) e Fernando Henrique Cardoso (PMDB-SP); num grau um pouco menor, também participaram das formulações orçamentárias os constituintes Osmundo Rebouças (PMDB-CE), Firmo de Castro (PMDB-CE), José Luiz Maia (PDS-PI) e Vílson Souza (PMDB-SC). Em terceiro lugar, os princípios estabelecidos originalmente no anteprojeto da Comissão de Finanças foram mantidos, quase sem alterações, ao longo de todo o processo constituinte; com a redação que tiveram no Primeiro Substitutivo da Comissão de Sistematização, passariam ao texto final da nova Constituição.

O Sistema Orçamentário e seus elementos

A "participação responsável" concebida pela Constituição de 1988 significou a criação de um conjunto de dispositivos orçamentários que buscavam, por um lado, eliminar, ou reduzir, as mazelas decorrentes do comportamento de cada um dos participantes da orçamentação; por outro, possibilitar o incremento na coordenação entre Executivo e Legislativo. Para inibir a indisciplina fiscal do Congresso, a nova Constituição restringiu severamente o alcance das emendas parlamentares; para evitar que os particularismos associados às ações dos congressistas desfigurassem a peça orçamentária, obrigou-se que essas emendas obedecessem à hierarquia fixada pelo Plano Plurianual; de forma a compensar a morosidade da tramitação legislativa, os constituintes mantiveram a deliberação orçamentária numa única comissão legislativa; para evitar o descontrole das finanças públicas, foram estabelecidas amplas e variadas possibilidades de fiscalização e controle sobre o Executivo. A abrangência da nova peça orçamentária buscou reinstitucionalizar a lei de orçamentos anual, depois da dispersão e fragmentação ocorridas sob o autoritarismo.

A Lei de Diretrizes Orçamentárias

A ideia de um documento que estabelecesse as diretrizes orçamentárias surgiu durante os trabalhos da Comissão de Finanças: o Executivo deveria elaborar o projeto da Lei Orçamentária segundo orientação, indicadores e parâmetros a serem submetidos previamente à apreciação do Legislativo. A peça se constituiria, assim, em mecanismo de coordenação entre os dois poderes, fixando mutuamente as prioridades a constar no orçamento anual. Na Subcomissão de Orçamentos, o instrumento foi denominado Proposta de Distribuição de Recursos; sua designação definitiva surgiu na Comissão de Sistematização.

Os defensores da nova peça sustentavam que, com essa sistemática, o Legislativo teria maior e melhor participação no processo orçamentário, ao apreciar e deliberar a partir de uma espécie de pré-orçamento. Por um bom tempo, as visões acerca do aumento da capacidade de participação do Congresso estiveram ligadas à ampliação do tempo de apreciação da peça no Legislativo: a criação de um ciclo orçamentário bianual, como defendia o constituinte César Maia (PDT-RJ). O parlamentar propunha o aumento no alcance temporal da lei de orçamentos com base no argumento de que, nos países em que o Legislativo realmente participava no processo orçamentário (Estados Unidos e Inglaterra), o orçamento era bianual.

Da forma como está o texto sobre o orçamento no projeto de Constituição, não tenho dúvida de que o Poder Legislativo pouco participará; será apenas um pouco mais do que participa hoje. As despesas de investimentos, que podem ser mudadas, constam como rubricas e programas gerais. Com isso, o Executivo, em função de um orçamento genérico, aplica todas as formas de clientelismo que conhecemos. Nos Estados Unidos e na Inglaterra, a cada ano se apresenta a versão final ajustada do orçamento para o período subsequente. O parlamento tem o ano inteiro para negociar o detalhe do orçamento. O orçamento é negociado durante um período inteiro com o Executivo e, dessa negociação, retorna com a versão final ajustada. O orçamento dos Estados Unidos ou da Grã-Bretanha não é votado, mas lançado. Se ele cai, cai o Gabinete.[3]

Criticando a idéia, o constituinte José Serra (PMDB-SP) abriu polêmica com o deputado César Maia (PDT-RJ):

> [...] o Congresso deverá discutir as grandes alocações, as grandes prioridades que serão dadas nesses três orçamentos, que deverão ser aprovados no segundo semestre. Nesse sentido, não há no processo diferença alguma em relação àquilo que defende o constituinte César Maia. Apenas S. Exa. propõe que comecemos a fazer isso dois anos antes. A essência de meu argumento é essa: não somos a Inglaterra ou a Dinamarca. Em um país com a inflação alta como o nosso, seria muito irrealista trabalhar com o orçamento bianual.[4]

Desse modo, a LDO resultou, também, numa alternativa aos processos de planejamento de ciclo bianual. Igualmente nessa fase foi definido que a LDO compreenderia a política adotada na concessão de financiamento do setor público e, na sua elaboração, contasse com a participação de entidades nacionais representativas da sociedade.[5]

Com esse conjunto de atribuições, a LDO tornava-se o instrumento por excelência da compatibilização das relações entre Executivo e Legislativo no processo orçamentário. E essa compatibilização seria orientada pelos lineamentos gerais inscritos no Plano Plurianual.

A Lei do Plano Plurianual (PPA)

Dos três instrumentos do processo de planejamento, o Plano Plurianual foi o que mais tempo levou para ter a sua forma definida na ANC. A finalidade básica dessa nova peça havia sido posta já na Subco-

3 Suplemento C, p. 1969, Diário da ANC, 394º. votação.

4 DANC, p. 1.971.

5 Mas, por meio de uma emenda supressiva, o 'Centrão' retirou a possibilidade de participação das entidades nacionais na elaboração da LDO. Esse foi o único veto integral do 'Centrão' a um dispositivo orçamentário contido no Projeto da Comissão de Sistematização.

missão de Orçamentos: o PPA deveria correlacionar e integrar planos e orçamentos.

Após a sua definição inicial no anteprojeto aprovado, a abrangência do PPA foi crescendo ao longo dos trabalhos constituintes. Primeiro, deveria compreender apenas os investimentos públicos; depois, também as despesas deles decorrentes seriam incorporadas à peça; por fim, em 2º turno da etapa de Plenário, o documento passou a abranger todas as despesas de capital relativas aos programas de duração continuada.

O anteprojeto da Constituição fixava o período de vigência dessa lei entre o segundo exercício do mandato presidencial até o mandato subsequente, mas a regra foi posteriormente abandonada. À última hora, inscreveu-se nos Atos das Disposições Transitórias um conjunto de estipulações sobre os prazos e vigência desse instrumento, remetendo para a Lei Complementar das Finanças Públicas a sua regulamentação. Na versão final, os constituintes estabeleceram que o PPA condicionaria a elaboração das Diretrizes Orçamentárias (LDO) e dos Orçamentos Anuais (LOA). Dessa maneira, o Plano Plurianual era consagrado como a peça maior do ciclo orçamentário.

A Lei de Orçamentos Anuais

O ponto mais polêmico sobre a Lei Orçamentária Anual disse respeito à situação em que o projeto encaminhado ao Legislativo não fosse votado no prazo devido. Esse foi um dos aspectos da seção Dos Orçamentos que mais mudaram no processo legislativo, e mesmo assim não teve desfecho satisfatório: não há nenhuma disposição no texto final da Carta a regular essa eventualidade.

Inicialmente, o anteprojeto da Subcomissão de Orçamentos e o Substitutivo do Relator da Constituição mantiveram a regra da Carta de 1967, prevendo a aprovação do projeto por decurso de prazo. O relatório final da Constituição manteve essa figura aplicada apenas ao projeto de LDO; no caso da Proposta de Lei de Orçamentos, a disposição estipulava que houvesse a execução temporária do orçamento, através de decreto do Executivo, até a promulgação final da LOA. Simultaneamente, porém, a Comissão de Organização dos Poderes aprovava outra regra para substituir a figura do decurso de prazo: a não-interrupção da sessão legislativa enquanto não fosse aprovado o projeto de LOA.

Durante a etapa da Comissão de Sistematização, as posições sobre o assunto mudaram radicalmente. Primeiro, com o apoio do Relator-Geral da Constituinte, Bernardo Cabral, foi retomada a figura do decurso de prazo para o caso da não-aprovação do projeto de LOA pelo Legislativo; a previsão da continuidade das sessões do Congresso ficou restrita ao caso da não-aprovação do projeto de LDO. Nessa ocasião, rejeitou-se a norma da

Constituição de 1946, que previa a repetição do orçamento público caso a Proposta não fosse aprovada até o final do exercício.

Passando a questão para a etapa de Plenário, a preocupação com o restabelecimento pleno das prerrogativas do Legislativo quase levou à extinção da figura do decurso de prazo durante as votações do 1º turno. Faltaram apenas cinco votos para a aprovação de emenda que pretendia adaptar mecanismo adotado na França: não aprovado o orçamento, o governo podia executá-lo temporariamente por decreto, até que o Congresso deliberasse definitivamente sobre o projeto de lei. A matéria foi votada duas vezes no 1º turno, porque faltou quórum para a primeira votação. O Relator-Geral da Constituinte, Bernardo Cabral (PMDB-AM), em seu relatório, havia inicialmente descartado todas as emendas sobre o assunto, "cuja aprovação pudesse postergar a sessão legislativa de um ano para o outro". Com a acolhida do decurso de prazo pelo Relator-Geral, ficava clara a preocupação com os obstáculos que a morosidade da tramitação legislativa pudesse criar à ação governativa do governo, já que a lei orçamentária precisa ser votada no ano anterior à sua vigência.

Outros constituintes, no entanto, preferiam pensar em soluções menos radicais. Na defesa da extinção do decurso de prazo, Vílson de Souza (PMDB-SC) usou os seguintes argumentos:

> Não podemos permitir que a lei mais importante, votada anualmente pelo parlamento, possa ser aprovada por decurso de prazo. Não faz parte de nossa tradição do Direito Constitucional [*sic*]. A alternativa é adotar medida semelhante à prevista nas Constituições da Espanha, França e Uruguai: prorrogação automática do orçamento anterior, até a aprovação do novo orçamento.[6]

No 2º turno de votação, em meio a uma grande fusão de emendas sobre a matéria, caiu finalmente a figura do decurso de prazo. Dentre as emendas aprovadas nesse sentido, mencione-se a justificativa dada pelo constituinte Nélson Carneiro (PMDB-RJ): não é razoável que toda a construção contida no novo texto constitucional, no sentido da valorização do Poder Legislativo, desmorone com a preservação, neste dispositivo, do instituto do decurso de prazo, indiscutivelmente desestabilizador da harmonia entre os Poderes da União.

O parecer do relator Bernardo Cabral foi pela rejeição dessa emenda: "A supressão alvitrada corresponderia a deixar o país sem orçamento". Como nessa questão, ao contrário da maioria das outras discussões, não houve consenso, só se fez a supressão da disposição relativa ao decurso de

6 DANC, p. 9.744.

prazo. Sem que a continuidade dos trabalhos constituinte acrescentasse alternativa à questão, o resultado é que a redação final da Constituição ficou sem definir quaisquer providências para o caso de o Legislativo não aprovar a proposta orçamentária em tempo hábil.

Executivo e Legislativo: a distribuição de poderes no orçamento público

Ao longo dos trabalhos constituintes, não houve mudanças expressivas a respeito da competência de cada um dos Três Poderes no processo orçamentário. Essencialmente, continuava cabendo ao Executivo elaborar os orçamentos e deter a iniciativa dos projetos de lei da matéria (note-se somente que, quando a opção do sistema de governo era pelo parlamentarismo – antes, portanto, da etapa dos trabalhos de Plenário – essa iniciativa estava nas mãos do Primeiro-Ministro). Quanto ao Legislativo, o constituinte iria introduzir uma série de cautelas para a sua participação orçamentária.

Definindo a participação parlamentar no orçamento

Os princípios de restabelecimento da participação do Congresso no orçamento também são originários da Subcomissão de Orçamentos, como assinala esse trecho de seu Relatório Final: A questão do orçamento tem uma importância fundamental para o exercício das prerrogativas do Poder Legislativo. Essa participação até o momento vem sendo quase nula, e tem sido na realidade a causa mais determinante para o esvaziamento do Congresso Nacional. Um parlamento que não pode debater à exaustão, nem emendar uma matéria tão relevante quanto o orçamento público, reduz-se apenas a um colegiado de representantes do povo que não pode estabelecer suas prioridades na execução das obras de que necessita, as quais são, em essência, a natureza da atividade do governo.

Essa participação, porém, não será restabelecida de forma irrestrita: os constituintes de 1987/88 criarão um conjunto de dispositivos disciplinadores da ação dos congressistas. Contra os 'particularismos' associados às emendas parlamentares, estabelecerá uma hierarquia entre as peças orçamentárias, de modo a evitar a desfiguração do caráter global do planejamento público. Contra a 'agravação das despesas' e consequente déficit público, estabelecerá severas restrições às possibilidades de emendas à lei de orçamentos. Contra a morosidade da tramitação legislativa, manterá a deliberação orçamentária numa única comissão congressual.

Essas decisões, porém, não resultaram todas do anteprojeto aprovado nem foram integralmente aceitas pelos demais constituintes. No que se segue, evidenciaremos os debates e reformulações ocorridos sobre o tema.

a) As emendas ao Orçamento Geral da União

A primeira restrição ao alcance das emendas parlamentares foi, na verdade, uma constante em todo o processo constituinte: a noção de certa hierarquia entre as peças do processo orçamentário. Embora a redação final na Constituição não contemplasse a distinção, os constituintes trabalharam continuamente com a ideia de um sistema orçamentários dotados de leis superiores (PPA e LDO) e leis inferiores (LOA e Leis de Créditos Adicionais). A distinção foi concebida visando à preservação dos objetivos políticos do planejamento público e da consistência macroeconômica da política fiscal. Assim, só se poderia apresentar emendas ao orçamento público que fossem compatíveis com os lineamentos gerais das políticas públicas (PPA) e com as diretrizes orçamentárias fixadas para aquele exercício (LDO).

Estabelecido dessa maneira o parâmetro 'macro' para a ação parlamentar, a restrição seguinte operaria sobre o nível 'micro' em que as emendas poderiam incidir: o grupo de despesas passíveis de alteração pelos congressistas e a fonte de recursos para estes gastos. Nesse ponto, houve uma variação muito acentuada durante os trabalhos constituintes.

A primeira sistemática, criada no anteprojeto da Subcomissão de Orçamentos, vedava apenas que os parlamentares introduzissem modificações na "natureza econômica das despesas", isto é, custeio e investimentos. Os debates em seguida se ocuparam da natureza das despesas compatíveis com emendas. O primeiro Substitutivo da Comissão de Sistematização restringiu o objeto das emendas aos investimentos e as despesas que dele decorressem, condicionando ainda a sua aprovação à anulação de despesas da mesma natureza. Na etapa de Plenário, no 2º turno de votações, uma fusão de emendas das lideranças partidárias estabeleceu a versão final a respeito do raio de ação do Legislativo no orçamento: as emendas parlamentares poderiam incidir somente sobre as despesas com os investimentos públicos, com a ressalva de se vedar a anulação de três grupos de despesas (pessoal e seus encargos, serviço da dívida (interna e externa) e transferências constitucionais a estados e municípios) como fonte de recursos para as emendas.

b) A Comissão Mista de Orçamentos (CMO)

A segunda questão polêmica nos trabalhos constituintes envolveu as atribuições da Comissão Mista do Congresso, encarregada de apreciar as propostas de leis relativas ao orçamento e à sua fiscalização. Houve uma controvérsia acirrada entre os partidários da centralização das deliberações orçamentárias no âmbito da CMO e aqueles que combatiam esta concepção, argumentando que esta concentração decisória discriminava os parlamentares das demais comissões.

Pela proposta contida originalmente no anteprojeto da Subcomissão de Orçamentos, a CMO virtualmente monopolizaria a tramitação legislativa da matéria orçamentária: o recebimento e apreciação das emendas ao OGU seriam exclusivos dessa comissão, e o parecer emitido por ela só iria à deliberação do Plenário do Congresso Nacional caso a votação fosse requerida por 1/3 dos membros das duas Casas do Congresso.[7] Depois disso, no Projeto da Comissão de Sistematização, as funções da CMO seriam ampliadas ainda mais: esta Comissão monopolizaria também o exame das contas prestadas pelo Executivo, assim como das atividades de acompanhamento e fiscalização orçamentária.

Até a fase final da Constituinte, houve muito questionamento sobre a competência dessa comissão Mista: seus poderes e raio de ação pareciam excessivos, esvaziando a atuação das demais Comissões Técnicas e do Plenário do Congresso. O constituinte Fernando Gasparian (PMDB-SP) manifestou-se contrário à posição que CMO teria na apreciação dos projetos do governo, com base nos seguintes argumentos: essa comissão ficará com poderes excessivos e é a única que está inserida neste projeto de Constituição. Isso tirará da Câmara de Deputados muitas de suas atribuições, tirará muito de sua possibilidade de trabalho, e fará também com que outras comissões, que não terão o nível desta – porque esta será uma comissão constitucional –, sejam de segunda classe. Seus membros terão poderes ilimitados e como que pairarão sobre os poderes das comissões normais, que se farão fora da Constituição.[8]

As medidas foram então atenuadas, especialmente nas últimas votações da Comissão de Sistematização. Assim, por exemplo, durante essas discussões, o constituinte Bonifácio de Andrade (PDS-MG) suprimiu o caráter conclusivo que os pareceres emitidos pela CMO teriam. A versão final, no entanto, não incorporou a proposta de fazer da CMO uma reunião 'de representantes das diversas comissões setoriais'. A solução de compromisso resultou não do esvaziamento das prerrogativas da CMO, mas de capacitar as comissões técnicas das duas Casas do Congresso Nacional de poderes fiscalizatórios próprios. Comentamos abaixo as disposições gerais acerca dessas prerrogativas.

c) A fiscalização orçamentária

A organização da fiscalização orçamentária e financeira foi marcada por normas pormenorizadas em todos os relatórios das diversas etapas da Consti-

7 Isto representava a continuidade das regras estabelecida pelas Constituições autoritárias.

8 Diário da ANC, 31/04/88, pp. 9.737-8.

tuinte. Isso refletia o princípio de que as definições e regulações deveriam ser esgotadas já no texto constitucional, não devendo constituir objeto de qualquer lei, para que a fiscalização não ficasse sujeita ao crivo do fiscalizador (o Executivo, por deter a prerrogativa constitucional de sancionar os projetos de lei votados no Congresso). A importância dessa orientação foi expressa pelo constituinte José Jorge (PFL-PE), no Relatório Final da Subcomissão do Poder Legislativo: a primeira das grandes alterações no texto constitucional relacionadas com o retorno das prerrogativas foi a inclusão, na competência exclusiva do Congresso – e, portanto, independentemente de sanção presidencial –, do poder de fiscalizar e controlar os atos do Executivo. Até agora, esta atribuição é regulada por lei submetida à aprovação do presidente da República. Dessa forma, uma das mais importantes atividades de qualquer parlamento – a ação fiscalizadora – rege-se, numa situação no mínimo insólita, por normas sujeitas à prévia anuência do fiscalizado, no caso, o Executivo. O texto da Carta de 1967 esconde uma distorção evidente, ainda mais notável quando se tenta pôr em prática os atos relativos à fiscalização de um Poder pelo outro (p. 5).

A alusão à Constituição de 1967 não é, evidentemente, incidental. Como vimos, não foi apenas a capacidade de interferir no orçamento que foi inibida pelo autoritarismo, mas também a possibilidade de controle das contas públicas pelo Legislativo. Esse cuidado dos constituintes no restabelecimento das prerrogativas fiscalizatórias se expressaria na criação, na fase de Plenário, de um dispositivo para dar efetividade aos novos poderes:

> [...] os governos apresentam suas contas de gestão como um enorme volume para ser analisado e discutido pelos parlamentares durante um período que não vence 30 dias, e que não permite seja feita crítica efetiva das contas de gestão. Com a nossa proposta, o governo trimestralmente faz o resumo da execução orçamentária ao Poder Legislativo, a fim de que este Poder possa acompanhar e avaliar a quantas anda o orçamento.[9]

A partir dessa proposta do constituinte César Maia (PDT-RJ), a versão final da Constituição traria uma cláusula obrigando o Poder Executivo a encaminhar ao Legislativo um relatório bimestral do resumo da execução orçamentária, de forma a permitir aos congressistas o acompanhamento das leis votadas.

9 Diário da ANC, 21/04/88, pp. 9731-2.

CONSIDERAÇÕES FINAIS

A importância que os constituintes de 1987/88 atribuíram ao orçamento público está manifesta até mesmo na estruturação do texto na nova Constituição: ao contrário de todas as Cartas Políticas anteriores, a matéria mereceu destaque em uma seção específica (Dos Orçamentos), num capítulo também em separado (Das Finanças Públicas), em vez de constarem todas essas disposições na parte relativa ao Poder Legislativo.

Além dessa seção específica, o constituinte determinou que todas as demais atribuições orçamentárias da Constituição fossem de competência exclusiva do Congresso: seu "Poder sobre as Finanças" é agora matéria indelegável, o que elimina a possibilidade de o Executivo dela dispor através de Medidas Provisórias.

Tal como emergia do novo capítulo orçamentário, o Congresso Nacional deveria, na realidade, desempenhar um papel de coadjuvante inteligente das funções governativas: na concepção delineada na nova Constituição, a lei de orçamento funcionaria como um simples detalhamento quantitativo dos objetivos, metas e prioridades – fixados conjuntamente por Executivo e Legislativo – nos documentos que compõem o plano de governo e as diretrizes para a orçamentação. A participação dos congressistas no orçamento se concentraria na possibilidade de remanejar os investimentos públicos, cancelando as dotações do projeto do governo para apresentar as suas emendas – e, sobretudo, fiscalizando a aplicação dos recursos públicos.

Os constituintes de 1987/88 criaram um capítulo orçamentário complexo e sofisticado. Depois do Congresso 'pródigo' de 1946 e do Congresso 'manietado' de 1967, chegava a vez do Congresso 'responsável' de 1988. O seu funcionamento adequado, no entanto, ainda demandava a criação de uma regulamentação igualmente complexa e elaborada, na forma de uma Lei Complementar.[10] Ademais, as novas regras constitucionais faziam a sua estreia em meio a uma aguda e virulenta crise econômica, que levará o Executivo a um protagonismo nas políticas públicas não ideado pelos constituintes.

Nestas duas décadas, desde a promulgação da CF 1988, os 'poderes exercidos' pelo Congresso na orçamentação pública ainda remanescem a ampla distância dos seus 'poderes atribuídos' pelos trabalhos da Assembleia Nacional Constituinte.

REFERÊNCIAS BIBLIOGRÁFICAS

ABREU, M. de P. *A Ordem do Progresso*. Rio de Janeiro: Campus, 1990.

10 Prevista desde a etapa inicial da Constituinte.

BRASIL. *Anais da Assembléia Nacional Constituinte*. Brasília: Subsecretaria de Anais do Senado Federal volumes 2, 5, 14, 15, 28, 31 e 33.

______. *Diários da Assembléia Nacional Constituinte*, de 17 de fevereiro de 1987 a 04 de outubro de 1988.

CAMPOS, R. *A lanterna na popa: memórias*. Rio de Janeiro: Topbooks, 1994.

DAHL, R. A Democratic Dilemma: System Effectiveness *versus* Citizen Participation. *Political Science Quaterly*, vol. 109, no. 1, 1994.

DRAIBE, S. *Rumos e metamorfoses:* Estado e industrialização no Brasil, 1930/1960. Rio de Janeiro: Paz e Terra, 1985.

GIACOMONI, J. O orçamento público e a Constituinte. Brasília: Revista da ABOP, março de 1986.

GUARDIA, E. R. *Orçamento público e política fiscal:* Aspectos institucionais e a experiência recente: 1985-1991. Dissertação de mestrado, UNICAMP, 1992.

SIMONSEN, M. H. A imaginação reformista. In: SIMONSEN, M. H. & CAMPOS, R. *A nova economia brasileira*. Rio de Janeiro, 1974.

VIANA, A. de. *Orçamento brasileiro*. Rio de Janeiro: Edições Financeiras S/A, 1950.

Sarah Feldman

Constituição de 1988 e política urbana no Brasil:

recuperando um percurso de construção de ideias e práticas

O marco jurídico da Constituição de 1988 que repercute na aprovação, treze anos depois, do Estatuto da Cidade e da Medida Provisória nº 2220 traz avanços importantíssimos para a história do planejamento urbano no Brasil. Estes avanços se dão, por um lado, no campo da política urbana propriamente dita e, por outro, em relação à política ambiental. Tanto uma como outra são, pela primeira vez, contempladas com capítulos específicos na Constituição brasileira, criando as condições institucionais para impulsionar o debate e a implementação de um conjunto de instrumentos e políticas de caráter urbano-ambiental.[1]

A afirmação de um direito à cidade e de um direito ao meio ambiente ocuparam, segundo Silva (1991), um lugar importante na chamada "conjuntura de cidadania" do período de elaboração da nova Carta Constitucional, que teve uma participação política inédita no país. No primeiro caso, teve fundamental importância a mobilização de amplitude nacional de vários setores da sociedade – movimentos e entidades populares, entidades sindicais, entidades de defesa dos direitos humanos, de ensino e pesquisa e de assessoria a movimentos urbanos, em torno do chamado Movimento Nacional pela Reforma Urbana (MNRU). A questão ambiental mobilizou entidades ambientalistas e movimentos ecológicos que se organizam no Brasil no contexto do movimento planetário que se desenvolve, a partir dos anos 1960, nos Estados Unidos e Europa. Desde 1987, organiza-se o "bloco

1 O Capítulo II Política Urbana (Artigos182 e 183) está incluído no Título VII - Da Ordem Econômica e Financeira, e o direito ambiental está claramente colocado no artigo 225, que constitui o Capítulo VI - Do Meio Ambiente, incluído sob o Título VIII - Da Ordem Social.

parlamentar verde" que, no processo constituinte, articula os diversos setores ambientalistas.

No que se refere à política urbana, os avanços dizem respeito à redefinição do direito de propriedade, submetendo-a ao interesse público através de sua função social e à extensão dos direitos dos cidadãos aos chamados "direitos sociais urbanos", o que é concebido como "direito à cidade", e que se expressam em instrumentos que impõem limites à propriedade privada e que permitem a regularização fundiária de áreas ocupadas por assentamentos populares para moradia. Em relação à política ambiental, ao situar a ideia de direito ao meio ambiente no mesmo nível dos Direitos e Garantias Fundamentais, a Constituição atribui ao direito ao meio ambiente o mesmo peso do direito à vida, à liberdade, à igualdade e, ao adotar a competência concorrente, municípios, estados e União passam a ser corresponsáveis pela questão ambiental. Além disso, uma profusão de artigos, incisos e parágrafos contemplam a questão da qualidade de vida sob diversas formas.[2] E, perpassando as duas dimensões, é de fundamental importância o avanço que se refere ao controle social a ser exercido pela sociedade civil, através da participação de seus setores organizados na gestão da cidade.

Se a articulação urbano-ambiental pode ser considerada uma questão recente, que emerge e se institucionaliza a partir das duas últimas décadas do século XX, o ideário urbanístico que dá suporte ao capítulo Política Urbana na Constituição de 1988 e aos instrumentos aprovados no Estatuto da Cidade começa a se construir no Brasil na década de 1930. Ou seja, desde o momento em que a expansão capitalista é comandada pela indústria, e a industrialização brasileira vai ter que se fazer, como afirma Oliveira (1982), "imediatamente urbana e excepcionalmente urbana" e vai impor "um padrão de urbanização que, aparentemente é, em muitos graus, em muitos pontos, superior ao ritmo da industrialização", uma persistente atuação de urbanistas no sentido de superar as desigualdades geradas por estes processos pode ser identificada.

Na perspectiva de não colocar ideias e realizações em oposição, mas admitindo que, assim como ideias podem gerar motivos para a ação social, as mudanças sociais podem forçar a reconstrução de idéias (BENDER, 1982), buscamos situar as conquistas recentes no campo da política urbana como parte de um longo embate entre a persistente atuação de urbanistas e os persistentes obstáculos que a sociedade e a política brasileiras colocam no caminho para o efetivo planejamento. Qualquer ação de planejamento territorial envolve, em última instância, o controle do uso da terra e, por-

2 Para uma análise detalhada da questão ambiental na Constituição de 1988, consultar SILVA, A.A., MELÃO, C.G., 1991.

tanto, o limite do direito de propriedade. E os direitos de propriedade, como afirma Fishman (1999), colocam limites qualquer que seja o poder de Estado. Desde os anos 1930, o país passa por contextos políticos diversos – duas ditaduras com um curto período democrático no meio, e as últimas três décadas de democracia – e, ao longo desse período, ao mesmo tempo em que ideias persistem e avançam, as práticas se acomodam, deslocam-se ou se transformam em diferentes contextos políticos.

Procuramos, neste texto, evidenciar a não-linearidade do percurso de construção dos ideários, das práticas, das conquistas e dos limites, a qual envolveu várias gerações de urbanistas, dos anos 1930 até o presente. Para reconhecer este percurso foi necessário nos distanciarmos da dualidade entre efetividade/não-efetividade de órgãos, de instrumentos urbanísticos e de planos, a qual marca fortemente as análises do planejamento urbano no Brasil, e reconhecer que a efetividade de órgãos, instrumentos e planos são sempre parciais e ocorrem em temporalidades diversas.

A DÉCADA DE 1930: O CONTROLE DA EXPANSÃO URBANA

É ao longo da década de 1930 que o território urbano em sua totalidade começa a ser tematizado como espaço de atuação de urbanistas no Brasil. Às mudanças qualitativas do processo de industrialização, quando os principais centros urbanos assim como os de menor porte passam por um acelerado crescimento da população urbana, corresponde o confronto de urbanistas com novas estratégias territoriais, novos instrumentos e mecanismos institucionais para se adaptar à nova realidade.

No contexto da Era Vargas, de renovação geracional das elites, das mudanças do aparelho de Estado, do fortalecimento do saber técnico e científico do Executivo, uma intensa mobilização dos urbanistas visando à sua inserção na tecno-burocracia estatal se volta para a legitimação da atividade de planejamento como função de governo, como técnica de administração nas esferas municipal, estadual e federal. A necessidade do plano abrangente a todos os problemas urbanos, os prejuízos de sua ausência, as economias que traz e a necessidade de estabelecer uma colaboração entre governos e sociedade para garantir sua execução, assim como a necessidade de reorganização da estrutura administrativa – desde a definição de um espaço de exclusiva atuação dos urbanistas na administração municipal à criação de um órgão federal de urbanismo – foram amplamente difundidos através das Comissões de Planos que se constituíram nas principais capitais do país. Num quadro de centralização política e financeira, em que o prefeito, eleito ou nomeado, estava totalmente submetido ao Interventor nomeado pelo presidente, o vínculo dos urbanistas com o municipalismo permitiu introduzir a perspectiva de fortalecimento e qualificação do município e da administração municipal para e através das práticas do urbanismo. Além disso, é na década de 1930 que se dá a convergência entre trabalhos desenvolvidos no âmbito da provisão de habitação social, alavancada na Era Vargas, e as ideias e práticas urbanísticas formuladas, que resulta na formulação da questão habitacional como questão urbanística.

A concentração e a dispersão da ocupação do solo urbano como duas faces do crescimento urbano e uma clara demarcação entre o urbano e o rural aparecem como componentes essenciais do problema enfrentado pelos urbanistas. A discussão na década de 1930 se concentra nas estratégias de regulamentação e controle desses processos. Se o zoneamento, apesar de já se constituir como um consenso entre os urbanistas, ainda permanece esquemático como formulação, o controle do processo de expansão urbana aparece na década de 1930 como questão premente e com propostas tecnicamente já ajustadas. Vários projetos de lei são elaborados, incluindo exigências de doação de áreas públicas pelos proprietários e o princípio de condicionar a aprovação de loteamentos a um plano da prefeitura que defina diretrizes de expansão. A criação de um código urbanístico nacional é pensado como obrigatório para as cidades com crescimento populacional superior a 10% no intervalo de dois recenseamentos quinquenais, para cidades com mais de 20.000 habitantes, cidades de caráter histórico, balneários, etc., e para cidades destruídas por calamidades[3]. Repercutindo a regulamentação da profissão de engenheiro e arquiteto aprovada em 1933, a exigência de um profissional especializado se manifesta enfaticamente nestas propostas.[4]

Não por acaso, a primeira regulamentação federal relativa a loteamentos é aprovada em 1937 (Decreto-lei 58) e regulamentada no ano seguinte (Decreto 3.079). A justificativa do decreto considera o crescente desenvolvimento da "loteação" de terrenos para venda em prestações e a falta de amparo dos compradores para transferência do domínio. São estabelecidos mecanismos de controle para garantir ao comprador a verificação dos títulos de propriedade dos vendedores e a segurança das transações de compra e venda de lotes. Além disso, passa a ser exigida uma parte dos procedimentos que vinham sendo propostos pelos urbanistas, como plano de loteamento; planta do imóvel com todos os requisitos técnicos e legais, assinada por engenheiro; indicações da situação, das dimensões e numeração dos lotes; dimensões e nomes das vias e espaços livres; as construções,

3 Uma dos projetos de lei é formulado por Francisco Baptista de Oliveira e está em seu livro, publicado em 1937, Noções Elementares de Urbanismo. Juiz de Fora. S.A. Lith. E Mech. União Industrial Editora: 98; Art. 1 º- 3 e 5.

4 Decreto Federal nº 23.569.

benfeitorias e vias de comunicação. Além disso, tratando-se de propriedade urbana, passa a ser exigida a aprovação prévia pela prefeitura, ouvidas as autoridades sanitárias e militares, do plano e da planta do loteamento.

A regulamentação aprovada não corresponde à intensidade assumida pelos processos de urbanização em curso, e fica muito aquém do controle contido nas várias propostas de leis elaboradas e, portanto, do nível das questões apresentadas pelos urbanistas. Os obstáculos ao controle do uso da propriedade privada se manifestam de forma contundente na primeira regulamentação federal sobre a atividade de urbanização: as áreas rurais são submetidas às mesmas regras das áreas urbanas e, além de não serem estabelecidas as proporções de áreas públicas a serem destinadas pelo proprietário, o próprio decreto regulamentador torna possível a reversão na alienação de vias de comunicação e espaços livres, retrocedendo em relação ao que o Decreto-lei garantia.[5]

Mesmo nos limites impostos pelo contexto jurídico-institucional, a repercussão da intensa mobilização da década de 1930 não é desprezível. Ao longo dos anos de 1940 e 1950, órgãos nas administrações municipais começam a se estruturar nas capitais e nas cidades do interior, na perspectiva de introduzir um processo de planejamento, planos diretores começam a ser elaborados por escritórios de arquitetura e por instituições de urbanismo que atuam no campo da assistência técnica, equipes multidisciplinares começam a ser constituídas para elaboração de planos, e a prática do zoneamento se difunde. Ainda que órgãos e comissões tenham sido criados e extintos em intervalos de tempo por vezes muito pequenos, planos não tenham sido necessariamente aprovados ou totalmente executados, estas mudanças e interrupções configuram uma não-linearidade do processo, mas não desmerecem um processo de institucionalização de novas práticas e saberes na administração municipal. Estes órgãos estão na origem das instituições de planejamento presentes até hoje nas administrações municipais.

A DÉCADA DE 1950 E INÍCIO DOS ANOS 1960: DIMENSÃO REGIONAL E HABITAÇÃO SOCIAL

Na década de 1950, paralelamente a este processo de institucionalização do planejamento na escala e na esfera municipal, uma outra escala começa a ser tematizada – a escala regional. Esta nova abordagem emerge num contexto político-institucional que favorece a organização de instituições de planejamento fora da administração pública – no chamado período

5 Segundo o artigo 3º do Decreto 58, "A inscrição torna inalienáveis, por qualquer título, as vias de comunicação e os espaços livres constantes do memorial e da planta".

democrático, que corresponde ao intervalo de menos de duas décadas entre o final do Estado Novo e a ditadura militar que se instala em 1964. A década pode ser considerada o momento de maior crença no planejamento regional e nas possibilidades do planejamento como atribuição privilegiada do Estado, o momento de convicção de que o controle público é possível.

São criadas instituições autônomas, como a Sociedade de Análise Gráfica e Mecanográfica Aplicada aos Complexos Sociais (Sagmacs), em 1947, e o Instituto Brasileiro de Administração Municipal (Ibam), em 1952, instituições vinculadas às universidades, como o Centro de Pesquisas e Estudos Urbanísticos (CPEU), na FAU/USP em 1955, o Centro de Estudos de Planejamento Urbano e Regional (Cepur), na UFPe, em 1962 – todas com atuação destacada na assistência técnica às administrações municipais, assim como instituições supragovernamentais, como a CIBPU-Comissão Interestadual da Bacia Paraná-Uruguai (1952), criada a partir de um convênio entre sete governos estaduais. Além disso, na década de 1950, o conhecimento sobre a realidade urbano-industrial já está institucionalizado em diferentes campos disciplinares: nos cursos de arquitetura, de sociologia e de geografia, além da engenharia, o que garante as condições para consolidação do planejamento como saber multidisciplinar que, desde a década de 1930, vinha sendo demandada.

Na década de 1950, o traço mais marcante do processo de urbanização brasileira do século XX – a conurbação configurando áreas metropolitanas – já é um fato. Ao longo da década de 1950, a população urbana brasileira cresceu 60% e 1/3 deste incremento populacional se instala em áreas metropolitanas. Na Região Sudeste, onde se situam as duas únicas cidades 'milionárias'[6] – São Paulo e Rio de Janeiro – a taxa de urbanização já está próxima de 60%. São Paulo está no centro do processo de mudanças qualitativas e quantitativas da indústria e supera, ao longo daquela década, a população do Rio de Janeiro. Nos grandes centros urbanos do país, as periferias já estão consolidadas com as precariedades peculiares às diferentes regiões.

As mudanças no contexto político-institucional, os avanços na institucionalização de saberes relacionados à realidade urbana e as novas condições do desenvolvimento urbano criam as condições para a mobilização de conhecimento e para a reconstrução de ideias, saberes e práticas instalados no campo do planejamento. A emergência do planejamento regional não se dá apenas como uma ampliação de escala territorial, mas como introdução de novas referências que contestam a dimensão eminentemente técnica que se instala na Era Vargas nas administrações municipais.

6 Cidades milionárias é o termo utilizado pelos geógrafos desde os anos de 1940 para cidades com mais de 1 milhão de habitantes.

O deslocamento da visão de planejamento municipal, que prevaleceu nas décadas anteriores, para uma dimensão regional introduz um conjunto de novas questões: a superação do limite político administrativo para a demarcação de áreas de planejamento; a necessidade de considerar determinantes geográficos, econômicos, as potencialidades de recursos regionais, assim como os avanços da técnica no processo de planejamento. Referenciados sempre na produtividade da indústria para organização do território e na possibilidade de utilização dos recursos da técnica, tanto a eletricidade como os meios de comunicação e de transporte, um conjunto de estudos realizados nos anos de 1950 tem como eixo direcionador o questionamento da organização da metrópole concentrada. Não se trata, necessariamente, da negação da metrópole, mas de interferir no processo que se caracteriza pela concentração demográfica e concentração industrial. Trata-se, fundamentalmente, do reconhecimento das disparidades regionais como questão a ser superada na escala regional em estreita relação com a escala urbana. Nessa perspectiva de articulação entre o urbano e o regional para a superação de desigualdades, o ideário do planejamento se torna indissociável das estratégias de desenvolvimento e nos estudos realizados – todos fora da administração municipal – e se recupera o aspecto fundador do urbanismo – a perspectiva de reforma social.[7]

A Carta dos Andes – documento amplamente divulgado e assumido no Brasil, resultante do Seminário de Técnicos e Funcionários em Planejamento, realizado pelo Centro Interamericano de Vivenda e Planejamento, em Bogotá, em 1958, do qual alguns brasileiros participaram[8] – expressa o repertório dominado naquele momento. Constam do documento, por exemplo, a necessidade de controle da especulação da terra, que inclui a revisão da fixação dos valores imobiliários, a distribuição da justa proporção dos custos de obras realizadas por entidades públicas entre os proprietários beneficiados, reserva de terras por parte de entidades do governo para desenvolver programas de habitação social, e impor tributos a lotes que se mantêm injustificadamente sem uso. E, com relação aos moradores de favelas, é proposta a criação de sistemas de ajuda própria ou mútua, com assistência técnica, econômica e social das municipalidades ou de instituições de habitação de interesse social,

7 Destacam-se na década de 1950, os seguintes estudos: "Diretrizes de um Plano Regional para o Recife", tese apresentada por Antonio Bezerra Baltar, em 1951, no concurso para a cátedra de Urbanismo e Arquitetura Paisagística da Universidade do Recife; "Elementos Básicos para o Planejamento Regional de São Paulo", estudo apresentado por Luiz Inácio de Anhaia Mello para a Comissão Orientadora do Plano da Cidade de São Paulo, como representante da Universidade de São Paulo, em 1954, e o estudo desenvolvido no âmbito da CIBPU, para a região da Bacia Paraná - Uruguai, a partir de um convênio entre os estados de São Paulo, Paraná, Goiás, Minas Gerais, Mato Grosso, Rio Grande do Sul, Santa Catarina.

8 Segundo Pontual (1999), compuseram a delegação brasileira no seminário de Bogotá, Antonio Bezerra Baltar, Mario Laranjeiras de Mendonça e Newton Oliveira.

assim como a possibilidade de utilização de padrões urbanísticos diferenciados na solução dos projetos (CINVA, 1958).

No início da década de 1960, no contexto das mobilizações em torno das reformas de base no governo de Jango Goulart, que visavam a instalar uma nova linha política no país, realiza-se o Seminário de Habitação e Reforma Urbana (SHRU) promovido pelo IAB- Instituto de Arquitetos do Brasil, com apoio do governo federal através do Instituto de Pensões e Aposentadoria dos Servidores do Estado (Ipase). Com o intuito de inserir a questão urbana e habitacional na pauta das reformas de base, foi realizado em duas etapas – no Rio de Janeiro e em São Paulo, em 1963 – aglutinando arquitetos e profissionais de diferentes campos disciplinares, líderes sindicais, estudantis, representantes de entidades civis. Em relação à habitação, segundo Bonduki e Khouri (2005), embora os resultados do Seminário apresentem um conjunto de propostas bastante elaboradas para efetivar os principais instrumentos institucionais necessários para o enfrentamento dos problemas habitacional e urbano, principalmente através do binômio industrialização e planejamento, estas não constituíram inovação em relação a propostas apresentadas por engenheiros e arquitetos desde a década de 1930.

Em relação ao planejamento, as medidas apontadas também se aproximam do repertório construído nas três décadas anteriores e estruturadas na Carta dos Andes – medidas para equacionar os entraves causados pela propriedade privada do solo urbano, planejamento para viabilizar o crescimento coordenado das cidades, disponibilização de áreas de interesse social para a produção em massa de habitação, assim como a necessidade de elaboração de uma legislação visando ao desenvolvimento urbano para além dos limites geográficos de municípios. Além disso, é indicada a criação de um órgão central encarregado da questão urbana e habitacional e de um Fundo Nacional de Habitação. O avanço mais significativo se dá na elaboração de um anteprojeto de lei de reforma urbana, do qual consta a criação de um Banco Nacional de Habitação, de um Plano Nacional de Habitação e de um Plano Emergencial para as habitações "subnormais".[9]

O PERÍODO SERFHAU: PRIMEIRO CICLO DE PLANOS DIRETORES E DE CAPACITAÇÃO DE QUADROS TÉCNICOS

Com o golpe militar de 1964, o processo de institucionalização do planejamento passa por um momento pleno de contradições. Por um lado, é criado o Serviço Federal de Habitação e Urbanismo (Serfhau), primeiro órgão federal com atribuição explícita de elaboração e coordenação da

9 Para uma análise detalhada do Seminário de Habitação e Reforma Urbana, consultar Bonduki e Khoury (2005) e Silva e Siloto da Silva (2005).

política nacional no campo de planejamento local integrado. Embora não atendendo plenamente às demandas dos urbanistas, o planejamento como função de governo ganha um marco institucional federal que formaliza as condições para criação de instituições estaduais, metropolitanas e municipais. É criado o Fundo de Financiamento de Planos de Desenvolvimento Local Integrado, e a concessão de recursos para elaboração de planos diretores fica condicionada à criação de "órgãos permanentes de planejamento e desenvolvimento local"; a atividade de assistência técnica aos municípios também se institucionaliza em nível federal e estadual, e se estabelece, pela primeira vez, a chancela de um órgão federal para contratação, pelos governos municipais, de empresas de consultoria para elaboração de planos.[10]

A criação de órgãos visando à introdução de um processo de planejamento no interior das administrações municipais e a institucionalização da assistência técnica aos municípios vinham sendo propostos e implementados desde os anos 1930. Um único artigo do decreto que regulamenta o Serfhau, em 1966, dá as condições para que um setor ausente do processo de constituição das instituições e do campo profissional de planejamento no Brasil passe a ocupar espaço significativo na elaboração de planos diretores e na qualificação de técnicos de diferentes áreas de conhecimento – as empresas de engenharia consultiva. Trata-se do artigo 27, segundo o qual

> podem ser beneficiários do "Fundo de Financiamento de Planos de Desenvolvimento Local Integrado" os órgãos e entidades regionais, interestaduais, estaduais, intermunicipais e municipais que queiram contratar a elaboração de planos e estudos de desenvolvimento local integrado.

A incorporação destas empresas se dá pelo interesse econômico nos recursos sob a responsabilidade do Banco Nacional de Habitação (BNH), ao qual o Serfhau se subordina. Ao ser responsável pela administração do Fundo de Garantia por Tempo de Serviço (FGTS), o BNH torna-se uma potência financeira, e sua crescente atuação na provisão de infraestrutura urbana se dará diretamente através de órgãos públicos, ou indiretamente através de um grande número de empresas privadas que gravitam em torno dos recursos que controla e movimenta (CINTRA e HADAD, 1975).

Em 1975, entre mais de cem municípios paulistas com planos diretores, mais de 90% tiveram seus planos realizados a partir de 1967, ou seja, após a regulamentação do Serfhau, e a maioria absoluta dos planos (75,9%) é realizada por instituições especializadas, que não os órgãos de planejamento das administrações municipais (AZEVEDO, 1976).

10 Lei nº 4.380, de 21/08/1964.

Os efeitos do artigo 27 não deixam dúvidas de que, por um lado, a criação do Serfhau representa a legitimação do urbanismo e da ideia de plano de desenvolvimento local integrado, e repercute na criação de órgãos de planejamento nas administrações municipais e, por outro, potencializa a prática profissional fora das administrações. Resulta que, no Brasil, a partir dos anos 1960, ao contrário do que vinha sendo preconizado, é sobretudo fora das administrações públicas que se constrói a prática de elaboração de planos, em equipes multidisciplinares, e onde se dá de forma massiva a formação de quadros técnicos qualificados.

De modo geral, a discussão em torno do Serfhau vem se concentrando na efetividade ou não dos planos viabilizados pelo fundo de financiamento, no questionamento ou demonstração de sua importância para o planejamento no Brasil e, no que tange à sua atuação, é recorrente a menção exclusiva a seu caráter centralizador e autoritário, a partir de um raciocínio que estabelece uma relação unívoca entre a instituição e o período político em que é criado e regulamentado.

Embora se afirme de forma generalizada que os planos elaborados se distanciaram da realidade dos municípios e, assim como os órgãos criados, não se efetivaram, pesquisas que vimos realizando vêm demonstrando que há nuances a serem aprofundadas. Muitos planos mobilizaram quadros técnicos altamente qualificados em todo o país, e se configuraram como planos com propostas avançadas, realistas e compatíveis com as condições locais, e ao longo do processo de elaboração qualificaram técnicos das prefeituras. E nas cidades de porte médio, por exemplo, a criação de órgãos de planejamento foi fundamental para estruturação das atividades de controle do uso do solo, e os planos serviram de agenda para várias gestões da administração municipal. Além disso, fica evidenciada nos documentos produzidos pelo Serfhau a presença em seus quadros técnicos de profissionais absolutamente não comprometidos com o regime, de profissionais que, desde os anos 1950, vinham atuando no campo do planejamento numa perspectiva progressista.[11]

Os onze anos de existência do Serfhau – em plena ditadura militar e com todos os limites que este quadro político e institucional impôs – podem ser considerados o primeiro ciclo de elaboração de planos diretores no Brasil. Este período foi marcado, em primeiro lugar, pela elaboração de planos diretores municipais, mas também de planos metropolitanos e planos regionais articulando vários municípios. Em segundo lugar, pela proliferação de órgãos de planejamento e, finalmente, por um amplo processo de capacitação técnica visando à formação de quadros para o planejamento dentro

11 Consultar, por exemplo, Ferreira (2007); Lima (2007); Chiquito (2006).

e fora das administrações municipais. Nesse sentido, cursos de capacitação, seminários, material de orientação para elaboração de planos, assim como cursos de especialização em convênio com universidades foram organizados pelo órgão federal (FELDMAN, 2007).

AVANÇOS RECENTES E NOVOS DESAFIOS

A década de 1980 - momento em que se instaurou a democracia no país, em que foram restaurados os direitos civis e políticos, as eleições livres, a liberdade de opinião e a ampliação da vida associativa - configura-se também como um momento de articulação de vários setores em torno da questão urbana e de questionamento das práticas de gestão das cidades e de planejamento restritos aos gabinetes técnicos.

Três fatos anteriores ao processo constituinte são expressivos desta articulação: em 1982, a publicação simultânea do Anteprojeto de Lei Federal de Desenvolvimento Urbano, elaborado pelo Conselho Nacional de Desenvolvimento Urbano (CNDU)[12], e do documento da Confederação Nacional dos Bispos do Brasil (CNBB) Solo Urbano e Ação Pastoral; e, em 1986, o debate em torno da reformulação do Serviço Federal de Habitação (SFH), coordenado pelo Instituto de Arquitetos do Brasil (IAB). Tanto o documento do CNDU como o da CNBB se voltam para a questão da propriedade urbana. O primeiro incorpora instrumentos de controle do uso e ocupação do solo que estabelecem novos limites ao exercício da propriedade e, embora concentre na União o poder de definição das diretrizes e normas de uma Política Nacional de Desenvolvimento Urbano, reconhece juridicamente a representação das associações de moradores e faculta o direito de participação da comunidade. O segundo destaca a necessidade de reformas na legislação com vistas à justa distribuição social do solo urbano, no sentido de não deixar sua utilização aos caprichos do mercado.

Do debate sobre o SFH, que envolveu membros do governo, empresários do setor imobiliário, entidades técnicas, representantes dos mutuários, economistas, etc., emerge a proposta de mudança de rumo da política habitacional e urbana, colocando a questão da moradia para população de baixa renda como dever do Estado, e a habitação como parte da questão urbana. Além disso, é proposta a descentralização administrativa e a democratização das decisões com participação dos beneficiários nos processos decisórios. O documento retoma a proposta de uma Política Nacional de

12 Órgão Federal criado pelo Decreto nº 83.355, de 20/04/1979, com a finalidade de propor a política nacional de desenvolvimento urbano e acompanhar sua execução, de acordo com as diretrizes e prioridades estabelecidas nos planos nacionais de desenvolvimento.

Desenvolvimento Urbano, visando à redução das desigualdades intraurbanas e inter-regionais, e indicando estímulos à elaboração de planos de desenvolvimento urbano pelos estados e municípios.[13]

Ao mesmo tempo, ocorre uma mudança na atuação dos movimentos sociais urbanos. Se nos anos 1970 estes se caracterizaram por privilegiar lutas localizadas e reivindicações imediatas, pela desconfiança de formas institucionalizadas e pelo desprezo a mecanismos de representação política, assumem na década de 1980 uma nova cultura política que se volta fundamentalmente para a participação na instância jurídico-institucional, para a defesa de mecanismos de negociação e representação, de construção de novos direitos e de participação na gestão democrática das cidades. Esta mudança representa, segundo Silva (1991), a transformação em prática social dos movimentos a tarefa de entender as leis, elaborá-las e debatê-las, o que leva à transformação da esfera jurídico-institucional em novo espaço de luta política, de debate e negociação dos novos direitos.

É nesse contexto político e institucional que se viabilizam as condições para a inclusão do capítulo de política urbana na Constituição de 1988. No entanto, mesmo num processo crescente de democratização, foi necessário mais de uma década para a aprovação do Estatuto da Cidade e da Medida Provisória nº 2220.

Além disso, se considerarmos o percurso aqui traçado, podemos inferir que apenas uma parcela de bandeiras construídas ao longo de décadas se tornaram políticas públicas. Nesse sentido, destacam-se a criação do Ministério das Cidades, do Conselho das Cidades, a realização de um segundo ciclo de elaboração de planos diretores (agora participativos) e de capacitação técnica para o planejamento e a política de regularização fundiária, que constituem avanços inestimáveis e que, certamente, vêm enfrentando e enfrentarão obstáculos para sua plena realização.

Além dos novos desafios trazidos por estes avanços, dentre os quais destacamos a avaliação, a continuidade e o aprimoramento do processo participativo e a viabilização de implementação dos novos instrumentos regulamentados, velhos desafios permanecem, porém, em um novo contexto do desenvolvimento urbano brasileiro. E dentre estes, um nos parece de fundamental importância e urgente: a superação do limite político administrativo para a demarcação de áreas de planejamento. Ou seja, ampliar a perspectiva do planejamento da esfera municipal para a escala regional, em consonância com os processos recentes de crescimento acelerado das cidades não-metropolitanas e da chamada urbanização dispersa. Esta é a dinâmica em curso no território brasileiro que desafia ideias e práticas con-

13 Consultar a respeito IPPUR/UFRJ (1994) e Feldman e Somekh (1996).

solidadas e incita sua reconstrução e atualização. Incita a superação de um descompasso evidente: temos um Ministério das Cidades, um Estatuto da Cidade e uma dinâmica regional ausente da concepção de política urbana.

REFERÊNCIAS BIBLIOGRÁFICAS

AZEVEDO, E. Avaliação do Planejamento Municipal no Estado de São Paulo. *Relatório Fapesp/EESCUSP*, 1976.

BENDER, T. *Toward an urban Vision. Ideas and Institutions in Nineteenth Century America.* Baltimore & London. The John Hopkins University Press, 1982.

BONDUKI, N. e KHOURY, A.P. Das Reformas de Base ao BNH: As Propostas do Seminário de Habitação e Reforma Urbana In: *XI Encontro Nacional da Anpur*, Salvador, Planejamento, Soberania, Solidariedade. UFBa, 2005, p. 01-21.

CHIQUITO, E. *Expansão urbana e meio ambiente em cidades não metropolitanas*: o caso de Franca. Dissertação (Mestrado em Arquitetura e Urbanismo) – EESC-USP, 2006.

CINTRA, A.O. e HADDAD, P.R. *Dilemas do Planejamento Urbano e Regional no Brasil.* São Paulo, Zahar Editores, 1977.

CINVA (Centro Interamericano de Vivenda e Planejamento). *A Carta dos Andes.* São Paulo: Ed. Bem Estar. 1960.

FELDMAN, S. *Instituições de Urbanismo no Brasil na Década de 1930*: Olhar Técnico e Dimensão Urbano-Industrial. Tese de Livre Docência. EESC-USP, 2008.

______. *Constituição e Atuação do Serfhau.* Relatório de Pesquisa. CNPq, 2007.

______. *Planejamento e Zoneamento.* São Paulo, 1947-1972. São Paulo. EDUSP/FAPESP, 2005.

______. O Arranjo Serfhau: assistência técnica aos municípios/órgãos de planejamento/empresas de engenharia consultiva. In: *XI Encontro Nacional da Anpur*, Salvador, Planejamento, Soberania, Solidariedade. UFBa, 2005, p. 01-16.

FELDMAN, S.; SOMEKH, N. *A Questão Urbana No Brasil Pós-80.* Tendências e Perspectivas. Relatório IPEA/PMSS, 1996.

FERREIRA, M. *Planejamento Urbano nos tempos do Serfhau*: a construção e implementação do Plano Diretor de Desenvolvimento Integrado de Franca. Tese (Doutorado em Arquitetura e Urbanismo). EESC-USP, 2007.

FISHMAN, R. (ed.). *The American planning tradition.* Culture and policy. Washington: Woodrow Wilson Center Press, 1999.

IPPUR/UFRJ. *Questão Urbana, Desigualdades Sociais e Políticas Públicas*: Avaliação do Programa Nacional de Reforma Urbana, Relatório de Pesquisa, 1994.

LIMA, R.P. *O Processo e o (Des)controle da Expansão Urbana de São Carlos (1857-1977)*. Dissertação (Mestrado em Arquitetura e Urbanismo). EESC-USP, 2007.

OLIVEIRA, F. O Estado e o Urbano. *Espaço & Debates*. São Paulo, n. 6. pp.36-54; jun-set.,1982.

PONTUAL, V. O Urbanismo no Recife: entre idéias e representações. *Revista Brasileira de Estudos Urbanos e Regionais*. A.1.n.2, Recife, ANPUR, pp.89-110, 1999.

RIBEIRO, L.C.Q.; CARDOSO, A.L. Da cidade à nação: gênese e evolução do urbanismo no Brasil. In: RIBEIRO, L.C.Q.; PECHMAN, R. *Cidade, povo e nação. Gênese do urbanismo moderno*. Rio de Janeiro: Ed. Civilização Brasileira, pp. 53-78, 1996.

SILVA, A. A. *Reforma Urbana e Direito à Cidade*. São Paulo, PÓLIS, nº1, 1991.

SILVA, A. A.; MELÃO, C.M. O Direito à Qualidade de Vida na Cidade. In: GRIMBERG, E. *Ambiente Urbano e Qualidade de Vida*. São Paulo: Pólis, n. 3, 1991.

SILVA, E. e SILOTO DA SILVA, R. Origens e Matrizes Discursivas da Reforma Urbana no Brasil. *Espaço & Debates*, v. 25. n. 46, jan-jul 2005, pp.144-156.

VILLAÇA, F. Uma contribuição para a história do planejamento no Brasil. In: DEAK, C. e SCHIFFER, S.R. (Orgs.). *O Processo de Urbanização no Brasil*. São Paulo. EDUSP/FUPAM, 1999.

Nelson Saule Júnior

Possibilidades de proteção do direito à moradia no balanço de 20 anos da constituição brasileira

Passados 20 anos da Constituição brasileira de 1988, podemos avaliar como positiva a evolução da ordem jurídica urbanística com o reconhecimento do direito à moradia como um direito fundamental no ano de 2001, com a adoção do Estatuto da Cidade – Lei Federal de Desenvolvimento Urbano, no ano de 2001, da edição da Medida Provisório nº 2220/2001, que disciplina a concessão de uso especial para fins de moradia, da instituição da Lei nº 11.124, de 16 de junho de 2005, que instituiu o Sistema Nacional de Habitação de Interesse Social, e da instituição da Lei n° 11.481, de 31 de maio de 2007, que versa sobre a regularização fundiária de interesse social dos imóveis da União. Como bem enfatizou Norberto Bobbio, o desafio contemporâneo dos direitos humanos – como o direito à moradia – é o da efetivação desses direitos. Com este intuito, para contribuir com o balanço dos 20 anos da Constituição brasileira, destacamos as possibilidades do monitoramento do cumprimento do Estado brasileiro de proteger o direito à moradia com a incorporação das normas internacionais de direitos humanos à moradia na ordem legal interna, e a sua interface com o direito à cidade a partir do Estatuto da Cidade, destacando os temas fundamentais que precisam ser incorporados na revisão da Lei Federal do Parcelamento do Solo no Congresso Brasileiro, tendo em vista que esta legislação é estratégica para a produção de cidades justas, inclusivas e democráticas.

A APLICAÇÃO DAS NORMAS DE PROTEÇÃO DO DIREITO HUMANO À MORADIA ADEQUADA (NORMAS INTERNACIONAIS E NACIONAIS)

O Brasil tem a responsabilidade de adotar medidas no campo legislativo, administrativo e da justiça para assegurar o pleno respeito ao direito à moradia, por ser signatário de diversos tratados internacionais de direitos humanos que estabelecem normas de proteção sobre este direito. O direito à moradia no direito brasileiro também é reconhecido como um direito fundamental nos termos do Artigo 6° da Constituição brasileira.

O direito à moradia no direito internacional dos direitos humanos tem como fonte originária a Declaração Universal dos Direitos Humanos, tendo sua origem no Artigo XXV, que dispõe sobre o direito a um padrão de vida adequado da seguinte forma: 1. "Toda pessoa tem direito a um padrão de vida capaz de assegurar a si e a sua família saúde e bem-estar, alimentação, vestuário, habitação, cuidados médicos e os serviços sociais indispensáveis, direito à segurança em caso de desemprego, doença, invalidez, viuvez, velhice ou outros casos de perda dos meios de subsistência em circunstâncias fora de seu controle".

A partir da Declaração Universal, a compreensão do direito à moradia e as formas de sua proteção internacional são decorrentes de um conjunto de normas previstas nos instrumentos internacionais de direitos humanos, em especial nos seguintes instrumentos: Pacto Internacional dos Direitos Econômicos Sociais e Culturais (1966), Pacto Internacional dos Direitos Civis e Políticos (1966), Convenção Internacional sobre a Eliminação de Todas as Formas de Discriminação Racial (1965), Convenção Internacional sobre a Eliminação de Todas as Formas de Discriminação Contra a Mulher (1965), Convenção sobre os Direitos da Criança (1989).

O Artigo 11 do Pacto Internacional de Direitos Econômicos, Sociais e Culturais contém o principal fundamento do reconhecimento do direito à moradia como um direito humano, do qual gera para os Estados-partes signatários, a obrigação legal de promover e proteger esse direito.[1] O Artigo 11 estabelece o seguinte: 1) "Os Estados-partes no presente Pacto reconhecem o direito de toda pessoa a um nível de vida adequado para si próprio e sua família, inclusive à alimentação, vestimenta e moradia adequadas", assim como a uma melhoria contínua de suas condições de vida. Os Estados-partes tomarão medidas apropriadas para assegurar a consecução desse direito, reconhecendo nesse sentido a importância essencial da cooperação internacional fundada no livre consentimento.

A moradia, como uma necessidade de toda pessoa humana, é um parâmetro para identificar quando as pessoas vivem com dignidade e têm um padrão de vida adequado. O direito de toda pessoa humana a um padrão de vida adequado somente será plenamente satisfeito com a satisfação do direito a uma moradia adequada.

1 O Brasil ratificou o Pacto Internacional de Direitos Civis e Políticos por meio do Decreto n° 592, de 6 de julho de 1992, e o Pacto Internacional de Direitos Econômicos, Sociais e Culturais por meio do Decreto n° 591, de 6 de julho de 1992. O Pacto Internacional de Direitos Econômicos, Sociais e Culturais foi ratificado por 145 países até fevereiro de 2002 (Fonte: Housing Rights Legislation – UN – Habitat, OHCHR, Nairobi, 2002).

Com base neste pacto, as Nações Unidas tem uma resolução que é o Comentário Geral nº 4 do Comitê de Direitos Econômicos, Sociais e Culturais das Nações Unidas, de 12 de dezembro de 1991, que trata dos componentes do direito à moradia que devem ser parâmetros fundamentais para o Observatório Habitacional do Município de São Paulo avaliar o grau proteção e promoção do direito à moradia dos seus habitantes. Os componentes do direito à moradia são os seguintes:

(a) Segurança jurídica da posse

A posse pode se dar de variadas formas: com o aluguel (público e privado), a moradia em cooperativa, o arrendamento, a ocupação pelo próprio proprietário, a moradia de emergência e os assentamentos informais, incluindo a ocupação da terra ou da propriedade. Seja qual for o tipo de posse, todas as pessoas devem possuir um grau de segurança de posse que lhes garanta a proteção legal contra despejo forçado, perturbação e qualquer tipo de outras ameaças. Consequentemente, os Estados-partes devem adotar imediatamente medidas destinadas a conferir segurança legal da posse às pessoas e propriedades que careçam atualmente de tal proteção, em consulta genuína a pessoas e grupos afetados;

(b) Disponibilidade dos serviços, materiais, benefícios e infraestrutura

Uma moradia adequada deve dispor de certos serviços essenciais para a saúde, segurança, conforto e nutrição. Todos os beneficiários do direito à moradia adequada devem ter o acesso permanente aos recursos naturais e comuns, à água potável, à energia para a cozinha, serviço de aquecimento e iluminação, instalações sanitárias e de lavagem, meios de armazenamento do alimento, de eliminação de resíduos, de drenagem do local e serviços de emergência;

(c) Gastos suportáveis

Os custos financeiros pessoais ou habitacionais associados com a moradia devem estar em tal nível que a realização e a satisfação de outras necessidades básicas não sejam ameaçadas nem comprometidas. Os Estados-partes deveriam adotar medidas para garantir que uma porcentagem dos gastos relacionados à moradia seja, como regra, proporcional ao nível de renda. Além disto, os Estados-partes deveriam criar subsídios de moradia para os incapazes de obtê-la, assim como formas e níveis diferentes de financiamento que correspondam adequadamente às necessidades da moradia.

(d) Habitabilidade

A moradia adequada deve ser habitável, oferecendo aos seus habitantes o espaço adequado e protegendo-os do frio, da umidade, do calor, da chuva, do vento ou de outras ameaças à saúde, dos perigos estruturais e dos vetores de doença. A segurança física dos ocupantes deve ser garantida também. O Comitê incentiva os Estados-partes a aplicar amplamente os Princípios da Higiene da Moradia preparados pela OMS, que consideram a moradia o fator ambiental que com mais frequência associa-se às condições favoráveis à transmissão de doenças em análises epidemiológicas, significando que as condições inadequadas e deficientes de moradia e de vida são associadas, invariavelmente, às taxas mais elevadas de doenças e mortalidade;

(e) Acessibilidade

A moradia adequada deve ser acessível aos titulares do direito. Os grupos em condições de desvantagem devem ter acesso pleno e sustentável aos recursos adequados para conseguir uma moradia. Deve ser assegurado certo grau de prioridade aos grupos desfavorecidos, como as pessoas idosas, as crianças, os deficientes físicos, os portadores de doenças terminais, os HIV-positivos, as pessoas com problemas médicos persistentes, os doentes mentais, as vítimas de desastres naturais, os grupos que vivem em áreas de risco, entre outros;

(f) Localização

A moradia adequada deve se encontrar em um lugar que permita o acesso às opções de emprego, ao transporte, aos serviços de saúde, às escolas, às creches e a outros serviços públicos essenciais, nas cidades grandes e nas áreas rurais;

(g) Adequação cultural

A expressão da identidade e da diversidade cultural da moradia deve ser apropriadamente assegurada na maneira como são construídas as moradias, nos materiais de construção usados e nas políticas em que se apoiam. As atividades vinculadas ao desenvolvimento ou modernização na esfera da moradia devem assegurar que suas dimensões culturais não sejam sacrificadas e que se assegurem os serviços tecnológicos modernos, entre outros.

Outra resolução fundamental do Comitê dos Direitos Econômicos, Sociais e Culturais que deve ser objeto de monitoramento pelo Observatório Habitacional é o Comentário Geral nº 7, de 16 de maio de 1997, que contém normas voltadas à proteção do direito à moradia, ao considerar a prática de despejos forçados uma nítida violação dos direitos humanos. Abre um novo precedente ao declarar que "despejos não devem resultar indivíduos desabrigados ou vulneráveis a violações de direitos humanos". O Comentário Geral incumbiu os governos de garantir alternativa de moradia àqueles que sofreram despejo – sejam ilegais ou de acordo com a lei. Isto deve ser interpretado junto com outra provisão do Comentário, que diz que "todo indivíduo tem direito à adequada compensação por qualquer dano, tanto material quanto moral, pelo qual foi afetado". A regra adiciona que "remédios legais devem ser providos àqueles que são sujeitos aos despejos". Mesmo que o governo siga as provisões do Comentário, ninguém poderá ser transformado em desabrigado ou ter seus direitos humanos violados enquanto ocorre o despejo.[2]

Com relação à Agenda Habitat, a compreensão de moradia adequada estabelecida no parágrafo 43, deve ser adotada como parâmetro para as avaliações e análises do Observatório Habitacional. De acordo com a Agenda Habitat, Habitação Adequada significa:

1. adequada privacidade, adequado espaço, acesso físico, adequada segurança incluindo a garantia de posse, durabilidade e estabilidade da estrutura física, adequada iluminação, aquecimento e ventilação;
2. adequada infraestrutura básica, fornecimento de água, saneamento e tratamento de resíduos, apropriada qualidade ambiental e de saúde, adequada localização com relação ao trabalho e serviços básicos;
3. que esses componentes tenham um custo acessível para todos.

---

2 Comentário Geral nº 7 sobre o direito à moradia adequada: despejo forçado do Comitê dos Direitos Econômicos, Sociais e Culturais (E/C. 12/1997/4), 16 de maio de 1997. Em seu Comentário Geral nº 4 (1991), o Comitê observou que todas as pessoas devem gozar de certo grau de segurança da posse que garanta a proteção legal contra o despejo forçado, esbulho e outras ameaças. Conclui-se que os despejos forçados são, *prima facie*, incompatíveis com as exigências do Pacto. Indicadores de Proteção do Direito à Moradia na Cidade de São Paulo.

O parágrafo 44 estabelece algumas medidas e ações que podem ser objeto de monitoramento da proteção do direito à moradia por parte do Estado brasileiro:

- Prover adequada proteção legal e remédios efetivos contra qualquer forma de discriminação referente à moradia, tais como raça, cor, sexo, língua, religião, política, origem social e nacional;
- Prover legal garantia de posse e acesso igual à terra para todos, incluindo as mulheres e aqueles que vivem na pobreza, e prover a efetiva proteção das pessoas contra os despejos forçados;
- Adotar políticas que constituam moradias habitáveis, confortáveis e acessíveis, inclusive para aqueles que não são capazes de assegurar adequada moradia através de seus próprios meios.

TRATAMENTO CONSTITUCIONAL DO DIREITO À MORADIA

O 'direito à moradia como direito fundamental' está previsto no Artigo 6° da Constituição brasileira. De acordo com o Artigo 6°, são direitos sociais: a educação, a saúde, o trabalho, a moradia, o lazer, a segurança, a previdência social, a proteção à maternidade e à infância e a assistência aos desamparados. De acordo com o parágrafo 1° do Artigo 5° da Constituição, as normas definidoras dos direitos e garantias fundamentais têm aplicação imediata. Isso significa que deverão ser adotadas condutas que concretizem o direito à moradia, de modo que as pessoas tenham uma vida digna ao passar a viver em condições adequadas de habitação. A utilização das garantias constitucionais e instrumentos legais para a adoção nas áreas urbanas de políticas urbanas e habitacionais que permitam o acesso à terra e à moradia adequada a grupos vulneráveis, a urbanização e regularização fundiária das favelas, a melhoria das condições habitacionais dos cortiços, a oferta de habitações para a população moradora de áreas de risco de vida e/ou saúde, resultam na eficácia jurídica do direito à moradia.

Para eficácia da proteção ao direito à moradia devem ser observados os seguintes preceitos constitucionais: a cidadania e a dignidade como fundamentos do Estado brasileiro (Artigo 1º, II e III); o princípio da participação popular (parágrafo único do Art. 1º, Art.14); principio da igualdade (Art. 5º); o princípio do devido processo legal (Art. 5º, LIV); o princípio da defesa da paz (preâmbulo e Art. 4º); os objetivos fundamentais de construir uma sociedade livre, justa e solidária, de erradicar a pobreza e a marginalização e de reduzir as desigualdades sociais e regionais, bem como de promover o bem de todos, sem preconceitos de origem, raça, sexo, cor, idade e quaisquer outras formas de discriminação (Art. 3º, I, III, IV).

Com relação à política urbana e habitacional, nos termos do Artigo 23, inciso IX, a União, estados e municípios devem promover programas de construção de moradias e a melhoria das condições habitacionais e de saneamento básico[3]. Essa norma obriga as entidades federativas a implementar uma política habitacional voltada aos grupos sociais marginalizados e excluídos do mercado habitacional, mediante a realização de programas de habitação de interesse social como, por exemplo, o de urbanização e regularização fundiária de loteamentos populares, favelas e demais assentamentos informais ocupados por estes grupos sociais.

Sobre as políticas de desenvolvimento urbano, habitação, saneamento básico e transportes urbanos (Art. 21, XX, Constituição Federal), a União tem a responsabilidade de estabelecer as diretrizes gerais para a atuação das autoridades, órgãos e instituições da esfera federal, bem como da esfera estadual e municipal. À União cabe também instituir diretrizes gerais sobre a política fundiária do país.

Para a verificação do estágio de proteção do direito à moradia com base nas normas acima mencionadas, pode ser instituído um conjunto de indicadores para os habitantes da cidade terem o seu direito à moradia protegido.

O primeiro indicador, que deve ser considerado para identificar alguma forma de violação ao direito à moradia, é se o direito à vida está sendo devidamente respeitado. Nas cidades brasileiras existem alguns indicadores que podem ser utilizados para mensurar o grau de respeito ao direito à vida e ao direito à moradia, tais como:

- existência, ou não, de pessoas vivendo em áreas consideradas de risco à saúde ou à vida, como locais sujeitos a desmoronamentos, enchentes, situados próximos à fiação de alta tensão, imóveis com condições precárias de salubridade e de higiene, como os cortiços, imóveis sujeitos a risco de incêndios e de desmoronamento;
- convivência pacífica e segura nas vilas e bairros, ou existência de conflitos armados, de dominação de territórios por grupos do crime organizado;
- existência de decisões judiciais sobre conflitos coletivos de moradia ou posse da terra que resultem, no seu cumprimento, em violência física e moral, em grau abusivo como perda de vidas, lesões físicas permanentes, perdas de bens e de valores pessoais;

3 No âmbito da repartição de competências entre a União, estados e municípios, a competência comum confere às entidades federativas a função de promover políticas e ações no mesmo patamar de igualdade, sem que o exercício dessa competência por parte de uma dessas entidades venha a excluir a competência de outra, podendo ser exercida cumulativamente.

- garantia da integridade física das pessoas afetadas nas ações de remoção, de realocação e de despejos forçados, em virtude de projetos de desenvolvimento ou de urbanização.

Ao tratar da relação do direito à moradia adequada com o direito à vida, deve ser considerado indicador o respeito ao direito à saúde, que implica, por sua vez, a sua relação com o direito à alimentação, ao saneamento básico e a um meio ambiente saudável. Neste caso, como indicador, podemos considerar a existência ou não do fornecimento de água potável, do serviço de coleta e do tratamento do esgoto como, por exemplo, a canalização de córregos nas favelas.

A prestação do serviço de coleta de lixo, bem como atividades educacionais sobre ações preventivas de combate a doenças, especialmente às que atingem crianças e idosos, são indicadores do grau de respeito ou de violação do direito à vida e à saúde, que implicam também a violação do direito a uma moradia adequada.

O direito à liberdade de ir e vir tem como indicadores a existência ou não de vias de acesso ao local de moradia, de iluminação pública e de transporte coletivo adequado.

O direito de inviolabilidade do domicílio pode ter como indicadores: a existência ou não da prática de invasão de domicílio com violência pelos agentes de segurança pública nas periferias e favelas, o cumprimento de decisões judiciais de despejo e remoção pelos agentes do Poder Judiciário no período da noite. Outro indicador é o de a pessoa receber ou não, em seu domicílio, sua correspondência particular.

Sobre o direito de informação (inciso XXXIII do Artigo 5°), o recebimento ou não de informações dos órgãos públicos sobre os programas e projetos habitacionais de interesse social que estão sendo elaborados ou executados, bem como sobre a forma de aplicação dos recursos disponíveis para o setor habitacional é o indicador para verificar o seu cumprimento.

Com relação ao direito do consumidor, um dos indicadores é o cumprimento dos contratos celebrados pelo Poder Público com as pessoas beneficiadas pelos programas e projetos de habitação de interesse social; neles estão previstos a entrega das unidades habitacionais, dentro do prazo, as condições adequadas de habitabilidade da moradia, a entrega do título de propriedade ou de concessão de uso especial para fins de moradia ou da concessão de direito real de uso.

Outro indicador relevante é a aplicação de remédios legais e procedimentos que possibilitem o direito de defesa e o devido processo legal para as pessoas, grupos sociais, movimentos e organizações populares poderem atuar no campo da proteção e efetivação do direito à moradia.

A garantia do acesso à Justiça aos grupos sociais vulneráveis, por meio da prestação do serviço de assistência jurídica integral e gratuita, pelo Estado, às pessoas necessitadas que demonstrem a insuficiência de recursos, tem como indicador a prestação ou não deste serviço ou a qualidade e tipo de serviço que é prestado para tal população (inciso LXXIV do Artigo 5°).

DA RELEVÂNCIA DO ESTATUTO DA CIDADE - LEI FEDERAL N° 10.257/2001 - INTERFACES DO DIREITO À MORADIA E DO DIREITO À CIDADE

Quanto às normas gerais de política de desenvolvimento urbano, estas foram estabelecidas através do Estatuto da Cidade, lei nacional que regulamenta o capítulo sobre a política urbana da Constituição brasileira (Art. 182 e 183) e define as diretrizes, os objetivos e os instrumentos da política urbana nacional. O Estatuto da Cidade estabelece princípios e diretrizes que expressam uma nova concepção dos processos de uso, desenvolvimento e ocupação do território urbano que deve orientar a ação dos agentes públicos e privados na reconstrução das cidades sob a ótica da justiça, democracia e sustentabilidade.

O Estatuto da Cidade dá respaldo constitucional a uma nova maneira de realizar o planejamento urbano. Sua função é garantir o cumprimento da função social da cidade e da propriedade urbana, o que significa o estabelecimento de "normas de ordem pública e interesse social que regulam o uso da propriedade urbana em prol do bem coletivo, da segurança e do bem-estar dos cidadãos" (Art. 1°). A Cidade e propriedade adquirem novo significado e alcance no contexto da ordem jurídico-urbanística brasileira diante da exigibilidade constitucional de que ambas têm de atender a funções sociais quanto ao acesso, utilização e distribuição de suas riquezas e possibilidades. Para isso, o Estatuto da Cidade coloca à disposição dos municípios uma série de instrumentos que podem intervir no mercado de terras e nos mecanismos de produção da exclusão.

A nova lei apresenta quatro inovações fundamentais: a consolidação de um novo marco jurídico-político relativo à propriedade urbana, que deve orientar a formulação de normas de direito urbanístico; a instituição e regulamentação de instrumentos que vão garantir a sustentação de uma ordem urbana socialmente justa e includente pelos municípios; a garantia da gestão democrática das cidades pelos agentes que a produzem, constroem e utilizam; e a regulamentação de instrumentos de regularização fundiária dos assentamentos informais em áreas urbanas.

Com o Estatuto da Cidade ocorre um profundo impacto no direito à cidade, que deixa de ser um direito reconhecido somente no campo da política e passa a ser um direito reconhecido no campo jurídico. O direito à cidade adotado pelo direito brasileiro o coloca no mesmo patamar dos demais direitos de defesa dos interesses coletivos e difusos, como, por exemplo, o direito do consumidor, do meio ambiente, do patrimônio histórico e cultural, da criança e do adolescente, da economia popular.

O Estatuto da Cidade define o direito a cidades sustentáveis, como o direito à terra urbana, à moradia, ao saneamento ambiental, à infraestrutura urbana, ao transporte e aos serviços públicos, ao trabalho e ao lazer, para as presentes e futuras gerações, e a gestão democrática por meio da participação da população e de associações representativas dos vários segmentos da comunidade na formulação, execução e acompanhamento de planos, programas e projetos de desenvolvimento urbano.

Esta definição jurídica do direito à cidade contém uma característica semelhante a do direito ao meio ambiente, por estabelecer que os seus componentes, como a moradia, devem ser assegurados para as presentes e futuras gerações. Esta definição retrata que o direito à cidade é um direito coletivo ou difuso dos habitantes da cidade. Devido a esta definição jurídica, são sujeitos que têm proteção jurídica com base no direito à cidade, por exemplo: os grupos de habitantes e as comunidades que tenham formado a identidade e memória histórica e cultural da cidade; e os grupos sociais e comunidades que vivem em assentamentos urbanos informais consolidados que podem demandar do Poder Público ações e projetos de urbanização e regularização fundiária de interesse social.

O direito à cidade é o paradigma para a observância das funções sociais da cidade, que estarão sendo respeitadas quando as políticas públicas forem voltadas para assegurar, às pessoas que vivem nas cidades, o acesso à terra urbana, à moradia, ao saneamento ambiental, à infraestrutura urbana, ao transporte e aos serviços públicos, ao trabalho e ao lazer para as presentes e futuras gerações.

O desenvolvimento das funções sociais da cidade, por ser interesse de todos os habitantes da cidade, enquadra-se na categoria dos interesses difusos, pois todos os habitantes são afetados pelas atividades e funções desempenhadas nas cidades: proprietários, moradores, trabalhadores, comerciantes e migrantes têm como contingência habitar e usar um mesmo espaço territorial. Logo, a relação que se estabelece entre os sujeitos é com a cidade, que é um bem de vida difuso.

O respeito ao direito à cidade é o principal indicador para verificar o estágio de as cidades brasileiras estarem desenvolvendo as suas funções sociais. Quanto maior for o estágio de igualdade, de justiça social, de paz, de democracia, de harmonia com o meio ambiente, de solidariedade entre os habitantes das cidades, maior será o grau de proteção e implementação do direito à cidade.

Com relação ao princípio da função social da propriedade, devem ser consideradas, para a proteção do direito à moradia, as diretrizes da política de desenvolvimento urbano previstas nos seguintes incisos do Artigo 2° do Estatuto da Cidade:

> III – cooperação entre os governos, a iniciativa privada e os demais setores da sociedade no processo de urbanização, em atendimento ao interesse social;
> V – oferta de equipamentos urbanos e comunitários, transporte e serviços públicos adequados aos interesses e necessidades da população e às características locais;
> VI – ordenação e controle do uso do solo, de forma a evitar:
> a) a utilização inadequada dos imóveis urbanos;
> c) o parcelamento do solo, a edificação ou o uso excessivo ou inadequado em relação à infraestrutura urbana;
> e) a retenção especulativa de imóvel urbano, que resulte na sua subutilização ou não-utilização;
> f) a deterioração das áreas urbanizadas;
> IX – justa distribuição dos benefícios e ônus decorrentes do processo de urbanização;
> XI – recuperação dos investimentos do poder público de que tenha resultado a valorização de imóveis urbanos;
> XIII – audiência do poder público municipal e da população interessada nos processos de implantação de empreendimentos ou atividades com efeitos potencialmente negativos sobre o meio ambiente natural ou construído, o conforto ou a segurança da população;
> XIV – regularização fundiária e urbanização de áreas ocupadas por população de baixa renda mediante o estabelecimento de normas especiais de urbanização, uso e ocupação do solo e edificação, consideradas a situação socioeconômica da população e as normas ambientais;
> XV – simplificação da legislação de parcelamento, uso e ocupação do solo e das normas edilícias, com vistas a permitir a redução dos custos e o aumento da oferta dos lotes e unidades habitacionais.

A REVISÃO DA LEI DO PARCELAMENTO DO SOLO COMO INSTRUMENTO ESTRATÉGICO PARA A PROMOÇÃO DO DIREITO À MORADIA

A finalidade da Lei de Parcelamento do Solo Urbano

A Lei nº 6.766/79, que dispõe sobre o parcelamento do solo urbano contendo como normas gerais normas gerais definições sobre: Modalidades de Parcelamento - Loteamento ou Desmembramento, Lote e Infraestrutura Básica de Parcelamento, Áreas Passíveis de Parcelamento para Fins Urbanos. A Lei de Parcelamento do Solo Urbano disciplina as seguintes matérias:

a) Modalidades de parcelamento:

A lei define 'loteamento' como a subdivisão de gleba em lotes destinados a edificação, com abertura de novas vias de circulação, de logradouros públicos ou prolongamento, modificação ou ampliação das vias existentes. A lei define como 'desmembramento' a subdivisão de gleba em lotes destinados a edificação, com aproveitamento do sistema viário existente, desde que não implique a abertura de novas vias e logradouros públicos, nem no prolongamento, modificação ou ampliação dos já existentes. A lei define como 'parcelamentos de interesse público' aqueles vinculados a planos ou programas habitacionais de iniciativa das prefeituras ou entidades públicas, bem como os destinados a regularização de parcelamento de assentamentos;

b) Requisitos urbanísticos para loteamento:

A lei define como 'lote' o terreno servido de infraestrutura básica cujas dimensões atendam aos índices urbanísticos definidos pelo plano diretor ou lei municipal para a zona em que se situa. A 'infraestrutura básica dos parcelamentos' é constituída pelos equipamentos urbanos de escoamento das águas pluviais, iluminação pública, esgotamento sanitário, abastecimento de água potável, energia elétrica pública e domiciliar e vias de circulação nos parcelamentos situados nas zonas habitacionais declaradas por lei de interesse social, a iluminação pública, energia elétrica pública e pavimentação deixam de ser parte da infraestrutura básica.

A lei determina que 'o parcelamento do solo urbano é admitido' nas zonas urbanas, de expansão urbana ou de urbanização específica, assim definidas no plano diretor ou aprovadas por lei municipal. A lei não contém uma definição sobre o que são zonas urbanas ou de expansão urbana. A lei define 'as áreas que não podem ter parcelamento do solo urbano', tais como terrenos alagadiços e sujeitos a inundações, terrenos em que tenham sido aterrados com material nocivo à saúde pública, áreas de preservação ecológica.

A lei estabelece como requisitos urbanísticos para loteamento a necessidade de áreas destinadas a sistemas de circulação, implantação de equipamento urbano e comunitário, espaços livres de uso público (praças). Os lotes devem ter área mínima de 125 m^2 e frente mínima de 5 m. Quando se tratar de loteamento em áreas de urbanização específica ou para edificação de conjuntos de habitação de interesse social, o lote poderá ser menor através de legislação estadual ou municipal.

c) Responsabilidades do loteador e do poder público;

d) Define as competências do município e do estado para o parcelamento do solo urbano. Cabe ao Estado disciplinar por decreto a aprovação pelos municípios de loteamentos e desmembramentos localizados em áreas de proteção especial, como de mananciais, patrimônio cultural ou histórico, em mais de um município, em regiões metropolitanas quando abranger área superior a 1 milhão de m^2;

e) Relações contratuais – loteador e adquirentes de lotes. A lei disciplina 'as relações contratuais entre loteadores e compradores de lotes urbanos', definindo quais são os componentes dos compromissos de compra e venda, cessões e promessas de cessão que valem como título para o registro da propriedade do lote adquirido. A lei admite nos parcelamentos populares a cessão de posse em que estiverem provisoriamente omitidos a União, estados e municípios, que tem caráter de escritura pública. A lei estabelece 'medidas de proteção ao adquirente de lote urbano'. No caso de loteamento que não foi registrado ou regularmente executado de acordo com o projeto aprovado na prefeitura, o adquirente do lote pode suspender o pagamento das prestações restantes e notificar o loteador a cumprir com as suas obrigações;

f) O papel do poder público na regularização de parcelamento irregular;

g) Critérios específicos para a Regularização de Parcelamentos de Interesse Social promovidos pelo poder público. A lei estabelece a 'competência para a prefeitura regularizar loteamento ou desmembramento implantado de forma irregular pelo loteador';

h) Infrações e crimes de parcelamento do solo;

i) Requisitos para a modificação de área rural para área urbana para fins de implantação de parcelamento urbano. Esta alteração depende de prévia anuência do Incra, do órgão metropolitano onde se localiza o Município, se houver, 'e da aprovação da prefeitura'.

O grande benefício trazido pela lei do parcelamento do solo urbano foi reconhecer a competência dos municípios para regularizar os parcelamentos feitos ilegalmente dentro de seus territórios (Art. 40 e 41). E, ainda, trouxe a possibilidade de parcelamentos especiais para a população de baixa renda (Art. 4º, II, *in fine*).

Matérias da revisão da Lei de Parcelamento do Solo Urbano

O Projeto de Lei nº 3057/2000 tem como objetivo estabelecer as normas gerais disciplinadoras de parcelamento do solo urbano e de regularização fundiária sustentável de áreas urbanas, e visa a ter como denominação lei de responsabilidade territorial. O Projeto de Lei disciplina as seguintes matérias sobre o parcelamento do solo urbano: os requisitos urbanísticos e ambientais do parcelamento do solo urbano; as responsabilidades do empreendedor e do poder público na implantação e manutenção do parcelamento do solo; as competências do município e do estado sobre licenciamento para parcelamento do solo; as exigências para a adoção da licença urbanística e ambiental integrada; critérios para o registro do parcelamento do solo; regras para os contratos, relações de consumo e direito do consumidor em parcelamento do solo; regularização fundiária de interesse social e de interesse específico, infrações penais, administrativas e civis sobre parcelamento do solo; requisitos e critérios para implantação e regularização do loteamento com controle de acesso; critérios sobre o custo do registro dos títulos inerentes ao parcelamento e regularização fundiária de interesse social.

Temas estratégicos do direito à cidade e da reforma urbana no Projeto de Lei nº 3057/2000 – Revisão da Lei de Parcelamento do Solo

Adoção dos princípios e diretrizes da Política de Desenvolvimento Urbano

A revisão da Lei do Parcelamento do Solo deve ser promovida em consonância com os princípios e diretrizes da política de desenvolvimento urbano nos termos das normas constitucionais da política urbana (em especial os Artigos 182 e 183 da Constituição Federal) e das normas previstas no Estatuto da Cidade. A Lei de Parcelamento do Solo urbana deve conter normas de ordem pública e interesse social que direcionem o uso da propriedade urbana em prol do bem coletivo, da segurança e do bem-estar dos cidadãos, bem como do equilíbrio ambiental, de modo que sejam 'respeitados os princípios da função social da propriedade e das funções sociais da cidade'.

Para o atendimento do princípio das funções sociais da cidade, a Lei do Parcelamento do Solo deve conter normas que sejam voltadas ao pleno desenvolvimento do direito a cidades sustentáveis, nos termos previstos no Estatuto da Cidade.

Infraestrutura básica adequada ao direito à moradia e o direito à cidade

Para atender ao direito à moradia e ao direito à cidade, é necessário ser incluída na infraestrutura básica a iluminação pública e a pavimentação, esta última entendida de forma genérica, visando a garantir a acessibilidade e mobilidade das pessoas nos loteamentos e conjuntos habitacionais.

Obrigatoriedade de percentual de reserva de terra para HIS nos parcelamentos de solo e/ou empreendimentos

A criação de percentuais de obrigatoriedade de reserva do território para Habitação de Interesse Social é outro instrumento importante que deve ser utilizado para garantir a oferta de terra para HIS nos municípios brasileiros. Para tanto, é extremamente importante que este tema seja incluído como obrigatoriedade na revisão da Lei de Parcelamento do Solo. Atualmente, a Lei brasileira de parcelamento do solo (nº 6766/79) determina que 20% da gleba sejam destinados ao sistema viário, 10% para uso institucional e 5% para áreas verdes, sendo omissa para o tema da terra para habitação.

Como contrapartida aos benefícios individuais que serão gerados ao proprietário e empreendedor do parcelamento do solo urbano devido à atividade econômica do empreendimento imobiliário, cabe ao poder público exigir do proprietário e empreendedor uma contrapartida que resulte em benefício social para toda a coletividade. A destinação de um percentual da área objeto do parcelamento do solo visa a atender as necessidades de moradia social nas cidades brasileiras, que é um dos componentes essenciais dos princípios norteadores da política urbana e que são os princípios da função social da propriedade urbana e das funções sociais da cidade.

Inclusão da modalidade de Parcelamento de Interesse Social

Esta modalidade não está prevista, sendo importante sua inclusão para um tratamento diferenciado com relação a financiamentos, prestação dos serviços de fornecimentos de água, energia elétrica, responsabilidades de manutenção da infraestrutura. O projeto de lei admite uma modalidade mais branda de parcelamento, que é o de pequeno porte, mas não regulamenta a produção de parcelamentos para fins de HIS. No aspecto dos assentamentos informais de baixa renda, o PL só regulamenta as ações curativas de regularização fundiária, deixando a descoberto as atividades vinculadas à produção de lotes e unidades habitacionais de interesse social.

Plano de Expansão Urbana como condição de extensão do perímetro urbano

Deve constar da revisão da Lei Federal nº 6766/79 que os planos de expansão se tornem obrigatórios na abertura de qualquer novo loteamento que se encontre em uma zona de expansão urbana. Nestes planos de expansão deve-se determinar, ainda, uma obrigatoriedade de percentual de doação de terra para implementação de HIS, necessidade de definição de zona de expansão urbana no PL e da inclusão da obrigatoriedade do plano de expansão urbana no Artigo 7º.

Integração entre a legislação ambiental e urbanística

A revisão da Lei nº 6766/1979 precisa considerar a integração entre as legislações ambientais e urbanísticas nos aspectos que dizem respeito à produção de novos parcelamentos e regularização de parcelamentos existentes, integrando, inclusive, os licenciamentos de forma a agilizar os processos de aprovação das habitações que atualmente são muito complicados e demorados.

Outro elemento com grande impacto na relação entre a produção habitacional e o desenvolvimento urbano, de forma mais geral, é a fragmentação da regulação do território em dimensões que não dialogam – é o caso da gestão ambiental *versus* gestão urbanística.

Com a legislação existente, não é possível conciliar no ambiente urbano a reflexão sobre exclusão social e necessidade de saneamento com a discussão da preservação ambiental. É preciso pensar em um novo marco regulatório urbanístico e ambiental único que trabalhe com toda a diversidade do território brasileiro, e reflita sobre modelos de ocupação urbana do território que dialoguem com esta diversidade.

Dos condomínios urbanísticos e loteamentos com controle de acesso

É necessário impor limites de tamanho para esta modalidade de parcelamento. Deve ser incluído o seguinte inciso no Art. 2º: XII – condomínio urbanístico: a divisão de imóvel 'com área total não superior a 50.000 m^2' em unidades autônomas destinadas à edificação, às quais correspondem frações ideais das áreas de uso comum dos condôminos, sendo admitida a abertura de vias de domínio privado e vedada a de logradouros públicos internamente ao perímetro do condomínio.

Com relação ao Loteamento com Controle de Acesso (Loteamento Fechado), pelo Artigo 124 do projeto de lei está prevista esta modalidade do loteamento, bem como de os loteamentos fechados existentes serem regularizados sem nenhuma compensação. Deve ser previsto para os loteamentos fechados existentes que a regularização seja condicionada a compensações urbanas, tais como: produção de HIS, regularização fundiária de HIS, implantação de infraestrutura, equipamentos públicos, ciclovias, implantação de áreas verdes, praças e parques. Sobre novos loteamentos fechados, a lei não deve admitir esta modalidade.

A competência preponderante do município para legislar sobre regularização fundiária

O projeto de lei deve dispor de forma clara que a competência para o estabelecimento das normas de parcelamento, uso e ocupação do solo urbano e edificação para fins de regularização fundiária é do município, que deverão ser respeitadas pelos agentes e órgãos públicos dos demais entes federativos.

O município é o principal ente federativo para tratar da política urbana de acordo com o pacto federativo estabelecido na Constituição Federal (Artigos 30, VIII, e 182). O Estatuto da Cidade atribui ao plano diretor, que é uma lei municipal, tratar da política e dos instrumentos de regularização fundiária, com base nas diretrizes estabelecidas nos incisos XIV e XV do Artigo 2°. A atual Lei do Parcelamento do Solo, através do Artigo 40, atribui à prefeitura ou Distrito Federal a competência para regularizar loteamento ou desmembramento não-autorizado ou executado sem atender a determinações do licenciamento do poder público.

Tratamento diferenciado para novos parcelamentos e regularização fundiária

A lei precisa conter um tratamento diferenciado entre as normas que tratam dos critérios e exigências, do processo e procedimento, dos instrumentos para a promoção de novos parcelamentos do solo urbano e as normas que tratam da regularização fundiária de interesse social de assentamentos urbanos que se caracterizam como parcelamentos informais, irregulares ou clandestinos.

A lei, para ter eficácia, não pode estabelecer os mesmos critérios e exigências para a implantação de um novo parcelamento do solo, e para a regularização fundiária de interesse social de parcelamentos do solo consolidados, como, por exemplo, exigir o mesmo tamanho de lote mínimo, o mesmo percentual de área destinada a uso público ou de uso comum, como os equipamentos públicos e comunitários, o mesmo percentual para as vias públicas.

Adoção de Regimes Especiais de Zoneamento de Assentamentos Urbanos de Interesse Social

A lei deve adotar como diretriz da regularização fundiária de interesse social a constituição pelos municípios de regimes normativos especiais de zoneamento de assentamentos urbanos de interesse social, através da aplicação do instrumento da Zona Especial de Interesse Social, para as situações no qual a localização e característica do assentamento urbano de interesse social objeto da regularização fundiária, apresente sobreposições ou conflitos entre legislações urbanas, ou entre a legislação urbana e a legislação ambiental.

A lei federal de parcelamento do solo urbano deve prever que as normas urbanísticas e ambientais, estabelecidas nestes regimes especiais de zoneamento de interesse social, devem prevalecer sobre as demais legislações urbanas e ambientais como forma de eliminar os entraves e obstáculos existentes, em especial para o licenciamento urbanístico e ambiental integrado para fins da regularização fundiária dos assentamentos urbanos de interesse social.

Das contrapartidas da regularização fundiária de assentamentos urbanos de média e alta renda

Como diretriz para a regularização fundiária destes assentamentos urbanos, deve ser estabelecida a obrigatoriedade de esta regularização ser onerosa. A regularização fundiária onerosa pode ocorrer através de contrapartidas urbanas. O Estatuto da Cidade estabelece como diretrizes da política urbana nos termos dos inciso IX e XI do Artigo 4°, respectivamente: a justa distribuição dos benefícios e ônus decorrentes do processo de urbanização; a recuperação dos investimentos do poder público de que tenha resultado a valorização de imóveis urbanos.

Além de prever a aplicação da outorga onerosa de alteração do uso do solo prevista no Estatuto da Cidade, para fins de regularização fundiária destes assentamentos, a lei deve prever como contrapartidas urbanas: a destinação de recursos financeiros para a regularização fundiária de assentamentos urbanos de interesse social; a destinação de áreas urbanas para projetos de habitação de interesse social com base no plano diretor do município; e a promoção de projetos de habitação de interesse social.

Da simplificação do registro da regularização fundiária

A Lei do Parcelamento do Solo deve estabelecer normas voltadas a simplificar as exigências e os procedimentos para o registro público de imóveis públicos ou privados objeto de processos de regularização fundiária de assentamenos urbanos de interesse social. A adoção dos institutos da demarcação urbanística prevista na legislação federal, que versa sobre a regularização fundiária de imóveis da União (Artigo 6° da Lei Federal n° 11.481/2007) e da legitimação de posse, atende a este objetivo.

A lei deve eliminar os entraves para a abertura da matrícula da área urbana objeto da regularização, como por exemplo, aceitar fotos aéreas para a identificação da situação fática da forma de ocupação da área urbana, de reduzir e simplificar a documentação exigida para instruir o processo do registro do imóvel. A lei também deve simplificar o registro dos títulos jurídicos objeto da regularização fundiária, em especial da sentença judicial da usucapião urbana individual ou coletiva, dos termos administrativos de concessão de direito real de uso, e da concessão de uso especial para fins de moradia individual ou coletiva, bem como do contrato do direito de superfície.

A lei deve assegurar a gratuidade dos registros de regularização fundiária de interesse social, assim como da lavratura da escritura pública e do primeiro registro de direito real constituído em favor do beneficiário da regularização fundiária de interesse social.

A gratuidade do registro da regularização fundiária já esta prevista na Lei Federal n° 10.932, de 03/08/2004, bem como no Artigo 12 da Lei Federal n° 11.481/2007, sobre a regularização fundiária dos imóveis da União, a qual alterou o Artigo 290 da lei de registros públicos (Lei Federal nº 6.015/ 73).

REFERÊNCIAS BIBLIOGRÁFICAS

ALFONSIN, B. & FERNANDES E. *Direito à Moradia e Segurança da Posse no Estatuto da Cidade*. Belo Horizonte: Editora Fórum, 2004.

ALFONSIN, J. T. *O Acesso à Terra como conteúdo de Direitos Humanos Fundamentais à Alimentação e à Moradia*. Porto Alegre: Sergio Antonio Fabris Editor, 2002.

FERNANDES, E. (Org.). *Direito Urbanístico e Política Urbana no Brasil*. Belo Horizonte: Editora Del Rey, 2001.

OSÓRIO, L.M. *Estatuto da Cidade e Reforma Urbana:* Novas Perspectivas para as Cidades Brasileiras. Porto Alegre: Sergio Antônio Fabris Editor, 2002.

______. *Housing Rights in Brazil – Mission Report*. Cohre, Brasil, 2002.

ROLNIK, R. & SAULE JR., N. (Coordenação). *Estatuto da Cidade* – guia para implementação pelos municípios e cidadãos. Brasília: Pólis, Caixa Econômica Federal, Câmara dos Deputados, 2001.

SAULE JR., N. Novas *Perspectivas do Direito Urbanístico Brasileiro. Ordenamento Constitucional da Política Urbana*. Porto Alegre: Sergio Antônio Fabris Editor, 1997.

______. *A Proteção Jurídica da Moradia nos Assentamentos Irregulares*. Porto Alegre: Sergio Antônio Fabris Editor, 2004.

PUBLICAÇÕES

Manual de Regularização Fundiária Plena – Secretaria Nacional de Programas Urbano – Ministério das Cidades, Brasília, Distrito Federal, 2007.

Manual de Regularização Fundiária em Terras da União – Secretaria do Patrimônio da União – Ministério do Planejamento, Orçamento e Gestão, Brasília, Distrito Federal, 2006.

LEGISLAÇÃO

Lei do parcelamento do solo urbano – Lei n° 6.766, de 19/12/1979.

Estatuto da Cidade – Lei Federal n° 10257, de 10/07/2001.

Lei do Sistema Nacional de Habitação de Interesse Social – Lei n° 11.124, de 16/06/2005.

Lei de Registros Públicos – Lei n° 6.015/1973.

Leis sobre Bens da União – Lei n° 11.481 de 31 de maio de 2007 – Lei n° 9636, de 15/05/2007.

Concessão de Direito Real de Uso Gratuita – Decreto-Lei nº 271/67.

Concessão de Uso Especial para Fins de Moradia – Medida Provisória nº 2.220/01.

Projetos de Lei

Projeto de Lei Federal n° 3057/2000.

SITES

Ministério das Cidades: <http://www.cidades.gov.br>.

Câmara dos Deputados: <http://www.camara.gov.br>.

Jefferson O. Goulart

Da Constituição cidadã ao Estatuto da Cidade: políticas públicas democráticas no governo local[1]

Pela primeira vez, na Constituição Federal de 1988, a política urbana merece um capítulo próprio e os municípios são alçados ao *status* de entes federados dotados de autonomia. Esse marco institucional recoloca a reflexão sobre o poder local e conduz a uma regulamentação infraconstitucional inovadora: o Estatuto da Cidade, que preconiza processos decisórios democráticos e participativos na formulação e implantação de políticas públicas de desenvolvimento urbano, além de novos instrumentos urbanísticos potencialmente transformadores em razão de sua capacidade de interferir na dinâmica real de uso e ocupação do solo urbano.

O exame do tema requer um breve recuo no tempo, pois o pacto selado na Constituinte de 1988 e o Estatuto da Cidade são inseparáveis das circunstâncias políticas que os envolvem e os antecedem.

A análise é concluída com um balanço preliminar da experiência recente de implantação do Estatuto da Cidade, base a partir da qual podem ser feitas projeções sobre o alcance desse novo arranjo institucional, e em que medida seus novos instrumentos urbanísticos têm capacidade para alterar substantivamente os processos de concepção e execução de políticas públicas no âmbito do governo local. O 'objeto', portanto, vai além da abs-

---

1 O presente artigo é versão resumida do *paper Federative arrangement and local government: the Statute of the City as a democratic prescription of the political policies*, apresentado ao 21st World Congress of the International Political Science Association (IPSA), em julho de 2009; Santiago, Chile. Painel 5: *El Estado y politicas públicas em América Latina y Chile*; Sessão: *Estado nacional y gobiernos locales*.

tração e dos preceitos normativos e se concentra na face real do Estado, ou seja, a abordagem das políticas públicas permite interpretar concretamente o alcance e a eficácia das reformas a quem vem sendo submetido o Estado (SOUZA, 2007).

O exame sobre o Estado e a democracia se concentra tradicionalmente na dimensão nacional. Trata-se de tendência compreensível, no entanto, a análise das políticas públicas no âmbito dos municípios não só é relevante como também tem alto poder explicativo sobre o funcionamento das instituições políticas, permitindo interpretar como transcorrem, de fato, processos decisórios marcados pelos paradoxos que, no plano federativo e das políticas urbanas, opõem descentralização à centralização, autoritarismo elitista à democratização, efetividade à inefetividade.

A CONSTITUIÇÃO DE 1988 E O NOVO MARCO INSTITUCIONAL

Antes de tratar especificamente do arranjo federativo pactuado na Constituição de 1988 e de seus desfechos em termos de política urbana, é indispensável recuperar, ainda que sumariamente, os ingredientes políticos mais importantes que marcaram aquele processo. Essa digressão é essencial para compreender os resultados produzidos.

A primeira observação diz respeito ao fato de que o processo constitucional se inscreve na transição brasileira, de uma ordem autoritária para outra democrática: ambos se entrelaçam e se influenciam reciprocamente, de sorte que a nova Carta reflete a correspondente correlação de forças e certo consenso sobre a necessidade de reformar as instituições do Estado e criar as bases de um novo regime político.[2] Ressalvadas diferentes orientações ideológicas e prescrições políticas dos que sustentaram ou se opuseram ao regime militar, dentre os atores político-institucionais parecia haver certa consciência sobre a tarefa hercúlea daquele momento: edificar um novo arranjo constitucional capaz de abrigar continuidades e promover algumas rupturas e, simultaneamente, dotar o novo governo e o novo regime de legitimidade – ingrediente que rareou no fim do regime autoritário e cuja ausência foi decisiva para seu ocaso.

Essa percepção das elites políticas e a concordância procedimental são perfeitamente compatíveis com os padrões negociais adotados na transição brasileira. A recusa em restituir as eleições presidenciais diretas e a composição entre o PMDB e a Frente Liberal (dissidência do PDS, o

---

2 A literatura sobre a transição (brasileira e comparada) é farta, e não se trata de reexaminá-la neste curto espaço. As observações que se seguem tomam como referência particular a arguta apreciação de Sallum Jr. (1996).

partido de sustentação do regime militar que sucedeu a Arena depois do bipartidarismo) ensejam negociações que excluíram o componente popular da transição. Mas uma interpretação rígida desses acontecimentos também pode representar uma armadilha, isto é, a opção conciliatória através da 'transição pelo alto' não autoriza deduzir que todos os atores envolvidos se comportaram de forma rigorosamente homogênea. Pelo contrário, não havia tanta unidade política como se poderia supor.

Essa dispersão de perspectivas não é um elemento menor: é o segundo aspecto distintivo daquele momento, o qual remete à falta de hegemonia para dirigir a transição em sentido amplo e o processo constituinte em particular. Maioria parlamentar não faltou ao governo da Aliança Democrática; afinal as eleições de 1986 (em face dos efeitos políticos devastadores do Plano Cruzado) renderam vitórias expressivas à Frente Liberal e principalmente ao PMDB. Apesar disso, o rápido enfraquecimento do Executivo federal, a emergência política dos governadores, as polarizações socioeconômicas ainda remanescentes da crise do modelo nacional-desenvolvimentista e do cenário recessivo que marca a chamada 'década perdida' e mesmo a complexa agenda reformista imposta ao país são determinantes para a configuração de um cenário político centrífugo.

Estamos autorizados, portanto, a falar da ausência de um diagrama catalisador que pudesse conduzir a transição e a constituinte: um projeto caracterizado pela prevalência de uma concepção de mundo e por um novo modelo de Estado capaz de aglutinar correspondente sustentação político-institucional e suporte social e, ainda, de construir um novo pacto entre dominantes e dominados; enfim, há fartas evidências de que não havia um projeto hegemônico. Esta ausência também se refletiu no PMDB: embora amplamente majoritário (306 de um total de 559 constituintes), o partido jamais conseguiu forjar uma sólida unidade política e programática nos trabalhos constituintes, a despeito dos esforços conciliatórios e da conduta pendular do deputado Ulysses Guimarães – presidente do partido, da Câmara dos Deputados e também da própria Assembleia Constituinte, além de segundo na linha sucessória presidencial.

O caráter frentista do PMDB certamente foi um obstáculo.[3] Além deste, contudo, havia um novo desafio: se, durante o regime autoritário, a conduta negativa (contrária à ditadura) era suficiente para cimentar a unidade partidária, em um ambiente de democratização a agenda passaria a

3 A propósito, vale citar: "Fleischer aponta que, da bancada do PMDB na Constituinte, 40 representantes eram oriundos do PDS (10 deles aderiram em 1982 e 30 em 1986), e 42 da antiga ARENA. (...) A realidade revelada por esses números levou [Maria do Carmo] Campello de Souza a afirmar que a maior bancada da Constituinte não foi formada pelo PMDB, mas pela ARENA de 1979: 'nada menos que 217 dos 559 constituintes atuais tiveram passagem por esta legenda que apoiou o autoritarismo antes de 1988.'" (LEME, 1992, p. 95).

requerer posicionamentos mais afirmativos, ou seja, já não bastava 'opor-se', era preciso 'propor'. A divisão no PMDB manifestou-se desde logo, quando Mário Covas vence a disputa pela liderança do partido na Constituinte e desencadeia uma estratégia de aglutinação de forças progressistas. Desenha-se, então, a oposição entre progressistas e conservadores, a qual dará a tônica dos trabalhos constituintes e de seus resultados (PILATTI, 2008).

Parece não haver mais objeção à constatação de que a Carta de 1988 é a mais avançada das constituições brasileiras, feição que não pode obscurecer o *status* de minoria de que gozava a bancada progressista. Essa contradição permaneceu desafiando os intérpretes do processo constituinte, mas há pistas para explicá-lo. A metodologia empregada constitui um primeiro aspecto decisivo e alguns dispositivos merecem destaque: a recusa em adotar um anteprojeto constitucional prévio; a dinâmica sequencial de subcomissões, comissões temáticas e comissão de sistematização, cujo acordo proporcional de composição implicou o predomínio dos progressistas[4]; o instituto da iniciativa popular legislativa. A tais procedimentos some-se a intensa articulação da sociedade civil organizada, cujo vigor foi determinante para pressionar e influenciar os trabalhos constituintes e seus resultados, tanto com proposições progressistas quanto conservadoras. Exemplos que podem ser identificáveis, respectivamente, no plano dos direitos individuais e coletivos (vide o emblemático Art. 5º) e no retrocesso em relação ao tema da reforma agrária patrocinado especialmente pela União Democrática Ruralista (Artigos 184, 185 e 186).

Em suma, arranjos procedimentais e potência de movimentos sociais, agregados ao protagonismo da bancada progressista e à expectativa reformista da própria sociedade civil, esse conjunto de fatores fornece a atmosfera na qual se desenhou a 'Constituição cidadã'.

Sobre o arranjo federativo da Constituição de 1988, este foi interpretado majoritariamente sob a ótica da dinâmica fiscal-tributária, ou seja, as atenções se voltaram ao aumento de transferências para estados e municípios. Houve, com efeito, uma significativa ampliação da receitas destes em prejuízo da União, equação que pode ser explicada pela combinação da força política dos governadores e de sua ascendência sobre os parlamentares com a pressão exercida pelos prefeitos, e ainda com o ímpeto 'descentralizador' dos constituintes. Disto resulta um poderoso movimento que aspirava a sangrar a União, drenando parcelas de suas receitas para estados e municípios. O alvo da disputa residia, pois, nas transferências. Assim, os *lobbies* correspondentes dirigiriam seus esforços e suas atenções à Comissão de Tributos, Orçamento e Finanças e à Sub-Comissão de Tributos, Partici-

4 O PMDB controlava as relatorias de todas as 8 (oito) comissões temáticas, além da Comissão de Sistematização.

pação e Distribuição de Receitas, em torno das quais se processaram pactos decisivos e nas quais foram produzidas as resoluções mais relevantes.[5]

Isto foi possível porque, além das disputas mais ideologizadas relativas ao arranjo estatal, outras variáveis seriam determinantes para o comportamento das bancadas parlamentares, dentre elas a questão regional. Em um cenário de enfraquecimento do Executivo federal, a descoordenação política do bloco governista também se traduziu no descontrole das bancadas parlamentares, resultando num jogo menos cooperativo e mais competitivo no que concerne às definições federativas. De certa forma, seria consagrada uma lógica que representava uma revanche contra o centralismo patrocinado pelo governo central no decorrer da história republicana. Diante da oportunidade de reverter recorrentes clivagens regionais, todos os esforços seriam dirigidos ao arranjo constitucional.

No caso das questões federativas, portanto, é atenuada a tendência aos alinhamentos de caráter estritamente doutrinário que opunham progressistas a conservadores: "polarizou o debate, sobrepondo-se à questão ideológica, a questão regional e mesmo local – o que levou ferrenhos adversários político-ideológicos a se unirem em defesa de seu estado e região". Nesses termos, "foi central a preocupação com a descentralização de recursos da União para os estados e municípios e com o fortalecimento de sua autonomia" (OLIVEIRA, 1995, p. 86).

Afora competências de políticas públicas ou de partilha tributária, o arranjo federativo também pode ser observado em seu pioneirismo em outras dimensões, duas das quais merecem destaque. A primeira, mais do que um ajuste meramente jurídico, formal, é de natureza política e até mesmo administrativa: depois de quase um século em que a dinâmica federativa compreendeu basicamente relações intergovernamentais entre União e estados, o município passou a ser reconhecido constitucionalmente como ente federativo (Art. 18). Não é pouco, pois, dentre muitas implicações, passa a ter autonomia inclusive para, respeitada a legislação supramunicipal, legislar sobre a totalidade de seu território.

A segunda inovação marcante foi a inclusão de um capítulo dedicado à política urbana (Art. 182 e Art. 183), o que só foi possível graças ao ímpeto democratizador que viria a prevalecer na dinâmica constituinte. O associativismo civil experimentou significativa ampliação de sua influência naqueles tempos, seja porque o definhamento do regime militar representava um ambiente mais propício à mobilização dos movimentos sociais, seja por-

5 Na década seguinte, em face das exigências de equilíbrio fiscal e do imperativo de salvaguardar a estabilidade, a União conseguiu reverter a tendência de descentralização de recursos aos níveis subnacionais de governo. Para tanto, sobretudo durante as gestões de Fernando Henrique Cardoso, usou vários dispositivos, principalmente o arrocho fiscal e a elevação de alíquotas de tributos não compartilhados.

que assim se criavam melhores possibilidades de interlocução entre si e com os atores político-institucionais.[6] É nesse cenário que o Movimento Nacional pela Reforma Urbana se articula, consolida-se em nível nacional e submete ao Congresso constituinte uma emenda de iniciativa popular que instituía, de forma absolutamente pioneira, princípios e diretrizes de política urbana.

Essa movimentação da sociedade civil se inscreve no quadro geral de transformações que alteram tanto as relações entre governantes e governados (pois estes assumem papel progressivamente ativo nos debates e definições de políticas públicas), quanto o padrão da dinâmica intergovernamental precedente (marcada pela centralização que ofuscava as esferas subnacionais de governo). Nessas condições, os municípios transcendem progressivamente o papel anterior de aplicadores de políticas ditadas pelas esferas superiores de governo para assumirem responsabilidades na concepção e execução de políticas públicas, notadamente no que diz respeito ao ordenamento do solo urbano. No caso da articulação em torno da reforma urbana, a composição eclética do movimento (técnicos, especialistas e lideranças de movimentos sociais) e a diversidade de demandas (marco jurídico, gestão urbana, descentralização, participação, etc.) eram características basilares da mobilização, conformando uma disputa em torno de "instrumentos urbanísticos que jogassem o peso do Estado e da regulação a favor – e não contra, como de costume – da democratização do espaço da cidade" (CYMBALISTA, 2007, p. 26).

O Artigo 182 sintetiza o novo marco ao estabelecer que as políticas de desenvolvimento urbano dos municípios devem tomar como objetivos prioritários o pleno desenvolvimento das funções sociais da cidade e garantir o bem-estar de seus habitantes. Não são enunciados inofensivos – cuja evidência mais emblemática é a original submissão do direito de propriedade ao seu caráter social –, e sua adoção em meio a outras disputas complexas travadas no processo constituinte (como na ordem econômica) revela um avanço sem precedentes.

Se, na tradição federativa brasileira, não obstante as posturas, códigos e intervenções do poder local, as políticas urbanas emanavam principalmente das esferas superiores de governo em face do centralismo predominante, a partir da Constituição de 1988 o arranjo institucional amplia substantivamente as competências dos governos locais.[7] Também por isso, e porque toda aná-

6 A abertura à participação extraparlamentar, afora audiências públicas e outros mecanismos, foi consubstanciada nas emendas de iniciativa popular admitidas pelo Regimento Interno: estima-se que foram coletadas cerca de 12 milhões de assinaturas para estas ações. Além disso, é constituído o Plenário Pró-Participação Popular na Constituinte, sob forte impulso de entidades civis e, sobretudo, da Igreja Católica.

7 Afora a Política Urbana regulamentada pelo Estatuto da Cidade, o município também assume competências compartilhadas em várias áreas, como na Saúde (gestão exclusiva determinada pelo Sistema Único de Saúde – SUS), Educação, Assistência Social, etc. Tais compartilhamentos e a autonomia que desfrutam estados e municípios indicam, ao menos no plano normativo, que o caso brasileiro estaria mais próximo do modelo do "federalismo cooperativo" (ALMEIDA & CARNEIRO, 2003).

lise requer critérios comparativos, a realidade brasileira é seguramente menos centralizada, ou mais descentralizada, relativamente aos períodos anteriores. Nesses termos, não se pode separar tais resultados do processo de democratização do país, que tem na Constituição de 1988 um marco indelével.

Como outros tantos dispositivos, a aplicação da Política Urbana requereu regulamentação infraconstitucional, tarefa que durou treze anos até que fosse aprovada a Lei Federal nº 10.257, de 10/07/2001 – o Estatuto da Cidade.

O ESTATUTO DA CIDADE COMO INOVAÇÃO DE POLÍTICAS PÚBLICAS

Evidente que normas pesam decisivamente no desempenho e na eficácia de políticas públicas, mas é igualmente verdadeiro que estas não podem ser explicadas univocamente pela ótica do correspondente arranjo institucional. Por elementar que possa parecer, é preciso considerar substantivamente a conduta das elites políticas: "a premissa é a de que o desempenho das instituições públicas e a sua capacidade para atender de maneira menos ou mais eficiente o interesse coletivo não resultam só de arranjos institucionais e dos incentivos que eles criam". Muito além, "*dependem também das atitudes da elite e da população* [PUTNAM, 1995], que formam o contexto subjetivo que dá sentido e vida às instituições e constitui a substância da convivência civil em regimes democráticos" (ALMEIDA & CARNEIRO, 2003, p. 125 – sem destaque no original). A advertência é ainda mais oportuna quando tratamos de políticas públicas participativas, as quais envolvem atores situados na sociedade civil (extraeleitorais) em sua concepção e execução.

Feita essa advertência teórico-metodológica, é preciso agregar outro esclarecimento: como esse novo marco jurídico foi instituído em 2001, delimitando o prazo de 5 (cinco) anos para que os municípios aprovassem seus respectivos Planos Diretores (Art. 50), por ora o tempo de implantação do novo arcabouço é demasiado modesto.[8] Na prática, falamos de legislações municipais em tese aprovadas até 2006-2008 e que passaram a vigorar, na prática, somente a partir do ano seguinte. Em outras palavras, uma análise mais consistente das potencialidades e limitações do Estatuto da Cidade dependerá decisivamente da forma como será aplicado e do andamento concreto da nova safra de Planos Diretores – o que somente poderá ser feito de maneira mais criteriosa pelo menos até que se tenha percorrido uma etapa razoável para sua efetiva implantação.[9]

8 Tendo em vista que vários municípios não cumpriram o prazo original, o Congresso Nacional aprovou lei dilatando este tempo determinado para sete anos, de modo que a data limite foi ampliada até 2008 (LF nº 11.673/2008).

9 Normativamente, o Art. 40 (§ 3º) do EC dispõe que "a lei que instituir o Plano Diretor deverá ser revista, pelo menos, a cada dez anos".

Deve-se somar, ainda, o fato de que o calendário político brasileiro registrou eleições municipais em 2002 e em 2006. Como políticas públicas são determinadas decisivamente pelas atitudes e escolhas da elite política, tem-se assim uma variável crucial a ser incorporada ao escopo analítico, uma vez que mudanças governamentais podem representar sensíveis modificações de orientação política.

No plano normativo, as originalidades do Estatuto da Cidade (EC) podem ser classificadas em dois campos complementares: na dimensão metodológica, exigência de dispositivos participativos na formulação e execução de políticas públicas; na dimensão substantiva, instrumentos potencialmente transformadores em razão de sua efetiva capacidade de incidir na regulação do solo de uma perspectiva que privilegia o social.

No que respeita à forma, o princípio participativo dá a tônica da nova regulação institucional, uma vez que preconiza requisitos democratizantes, a saber: "gestão democrática por meio da participação da população e de associações representativas dos vários segmentos da comunidade na formulação, execução e acompanhamento de planos, programas e projetos de desenvolvimento urbano" (Art. 2º). Nesses termos, o processo decisório transcende ao modelo clássico da democracia representativa e postula incorporar novos atores situados no terreno da sociedade civil. A propósito, combinar e compatibilizar instrumentos representativos e participativos não é tarefa simples, cuja equação vem desafiando sistematicamente a teoria e as práticas democráticas.

Para além da abstração, o EC prescreve mecanismos democráticos e participativos tanto por ocasião da feitura do instrumento básico da política urbana, o Plano Diretor (através de audiências públicas, da publicidade, de debates e outros formatos que promovam o diálogo e a participação de associações representativas da sociedade civil), quanto na 'gestão democrática da cidade', mediante os dispositivos antes assinalados e também de consultas públicas, iniciativa popular legislativa, administração orçamentária igualmente participativa, etc. Preceito idêntico se aplica aos arranjos regionais que transcendem ao território e à autoridade dos municípios: "os organismos gestores das regiões metropolitanas e aglomerações urbanas incluirão obrigatória e significativa participação da população e de associações representativas dos vários segmentos da comunidade" (Art. 45).

Do ponto de vista substantivo, há instrumentos com extraordinário potencial transformador – ingrediente que, por sinal, faltou sistematicamente aos Planos Diretores de tempos passados.[10] Dentre as inovações,

10 Para uma análise completa da legislação e da totalidade de seus instrumentos, consultar o sítio do Senado Federal: <http://www6.senado.gov.br/sicon/ExecutaPesquisaLegislacao.action>. Acesso em 02 fev 2009. Alguns desses instrumentos, sob múltiplas denominações, já haviam sido implantados em diferentes municípios do país antes mesmo da aprovação do EC, porém, de forma isolada e experimental.

algumas ferramentas merecem destaque: o Imposto Predial e Territorial Urbano (IPTU) progressivo no tempo, cujo propósito consiste em inibir a concentração de terras e combater a especulação imobiliária, de modo a 'desovar' áreas para empreendimentos imobiliários de cunho social; a Outorga Onerosa do Direito de Construir, pela qual são fixadas regras para o direito de construir a partir do direito de superfície, ou seja, são exigidas contrapartidas aos beneficiários (inclusive financeiras); o Direito de Preempção, através do qual a administração pública tem prioridade na aquisição e desapropriação de imóveis para regularização e reserva fundiária, implantação de projetos de Habitação de Interesse Social (HIS), ordenamento da expansão urbana, implantação de equipamentos sociais, etc.; as Zonas Especiais de Interesse Social (ZEIS), que assumem importância central à medida que significam uma variável particular de zoneamento urbano com padrões urbanísticos igualmente particulares, casos de ações como ocupações a serem regularizadas, proteção do patrimônio histórico, proteção a áreas de reabilitação urbana e de preservação ambiental; o Estudo de Impacto de Vizinhança (EIV), o qual assegura ao poder público a prerrogativa de, afora outras certificações regulares, apreciar previamente a conveniência de empreendimentos de largo impacto urbanístico ou ambiental.

Importante esclarecer brevemente as singularidades de alguns desses instrumentos.[11] O Direito de Preempção e a Outorga Onerosa ("Solo Criado"), por exemplo, são anteriores ao Estatuto da Cidade, ao passo que as Zonas Especiais de Interesse Social constituem o caso único de poderem ser implantadas mesmo sem Plano Diretor. Já o Imposto Predial e Territorial Urbano progressivo precisa obrigatoriamente integrar a legislação do Plano Diretor, para depois ser objeto de regulamentação específica. Isso significa que, mesmo juridicamente anunciado, pode não ser regulamentado por razões políticas diversas, especialmente a objeção e a antipatia que desperta em alguns segmentos sociais e a hesitação de governantes. Mas mesmo após regulamentação, tendo em vista os prazos dilatados previstos no Estatuto da Cidade, esta ferramenta levaria quase uma década para alcançar o estágio da cobrança da progressividade. De todo modo, este é um dispositivo de enorme incidência e relevância para combater a retenção de terras urbanas, vale dizer, a especulação imobiliária. Em suma, a inclusão de todos os instrumentos pode variar bastante nos Planos Diretores, inclusive com notáveis diferenças em função da escala das cidades, podendo se resumir, de um lado, a diretrizes genéricas ou, de outro, assumir o formato de lei autoaplicável, o que obviamente produz diferenças significativas. Somente

11 O crédito da advertência explicativa que se segue é de Sarah Feldman, a quem o autor agradece pela generosidade de comentar previamente este texto e assim torná-lo menos incompleto.

análises aprofundadas dos casos concretos de implantação do Estatuto da Cidade e investigações comparadas poderão oferecer elementos analíticos mais consistentes.

No plano normativo, todos esses instrumentos permitem uma intervenção de novo tipo no território e, mais do que uma peça puramente técnica ou uma regulação meramente jurídica, induzem a um novo pacto político 'na' e 'para' a cidade à medida que conferem conteúdo social ao direito de propriedade: o governo local passa a contar com ferramentas poderosas, inéditas, na regulação da expansão urbana.

A despeito do esforço do Ministério das Cidades em difundir e fomentar o novo marco institucional, a implantação do Estatuto da Cidade através de Planos Diretores tem sido bastante desigual. As diferenças são tanto procedimentais (emprego do critério participativo) quanto substantivas (adoção de seus instrumentos). Tais diferenças são compreensíveis pelas clivagens sociais, regionais, urbanísticas, fundiárias e mesmo políticas que caracterizam um país tão complexo como o Brasil.

Survey aplicado pelo Ministério das Cidades – entre outubro de 2006 e março de 2007, em parceria com o Conselho Federal de Engenharia, Arquitetura e Agronomia e seus Conselhos Regionais – oferece dados valiosos sobre o estágio institucional em que se encontra o processo de planejamento urbano no país, particularmente no que diz respeito à elaboração de Planos Diretores Participativos (PDPs) e à percepção de seus realizadores. Embora não tenha caráter conclusivo (mesmo porque, metodologicamente, a amostra não foi distribuída adequadamente conforme a distribuição espacial da população nos municípios e regiões), o levantamento é um bom termômetro a ser tomado como referência para pesquisas mais detalhadas sobre o tema, especialmente se se considerar que o resultado abrange 1.552 municípios (de um total de 5.564 do território nacional).[12]

Chama atenção, em primeiro lugar (Tabelas 1 e 2), o fato de que, somados os municípios que tiveram Planos Diretores aprovados ou estavam em processos de revisão e desenvolvimento, temos 86% do universo de cidades pesquisadas. Em contrapartida, apenas 5,7% 'não estariam fazendo'. Tais números não podem ser projetados automaticamente, mas também é promissor o dado de que, dentre as cidades superiores a 500 mil habitantes (nas quais se concentra a maior parte da população brasileira), nenhuma informou estar alheia à responsabilidade de elaborar ou atualizar seus respectivos Planos Diretores. Dentre os que não estão engajados nesse movi-

12 Os números mencionados doravante tomam como referência este levantamento e suas respectivas tabulações. A respeito, consultar o sítio do Ministério das Cidades: <http://www.cidades.gov.br>. Acesso em 28 jan 2009.

mento, a maior parte está concentrada nas regiões Nordeste e Centro-Oeste, com destaque para os municípios de menor porte.

De uma perspectiva meramente quantitativa, os dados disponíveis são promissores e parecem demonstrar que, ao menos no plano formal, a inclusão do Estatuto da Cidade nas legislações municipais caminha satisfatoriamente, ainda mais se considerarmos que se trata de um marco institucional bastante recente.

Tabela 1 – Situação dos Planos Diretores Participativos/Região

REGIÃO	CENTRO-OESTE		NORDESTE		NORTE		SUDESTE		SUL		TOTAL BRASIL	
Pd até 10/10/96 sem revisão	2	2,1%	2	2,4%	2	1,6%	5	1,1%	7	2,1%	18	1,2%
Pd/revisão aprovados	33	34%	204	37,3%	75	58,1%	148	32,9%	102	31,0%	562	36,2%
Pd/revisão em aprovação	17	17,5%	83	15,2%	11	8,5%	167	37,1%	68	20,7%	346	22,3%
Pd/revisão em curso	31	32,0%	46	8,4%	5	3,9%	15	3,3%	16	4,9%	427	27,5%
Não está fazendo pd	7	7,2%	46	8,4%	5	3,9%	15	3,3%	16	4,9%	89	5,7%
Sem Informação	7	7,2%	47	8,6%	13	10,1%	19	4,2%	24	7,3%	110	7,1%
Total de Municípios	97	6,3%	547	35,2%	129	8,3%	450	29,0%	329	21,2%	1552	100%

Fonte: Sítio do Ministério das Cidades (Tabela 3.2): <http://www.cidades.gov.br>.

Tabela 2 – Situação dos Planos Diretores Participativos/Faixa Populacional

FAIXA POPULACIONAL	ATÉ 20.000		DE 20.001 A 50.000		DE 50.001 A 100.000		DE 100.001 A 500.000		MAIS DE 500.000		TOTAL BRASIL	
PD até 10/10/96 sem revisão	3	1,6%	5	0,6%	5	1,8%	5	2,8%	0	0,0%	18	1,2%
Pd/revisão aprovados	45	24,1%	331	37,6%	111	40,4%	68	37,8%	7	24,1%	562	36,2%
PD/revisão em aprovação	35	18,7%	175	19,9%	69	25,1%	56	31,1%	11	37,9%	346	22,3%
PD/revisão em curso	73	39,0%	247	28,0%	61	22,2%	38	21,1%	8	27,6%	427	27,5%
Não está fazendo PD	24	12,8%	52	5,9%	11	4,0%	2	1,1%	0	0,0%	89	5,7%
Sem informação	7	3,7%	71	8,1%	18	6,5%	11	6,1%	3	10,3%	110	7,1%
Total de municípios	187	12,0%	881	56,8%	275	17,7%	180	11,6%	29	1,9%	1552	100%

Fonte: Sítio do Ministério das Cidades (Tabela 3.3): <http://www.cidades.gov.br>.

No plano substantivo, parece não ser diferente. A absorção de instrumentos do Estatuto da Cidade demonstra índices consideráveis (Tabela 3). A ferramenta mais aplicada é a das ZEIS (72,7%), e tal sinal parece indicar seu aproveitamento como valioso instrumento de regularização fundiária e urbanística em ocupações irregulares como favelas e outras modalidades de habitações precárias que caracterizam os grandes centros urbanos e regiões metropolitanas. A adesão mais modesta às Operações Urbanas Consorciadas (63,4%) e à Outorga Onerosa (54%) são compreensíveis porque representam, respectivamente, um dispositivo mais apropriado a grandes municípios (menos numerosos) e um movimento de enfrentamento com o setor imobiliário não habituado a assumir contrapartidas com o poder público – a propósito, este é um dos instrumentos que, ao lado do IPTU progressivo, tem despertado maior rejeição de empreendedores.

Já a percepção sobre os temas prioritários a serem enfrentados nos PDPs (Tabela 4) revela presumíveis diferenças regionais, mesmo porque os entrevistados são gestores públicos em posição de comando político ou de carreiras técnicas que dominam suas respectivas realidades. Para os municípios do Sudeste, os temas de saneamento (abastecimento de água e tratamento de esgoto) não representam tanta prioridade (12%), enquanto para outras áreas do país são matérias centrais: no norte atinge a expressiva marca de 67,4%, 49,4% no nordeste e 44,6% no Sul. Tais dados apenas confirmam a precariedade da infraestrutura urbana brasileira, sua hierarquização regional, e sua disposição discricionária que privilegia poucos e acelera a segregação de muitos.

Se agregarmos os itens relacionados à questão fundiária (ação sobre vazios urbanos e regularização), o assunto assume prioridade também conforme as feições regionais: mais explosivo no Centro-Oeste (70,1%) por ser uma região de ocupação mais recente, não deixa de ser importante no Norte (65,1%) e no Sul (50,2%), ao passo que no Sudeste tem relevância bem mais modesta (22,7%).

Nas médias nacionais, o saneamento também figura disparadamente em primeiro lugar (38,2%), seguido por temas ligados à questão fundiária como regularização e ocupação de vazios (36,7%) e questões ambientais como proteção de recursos naturais e despoluição de mananciais (28,2%). Todos esses resultados não configuram informações inéditas, pois são precariedades conhecidas de um cenário marcado por dimensões superlativas: grandes cidades, grande segregação socioespacial, grande demanda por serviços e equipamentos públicos (habitação, transportes, saneamento, etc.), enfim, grande 'espoliação urbana'.

Afora questões segmentadas de políticas públicas, a importância do quesito 'participação e acompanhamento do Plano Diretor' é inferior. Na média nacional alcança 21%, com variação superior da Região Sul (32,5%), resultado que suscita a seguinte hipótese explicativa: trata-se de uma região com maior tradição de associativismo civil, afinal "organizações civis com fortes vínculos com atores políticos - como partidos políticos, movimentos operários ou atores estatais - são as mais propensas a participar" (HOUTZAGER; LAVALLE; ACHARYA, 2004, p. 261). Não há pesquisas anteriores para se aplicar algum critério comparativo, mas aqui não se discutem os termos em que essa participação efetivamente ocorre e, sim, o grau de adesão a um enunciado normativo por parte de gestores públicos. De todo modo, a inclinação a este princípio não é desprezível.

Tabela 3 – Instrumentos previstos no Plano Diretor ou em lei específica/Região

REGIÃO	Outorga Onerosa		ZEIS		IPTU Progressivo		Direito de Preempção		EIV		Operações Urbanas	
Centro-oeste	60	61,9%	74	76,3%	79	81,4	68	70,1	69	71,1	59	60,8%
Nordeste	244	44,6%	350	64,0%	320	58,5%	260	47,5%	279	51,0%	232	42,4%
Norte	82	63,6%	108	83,7%	106	82,2%	90	69,8%	95	73,6%	77	59,7%
Sudeste	152	63,1%	197	81,7%	180	74,7%	175	72,6%	171	71,0%	157	65,1%
Sul	187	56,8%	248	75,4%	234	71,1%	221	67,2%	221	67,2%	192	58,4%
Nacional	725	54,0%	977	72,7%	919	68,4%	814	60,6%	835	62,2%	717	53,4%

Fonte: Sítio do Ministério das Cidades (Tabela 11.1.2.1): <http://www.cidades.gov.br>.

Tabela 4 – Questões de enfrentamento prioritário no Plano Diretor por Região (%)

QUESTÕES ESTRUTURAIS	CENTRO-OESTE	NORDESTE	NORTE	SUDESTE	SUL	BRASIL
Oferta de terras para habitação	13,4	14,4	21,7	8,2	16,7	13,7
Ação sobre vazios urbanos	39,2	11,2	17,8	9,1	21,0	14,9
Regularização fundiária	30,9	16,5	47,3	13,6	29,2	21,8
Limitação à expansão urbana	39,2	13,9	19,4	9,1	23,4	16,6
Atualização de cadastros	17,5	8,2	18,6	8,2	15,8	11,3
Estímulo a atividades econômicas	14,4	13,0	14,7	4,2	17,3	11,6
Definição de prioridades do orçamento local	8,2	16,1	18,6	6,0	17,3	13,1
Captura de valorização imobiliária	2,1	5,1	5,4	1,3	3,0	3,4
Sistema de abastecimento de água	12,4	17,6	27,9	2,0	10,9	12,2
Sistema de esgotamento sanitário	23,7	31,8	39,5	10,0	33,7	26,0
Manejo de águas pluviais (drenagem)	15,5	6,4	14,7	4,4	7,3	7,3
Sistema de coleta de lixo/ aterro sanitário	19,6	19,6	24,0	5,1	13,1	14,4
Localização de cemitérios, mercados etc.	6,2	5,1	6,2	1,1	7,3	4,6
Localização de equipamentos públicos	11,3	6,0	7,0	1,8	10,9	6,3
Iluminação pública	4,1	3,5	5,4	0,4	4,0	2,9
Sistema viário	20,6	6,4	14,0	7,6	17,6	10,6
Sistema transportes e mobilidade	12,4	6,6	13,2	8,7	11,6	9,1
Proteção do patrimônio cultural	1,4	6,6	5,4	5,6	9,4	7,3
Proteção do patrimônio ambiental	39,2	15,0	20,9	13,6	29,8	19,7
Despoluição de mananciais e cursos d'água	16,5	7,5	10,1	4,0	13,4	8,5
Reforma administrativa	11,3	4,8	7,0	4,2	9,1	6,1
Participação e acompanhamento do PD	30,9	18,1	22,5	13,6	32,5	21,0
Outros	1,0	0,7	2,3	1,6	1,2	1,2
Total de municípios entrevistados (1552)	100	100	100	100	100	100

Fonte: Sítio do Ministério das Cidades (Tabela 15.2): <http://www.cidades.gov.br>.

Não basta, contudo, recorrer a indicadores quantitativos para apreender a complexidade que envolve a implantação do Estatuto da Cidade. É preciso examinar mais de perto os contextos políticos em que transcorrem, ou seja, é indispensável interpretar as motivações e as escolhas dos atores político-institucionais. Para tanto, comentamos brevemente alguns exemplos de cidades médias do interior do estado de São Paulo que experimentaram processos participativos na formulação de seus Planos Diretores no período recente.

O primeiro deles é Piracicaba (360 mil habitantes), cujo processo teve início em 2003 e foi concluído em 2007. Neste caso, a mudança de governo nas eleições municipais de 2004 foi determinante para a mudança de rumo: enquanto o processo foi conduzido por governo do PT, foram contabilizadas 10 audiências públicas, 2 conferências e 2 congressos, além de dezenas de seminários preparatórios e de entrevistas com representantes da sociedade civil. O respectivo projeto de lei só foi encaminhado em dezembro de 2004, mas com a vitória do PSDB no pleito daquele ano a proposta original foi retirada do Legislativo e passou por várias mudanças, sem, contudo, manter-se o modelo participativo. Nenhuma reunião pública foi convocada para rediscutir as alterações processadas.

O novo Plano Diretor entrou em vigor somente em 2007, e as mudanças engendradas pelo novo governo antes, durante e depois foram decisivas para neutralizar o potencial transformador dos instrumentos do Estatuto da Cidade absorvidos. Dentre tais modificações, merecem destaque: ampliação do perímetro urbano e de um Distrito Rural; indução de adensamento industrial e habitacional que contraria macrozoneamento; alteração de parâmetros urbanísticos que também contrariam o macrozoneamento e tornam ineficazes alguns instrumentos – caso notável dos Coeficientes de Aproveitamento Básico e Máximo sobre a Outorga Onerosa do Direito de Construir.

Em Bauru (350 mil habitantes), o processo do PDP ocorreu entre 2005 e 2006, em governo eleito pelo PDT (partido do qual o prefeito se desligou antes de completar meio mandato). O método empregado também foi participativo: total de 114 reuniões com presença estimada de 4.800 pessoas (média de 42 pessoas por atividade), em etapas subsequentes de "sensibilização", "leituras comunitária e técnica", "apresentação de propostas e eleição de delegados ao congresso deliberativo" e, finalmente, o "congresso". A escala quantitativa não pode ser automaticamente associada à qualidade, mas é indispensável admitir que esse processo foi massivamente participativo, em especial em sua dimensão discursiva.

Embora tivesse suporte político e logístico governamental em seu processo de elaboração, neste caso chama atenção a apatia política do governo para aprovar sua proposta. O projeto de lei hibernou na Câmara de Vereadores exatos 23 meses (protocolado em 22 de setembro de 2006), até que fosse finalmente aprovado e ganhasse a forma da Lei nº 5.631, de 22/08/2008. Esses dados revelam dificuldades evidentes no processo decisório, sintetizados na ausência de canais e de interlocutores capazes de protagonizarem negociações eficientes, tanto que, mesmo aprovado, o PDP sofreu vários vetos. Os itens modificados objeto dos vetos dizem respeito, principalmente, à flexibilização dos limites à verticalização, vale dizer, referem-se à inviabilização da Outorga Onerosa do Direito de Construir mediante relaxamento do Coeficiente de Aproveitamento Básico.

Já em Botucatu (120 mil habitantes), o PDP transcorreu entre 2005 e 2006, na segunda gestão comandada pelo PT. O percurso começou com a II Conferência Municipal da Cidade, evento a partir do qual foi constituído um Grupo de Trabalho que conduziu o processo. Quantitativamente, foram 36 reuniões deste GT, as quais contabilizaram cerca de 300 participantes. Em seguida, foram realizadas 46 assembleias (atividades conjuntas que debateram questões relacionadas ao Plano Diretor e ao Orçamento Participativo). Essa etapa de sessões públicas registra a participação de aproximadamente 2.600 participantes, universo do qual a maioria expressiva foi de representantes da sociedade civil.

Diferentemente do exemplo anterior, em Botucatu o governo operou ativamente para negociar a aprovar seu projeto, tanto que a primeira versão enviada ao Legislativo foi retirada para a derradeira rodada de ajustamento político com os vereadores e interlocutores civis. Concluída essa indispensável operação política, a proposta foi então aprovada de maneira unânime. Importante esclarecer a respeito: "o mercado imobiliário utilizou sua força econômica para dar direções ao PDP no momento em que o projeto estava para ser aprovado, conseguindo alterar o macrozoneamento para abrir alguns espaços da cidade para novos loteamentos". Os representantes e interlocutores do governo atuaram intensamente no sentido de "garantir que o projeto não sofresse modificações que privilegiassem o mercado imobiliário [...] e dessa forma respeitou-se o processo democrático desenvolvido durante quase dois anos, mesmo com a pressão de um grande ator do poder local" (HIGA, 2007, p. 54).

No plano substantivo, com exceção da não-inclusão da Outorga Onerosa no caso de Botucatu (em razão da escala do município e de sua expansão pouco verticalizada), as três cidades incorporaram ferramentas fundamentais em suas respectivas leis: IPTU progressivo, Estudo de Impacto de Vizinhança, Direito de Preempção, Zonas Especiais de Interesse Social, etc., além da manutenção de dispositivos participativos na gestão urbana.

Quanto ao caráter participativo desses processos, o critério quantitativo não pode ser sobrevalorizado, embora os números não sejam inexpressivos em termos de volume de reuniões públicas e de participação de representantes civis. Quantidade de participantes, porém, não é sinônimo automático de democratização. Importa interpretar a qualidade dessa participação e em que medida os correspondentes processos decisórios foram efetivamente partilhados. Não obstante, é mister reconhecer os esforços para ampliar arenas decisórias, ainda que decisões fundamentais, em todos os casos, não tenham escapado ao controle dos atores institucionais, especialmente do Executivo e, depois, do Legislativo. Há um complicador adicional que não pode ser ignorado: além de legislação recente, o Estatuto da Cidade é uma peça técnica de alta complexidade, cuja compreensão e aplicação ainda não são dominadas completamente, nem sequer pelos especialistas do planejamento urbano. Tal dificuldade, porém, não deve obscurecer o principal: antes de tudo, Planos Diretores implicam pactuação de natureza política.

CONCLUSÕES

Comparado ao arcabouço precedente, o arranjo federativo brasileiro que emerge na Constituição de 1988 é seguramente menos assimétrico – ou mais cooperativo. A inclusão do capítulo da política urbana teve papel decisivo à medida que foi detalhada no Estatuto da Cidade: marco regulatório que, ao lado do reconhecimento dos municípios como entes federados, amplia expressivamente suas prerrogativas através de instrumentos efetivos para a regulação da expansão urbana e gestão de seu território. Não obstante, permanece a tensão competitiva na gestão de políticas públicas compartilhadas e na dimensão fiscal-tributária; afinal a realidade brasileira ainda é caracterizada pela concentração de recursos nas esferas superiores de governo, notadamente na União.

Embora sejam imposições institucionais inovadoras e sujeitas a sanções, o Plano Diretor Participativo e as ferramentas do Estatuto da Cidade não são suficientes para alterar substantivamente as políticas urbanas. Em primeiro lugar, porque há diferentes escalas e formatos participativos, e alguns podem assumir feições meramente litúrgicas sem ampliação substantiva do universo de decisores. Em segundo lugar, porque os instrumentos podem ser inviabilizados a depender de como são regulamentados. Forma e conteúdo dependem decisivamente da orientação e do comportamento dos atores políticos, vale dizer, dos protagonistas do sistema político-institucional. Em outras palavras, a implantação de um novo modelo de gestão urbana fundado em procedimentos mais democráticos e na primazia do interesse social reclama a construção de um autêntico pacto político, cuja exigência preliminar é a disposição dos governos locais para compartilhar decisões.

A dimensão política se afirma à medida que envolve diversos conflitos: oferta de bens e serviços públicos e sua distribuição espacial; apropriação do espaço urbano; oposição entre interesse público e privado, etc. O desafio da pactuação política implica capacidade de ordenar o território e a expansão urbana de uma perspectiva republicana, cuja negociação envolve múltiplos interesses.

Políticas públicas de caráter participativo são positivas à medida que incorporam novos decisores; ademais implicam mais negociação, além de fruição e transparência de informações. Nessas condições, as decisões do Executivo e do Legislativo são mais suscetíveis à influência de outros atores extrainstitucionais. Participação, contudo, não é necessariamente benfazeja, pois tanto pode comportar interesses particularistas (caso notável da rejeição à Outorga Onerosa) quanto reproduzir práticas de clientelismo e patronagem política. O grau de autonomia e a capacidade organizativa da sociedade civil influirão bastante nos resultados. Ademais, a participação civil envolve tanto indivíduos quanto organizações coletivas.

Assim como problemas do desequilíbrio federativo não têm seus maiores obstáculos no arranjo constitucional (SOUZA, 2005), a existência de uma norma impositiva – no caso, legislação federal que remete à regulamentação municipal – não é suficiente para produzir práticas efetivamente democráticas. O debate se situa em duas dimensões: de um lado, na sociedade civil e em sua capacidade de alargar direitos e, assim, tornar as instituições políticas mais permeáveis às suas demandas e, de outro, na face real do Estado, território no qual se pode problematizar concretamente o alcance e a eficácia de regulações institucionais e a conduta igualmente concreta dos atores políticos. Em síntese, uma governança democrática também requer elites comprometidas com tal propósito para que a prescrição democrática do Estatuto da Cidade se confirme como tal. A experiência recente e os dados disponíveis confirmam que formatos participativos dependem fundamentalmente da conduta dos atores institucionais.

A variável ideológica também tem poder explicativo, uma vez que governos alinhados a posições de esquerda têm se revelado mais propensos a incorporar padrões decisórios participativos e a instituir regras de expansão urbana mais apropriadas aos interesses dos 'de baixo' da pirâmide social. A propósito, inovações democráticas de maior alcance registradas no último período da democratização têm como protagonistas governos locais de esquerda (GOLDFRANK, 2007).

Apesar das limitações e particularidades dos diferentes modelos participativos, a experimentação recente é seguramente mais democrática. A tal observação não deve corresponder uma visão messiânica dos Planos Diretores, cujas prerrogativas não exprimem *ex ante* uma condução politicamente desejável. Em um futuro próximo estaremos em condições de proceder a um julgamento mais sólido. Por ora, a aplicação dos instrumentos do Estatuto da Cidade deve ser apreendida em sua dimensão processual, daí o caráter provisório de quaisquer juízos. A rigor, temos indicativos e não exatamente conclusões.

REFERÊNCIAS BIBLIOGRÁFICAS

ALMEIDA, M.H.T. & CARNEIRO, L.P. Liderança local, democracia e políticas públicas no Brasil. *Opinião Pública.* V. IX, nº 1. Campinas: CESOP/UNICAMP, 2003.

CYMBALISTA, R. Instrumentos de planejamento e gestão política urbana: um bom momento para uma avaliação. In: BUENO, L.M.M. & ______. (orgs.). *Planos Diretores:* novos conceitos de planejamento territorial. São Paulo: Annablume, 2007.

CALDEIRA T.P.R. & HOLSTON J. Estado e espaço urbano no Brasil: do planejamento modernista às intervenções democráticas. In: AVRITZER, L. (org.) *A Participação em São Paulo.* São Paulo: Ed. UNESP, 2004.

ESTATUTO DA CIDADE: Guia para implementação pelos municípios e cidadãos: Lei nº 10.257, de 10/7/2001, que estabelece diretrizes gerais da política urbana. 2. ed. Brasília: Câmara dos Deputados, Coordenação de Publicações, 2002.

GOLDFRANK, B. ¿De la ciudad a la nación? La democracia participativa y la izquierda latinoamericana. *Nueva Sociedad,* n. 212. Buenos Aires: FFNS, 2007.

GOULART, J.O. Estatuto da Cidade e Plano Diretor: a política faz diferença. *XXX Encuentro de la Red Nacional de Investigación Urbana.* Toluca, RNIU, 2007.

HIGA, C.V. *O Estatuto da Cidade e o processo participativo do Plano Diretor de Botucatu – 2005/2006.* Relatório de pesquisa de iniciação científica apresentado à Fapesp. Bauru: FAAC/UNESP, 2007.

HOUTZAGER, P.P.; LAVALLE, A.G.; ACHARYA, A. Atores da sociedade civil e atores políticos: participação nas novas políticas democráticas em São Paulo. In: AVRITZER, L. (org.). *A participação em São Paulo.* São Paulo Ed. UNESP, 2004.

LEME, H.C. *O Federalismo na Constituição de 1988:* representação política e a distribuição de recursos tributários. Dissertação (Mestrado) em Ciências Sociais – IFCH, Universidade Estadual de Campinas, 1992.

OLIVEIRA, F.A. *Crise, reforma e desordem do sistema tributário nacional.* Campinas: Ed. UNICAMP, 1995.

PILATTI, A. *A Constituinte de 1987-1988:* Progressistas, Conservadores, Ordem Econômica e Regras do Jogo. Rio de Janeiro: Lumen Juris/Ed. PUC-RJ, 2008.

SALLUM Jr., B. *Labirintos* – dos generais à Nova República. São Paulo: Hucitec, 1996.

SOUZA, C. Estado da arte da pesquisa em políticas públicas. In: HOCHMAN, G. & ARRETCHE, M. & MARQUES, E.C. (orgs.). *Políticas Públicas no Brasil.* Rio de Janeiro: Fiocruz, 2007.

______. Federalismo, desenho constitucional e instituições federativas no Brasil pós-1988. Curitiba: *Revista Sociologia e Política,* 24, 2005.

VILLAÇA, F. Uma contribuição para a história do planejamento urbano no Brasil. In: DEAK, C. & SCHIFFER, S.R. (orgs.). *O processo de urbanização do Brasil*. São Paulo: Edusp, 2004.

Angélica A. T. Benatti Alvim & Luiz Guilherme Rivera de Castro

Avaliação de políticas urbanas a partir do Estatuto da Cidade

Nos últimos anos, as temáticas da política urbana e gestão das cidades, no Brasil, têm ocupado um lugar de destaque no debate político, nas discussões acadêmicas, nas reivindicações dos movimentos sociais e nas ações que envolvem os órgãos públicos. Nesse contexto, o aprofundamento de questões relativas ao acompanhamento e à avaliação de políticas urbanas – métodos, procedimentos, critérios e instrumentos de avaliação – tem recebido relativamente pouca atenção. Tendo como pressuposto que em uma sociedade democrática os conflitos de interesse e as diferenças de opinião resolvem-se principalmente no terreno do poder político, o desenvolvimento de métodos e instrumentos de avaliação de políticas públicas – entre elas as políticas urbanas – tende a se fazer cada vez mais necessário, de modo a possibilitar a participação informada de parcelas cada vez maiores da população e ampliando a influência que pode ser exercida na tomada de decisões.

A intensa urbanização brasileira ocorrida principalmente a partir do início da década de 1960 faz emergir um conjunto de problemas, principalmente nos grandes centros urbanos, que se associam à ausência de políticas públicas urbanas, e de um processo efetivo de gestão das cidades.

O processo de urbanização do Brasil, considerado um dos mais rápidos e intensos do mundo, elevou ao mesmo tempo a demanda por empregos, por moradia e por serviços públicos nas cidades. Ainda no início da década de 1970, a população brasileira torna-se predominantemente urbana, sendo que 56% da população total passam a viver nas cidades, contra 45% em 1960, conforme os respectivos censos do IBGE. Em 2000, a urbanização atinge um patamar de 81% da população vivendo no meio urbano. Em números absolutos, a população residente em áreas urbanas passou de 32 milhões, em 1960, para cerca de 138 milhões de habitantes, em 2000.

A dificuldade de acesso à terra urbanizada por grande parte da população, devido principalmente ao seu alto custo e à ausência de políticas públicas, associa-se às carências de infraestrutura, particularmente saneamento básico e transportes, acentuando a condição de miséria dos centros urbanos, característica comum das grandes e médias cidades brasileiras. As extremas disparidades sociais encontram expressão no espaço urbano desigualmente desenvolvido e segregado.

Diante de um processo de crise urbana que se agrava sob inúmeros aspectos – incluindo os ambientais –, o enfrentamento dos graves problemas que atingem a população requer soluções que articulem planejamento urbano, gestão local e regional acopladas a intervenções e estratégias de curto, médio e longo prazo. Nesse quadro, as questões relativas à formulação, implementação e acompanhamento de políticas urbanas, de gestão e organização das cidades do território tendem a adquirir crescente importância.

Nas décadas de 1960 e 1970, planos diretores foram elaborados para inúmeras cidades de grande e médio porte, financiados pelo Serfhau (Serviço Federal de Habitação e Urbanismo), com a vinculação de repasses de recursos federais à existência de tais planos. Entretanto, a maioria destes planos permaneceu nas gavetas dos planejadores – sem efetividade, portanto (CYMBALISTA, CARDOSO, SANTORO, 2008).

A partir dos anos 1980, no interior do processo de redemocratização do país, é retomado o Movimento de Reforma Urbana, iniciado no período João Goulart (1963) e interrompido pós-1964 pelo regime militar. Durante a campanha de elaboração da nova Constituição Federal, o Movimento Nacional pela Reforma Urbana (MNRU) encaminha à Assembléia Constituinte uma emenda popular da reforma urbana contendo milhares de assinaturas. Como é de amplo conhecimento, tais reivindicações foram incorporadas à Constituição Federal, principalmente nos Artigos 182 e 183. Apenas em 2001, esses artigos foram regulamentados por meio da Lei Federal nº 10.257 – o Estatuto da Cidade –, que estabeleceu as diretrizes gerais para a política urbana a serem seguidas pelos municípios brasileiros.

Enfatizando a necessidade de avaliação de políticas públicas em bases democráticas, com ampla informação pública sobre os processos de decisão em "planos, programas e projetos de desenvolvimento urbano", este artigo discute os limites e perspectivas de implementação de processos de avaliação de políticas urbanas para os municípios brasileiros, a partir da institucionalização do novo quadro legal firmado pela Constituição Federal de 1988 e, principalmente, pelo Estatuto da Cidade, em 2001. A afirmação central deste trabalho é que os instrumentos de política urbana, para que possam ter acompanhamento e controle social efetivos de seu processo de implementação e de seus resultados, devem prever parâmetros, critérios, instrumentos e instâncias de avaliação definidos desde sua formulação.

Os argumentos aqui apresentados resultam de reflexões iniciadas no âmbito de um conjunto de pesquisas recentemente finalizadas[1], que tiveram por objetivo contribuir para a discussão e aprofundamento da avaliação de políticas urbanas e para o seu processo de formulação no contexto de implementação, no Brasil, de um processo de gestão urbana democrática e participativa.

POLÍTICAS URBANAS E AVALIAÇÃO COMO UM PROCESSO

De um modo geral, nos países de capitalismo central, a temática da avaliação de políticas públicas tem sido bastante explorada em diversas áreas do conhecimento ligadas à administração pública. No Brasil, embora seja uma área incipiente, a partir da década de 1980, o papel das agências internacionais de financiamento do desenvolvimento tem se destacado no sentido de exigir a implementação de processos de avaliação de projetos e programas, condicionando aportes financeiros solicitados à existência desses processos.

Estudos de avaliação de programas sociais[2] têm tido uma maior ênfase em alguns setores, em especial na saúde e na educação, os quais se constituem em importantes referências.

Dentro do universo das políticas públicas, as políticas urbanas são aquelas particularmente voltadas para os processos de produção, reprodução, transformação e apropriação do ambiente construído, incluindo as infraestruturas e estruturas físicas, os serviços e equipamentos urbanos, sua localização relativa no território e as práticas sociais aos quais se articulam e dos quais não podem ser separadas. A modalidade dos vínculos que nas ações do poder público são estabelecidos com os processos sociais, políticos, econômicos, culturais, nos quais o território urbanizado, a urbanizar

1 São as seguintes: "Políticas públicas e de planos de urbanismo na escala local intra-urbana: instrumentos e metodologias de avaliação e acompanhamento" e "Políticas Públicas e Planos de Urbanismo: elementos de avaliação" - desenvolvidas na Faculdade de Arquitetura e Urbanismo da Universidade Presbiteriana Mackenzie (São Paulo, Brasil) entre fevereiro de 2005 e novembro de 2007, que contaram com o apoio financeiro do Fundo Mackenzie de Pesquisa - MACKPESQUISA. Participaram delas os seguintes pesquisadores: Angélica A. T. Benatti Alvim (coordenadora); Daniel T. Montadonn, Gilda Collet Bruna, Luiz Guilherme Rivera de Castro; Marcelo de Mendonça Bernardini, Silvana Zioni, Volia Regina Costa Kato, além de estudantes de graduação e pós-graduação. As pesquisas vincularam-se a convênio estabelecido entre a Universidade Mackenzie e a Secretaria Municipal de Planejamento de São Paulo. Encontra-se em fase de edição o livro "Avaliação de Políticas Urbanas: contexto e desafios", que busca sistematizar os seus principais resultados.

2 De modo geral, no campo da avaliação de políticas públicas no Brasil, alguns autores são fundamentais para a compreensão da temática, dentre os quais se destacam Barros Silva (1999) e Ricardo Toledo Silva (2002).

ou a reurbanizar desempenha um papel central, constituem, portanto, o aspecto distintivo das políticas urbanas. Embora a dimensão espacial representada principalmente pela abrangência da escala de atuação seja um aspecto importante de toda política pública, as políticas urbanas se distinguem pelo fato de seus efeitos provocarem transformações na estruturação do ambiente construído (ALVIM et al 2006; 2007).

Como na avaliação das políticas públicas em geral, a avaliação da política urbana deve ser compreendida como processo que se estabelece com o objetivo de "compreender todas as dimensões e implicações da política avaliada", como afirmam Belloni, Magalhães e Souza (2000). Ou seja, não se trata apenas do exame comparativo entre o proposto e o alcançado, ou uma comparação entre objetivos e resultados, uma vez que esta é uma metodologia considerada insuficiente por não possibilitar a contextualização da atividade ou fato, seja no âmbito de sua formulação e implementação, seja de suas consequências e implicações.

É necessária a adequada explicitação dos parâmetros referenciais de avaliação, colocando-se como um dos aspectos centrais a ser considerado no processo de avaliação de políticas públicas urbanas diante do novo contexto institucional de formulação e implementação de políticas urbanas no Brasil. Isto pressupõe, portanto, que a legitimidade dessas políticas seja alcançada por meio do controle social efetivo de sua aplicação, implicando que o processo de avaliação e a própria capacidade de monitoramento devam ser construídos de modo compartilhado entre os agentes do poder público e os diversos grupos, categorias e classes sociais.

Em relação às políticas de educação, Belloni; Magalhães e Souza (2000) afirmam que dois conjuntos de parâmetros conceituais dão base à construção de um modelo de avaliação no Brasil: um primeiro enfoque pauta-se pela concepção pragmática e utilitarista, na qual a educação deve se adequar a uma visão economicista, como formadora de mão-de-obra definida pelo mercado de trabalho, omitindo, assim, a complexidade existente nas relações estabelecidas entre o âmbito educativo e os sistemas produtivos; outro enfoque pauta-se pela concepção de sociedade voltada para a justiça e igualdade, construída a partir da reflexão e da crítica às propostas vigentes, buscando superar os desafios apresentados pelos processos econômicos, e formular uma proposta pedagógica que trate articuladamente os setores envolvidos – no processo formativo e da organização do trabalho. Transferindo esse quadro para análises e avaliações de políticas urbanas, teríamos uma abordagem pragmática e economicista de perfil tecnocrático – juízos emitidos por técnicos-especialistas – contraposta a uma abordagem preocupada com a justiça social e o direito à cidade.

No Brasil, as políticas urbanas instituídas a partir da Constituição Federal de 1988 têm coexistido com problemas de naturezas diversas em relação aos seus atributos e à incorporação efetiva de perspectivas e processos de acompanhamento e avaliação com respeito à concepção, formulação, aos resultados e aos meios e instrumentos utilizados no processo como um todo. Sendo assim, a avaliação de políticas urbanas adquire relevância, uma vez que ela se reafirma como um importante instrumento de conhecimento sobre a realidade, campo de disputas políticas, avanço democrático e controle social, e instrumento técnico de intervenção e de atuação profissional – nas esferas de governo e administração pública (ALVIM et al, 2006; 2007; ZIONI et al, 2007).

Emergem dessa contraposição questões de grande importância, tanto para a formulação de políticas urbanas como para a construção de processos de avaliação a estas dirigidos. Trata-se de estabelecer e identificar o seguinte: os sujeitos que põem em movimento o processo de avaliação e, ao mesmo tempo, as finalidades gerais e específicas da avaliação, os modos de operação e os instrumentos a utilizar, além dos intervalos de tempo em que o processo será realizado. A definição de relações sujeito/objeto no processo de avaliação não acontece de modo abstrato, mas dentro de um conjunto concreto de relações em um tempo histórico definido e em uma formação social particular. Processos e metodologias de avaliação de políticas públicas exigem, para serem efetivamente compreendidos, a sua articulação a um quadro de referências mais amplo, que possibilite a explicação de seu desenvolvimento e de sua gênese – incluindo aspectos econômicos, culturais, políticos, jurídicos e institucionais –, sem subestimação das especificidades e necessidades técnicas.

Desse modo, a avaliação de uma política urbana implica a análise de diferentes aspectos da política a ser avaliada, os quais aparecem com níveis e intensidades distintos em cada fase desse processo: antes, durante e depois de sua implementação. Trata-se, portanto, de compreender todas as dimensões e implicações dessas fases, contextualizando cada uma, entendendo as implicações decorrentes que a envolvem.

A avaliação de política pública em geral, e de urbana de modo específico, pode envolver diferentes metodologias, quantitativas e ou qualitativas, ou análise de conteúdo. A análise qualitativa é parte fundamental do processo de avaliação da política urbana, uma vez que implica procedimentos relacionados à observação dos fatos que associam o contexto sociopolítico às intenções. Os processos de avaliação qualitativa das políticas urbanas demandam compreensão do objeto de estudo em suas dimensões conceitual, e sociopolítico oferecendo uma compreensão profunda de certos fenômenos e enfatizando suas especificidades.

Sendo assim, a discussão do conteúdo do documento que a expressa – plano, programa ou projeto urbanístico – vem se constituindo em parte importante do processo de avaliação. Ou seja, a avaliação do documento que expressa o discurso formal da política em si (produto) é fundamental, segundo Belloni, Magalhães e Souza (2000), para identificar o encadeamento sociopolítico e econômico das propostas e de suas estratégias de implementação, em face dos objetivos explicitados. Trata-se de contribuir para o esclarecimento do texto escrito e seu discurso ideológico em sua relação às políticas preconizadas, buscando esclarecer os significados e implicações das proposições implícitas às diretrizes, estratégias e ações propostas no âmbito da política examinada. Trata-se de um processo sistemático envolvendo múltiplas observações, não sendo aceitável uma única observação no tempo ou um único instrumento de avaliação. Envolve, portanto, a utilização de instrumentos e critérios transparentes coerentes com a política que se pretende implementar.[3]

Para Cardoso (2004), é possível avaliar uma política urbana por meio de diversas modalidades, sendo que todas podem ser consideradas corretas e não se excluem mutuamente. Partindo dos objetivos que a própria política estabelece, pode-se verificar sua eficácia - se os objetivos foram ou não atingidos -, e mesmo sua eficiência - se os meios utilizados foram os mais adequados e os mais 'econômicos' em relação aos objetivos (análise custo/benefício) -, ou sua efetividade - se a população foi ou não atendida (avaliação quantitativa) e/ou em que grau de satisfação (qualitativa). Segundo este autor, a avaliação de processos e resultados também são avaliações que podem ser feitas; entretanto, ele alerta que nem sempre bons resultados expressam bons processos ou vice-versa.

Enfatiza também o autor que, seja qual for a modalidade de avaliação adotada, é necessário explicitar os elementos fundamentais que devem ser definidos no âmbito da política pública, os quais dependem principalmente de informações precisas que envolvam tanto os seus objetivos como os seus resultados. Nesse sentido, a expressão clara da política, ao ser formulada, deve ser dada pela elucidação do conjunto de suas finalidades, objetivos, metas e diretrizes, recursos - técnicos, financeiros, institucionais e administrativos - que, juntos e articulados, irão orientar o processo de implementação da própria política.

Neste contexto, observam-se frequentemente dificuldades na obtenção de informações, seja por problemas relacionados à concepção da política, que muitas vezes não deixa claro os diversos elementos e suas inter-relações, seja por problemas de acessibilidade às informações. As dificuldades encontradas em geral associam-se à não-disponibilização de dados pelos órgãos responsáveis, "seja porque precisar as informações requer

3 Para o aprofundamento desta discussão, consultar Alvim et al (2006); Alvim et al (2007).

uma exposição que nem sempre é conveniente politicamente", seja porque "a manipulação de dados ainda tem sido uma constante na prática política", pois estas tendem a se transformar em "peças de marketing político" (CARDOSO, 2004, p.13).

POLÍTICAS URBANAS E PLANOS DE URBANISMO

As políticas urbanas local-municipais podem ser diferenciadas com base nos vínculos com a produção do chamado meio físico ou, de modo mais preciso, com a produção, regulamentação, apropriação e consumo do ambiente construído e do espaço urbano. A expressão 'ambiente construído' é empregada com frequência nas disciplinas que tratam da cidade, particularmente no planejamento urbano, ressaltando a ideia de que ambiente físico no qual os seres humanos vivem e atuam é produzido segundo intenções e finalidades definidas, em oposição ao ambiente em geral, não-construído, principal característica do mundo natural. Assim, dele fazem parte as estruturas construídas edifícios e infraestruturas, bem como o solo transformado.

Para Moraes (apud ZIONI et al, 2007), políticas territoriais de Estado – como são as políticas públicas urbanas – também são revelações de ideologias geográficas, tanto quanto a percepção e consciência que os diferentes atores e grupos sociais têm do espaço que ocupam e com o qual se relacionam. Ou seja, as transformações socioespaciais produzidas no território são revelações dessa consciência e dessa identificação com o espaço.

As políticas urbanas têm uma dimensão político-territorial evidente: a extensão das unidades administrativas, particularmente o município, embora algumas políticas urbanas possuam vínculos com o estado e a União. O vínculo comum a todas elas é a localização – com exceção daquelas que abrangem toda a extensão do território administrativo, e para as quais, portanto, a localização é indiferente, pois o vínculo territorial nesses casos é genérico. Algumas dessas políticas desempenharão um papel secundário em relação à produção do espaço, residindo sua importância principalmente em decisões de localização de equipamentos e de postos de prestação de serviços. Outras desempenharão papel estruturador nos processos de produção e transformação do ambiente construído.

As políticas urbanas que potencialmente desempenhariam funções de caráter mais estrutural e estruturante em relação ao ambiente construído, podendo tanto articular como ser articuladas em planos de urbanismo ou projetos urbanos, são aquelas em que predominam os atributos relativos à produção do espaço urbano, entre elas habitação, meio ambiente e saneamento ambiental, parcelamento, uso e ocupação do solo, transportes coletivos e sistema viário, obras públicas e infraestruturas (sistema viário, drenagem, iluminação pública, água e esgoto, coleta de resíduos sólidos, comunicações, etc.). Pode-se afirmar que planos municipais de urbanismo constituem-se como planos vinculados a políticas urbanas de produção ou transformação do ambiente construído, que podem articular e geralmente articulam diretrizes setoriais diversas em um conjunto de programas, projetos e ações concretas, voltados para o atendimento de demandas sociais. Do nível mais abstrato das diretrizes que traduzem intenções em relação às práticas e demandas sociais para o para nível mais concreto do atendimento a essas demandas, ou seja, o nível da produção de efeitos, tem-se a sequência: POLÍTICAS →PLANOS → PROJETOS/PROGRAMAS → AÇÕES CONCRETAS → EFEITOS.

As ações concretas resultantes dos planos de urbanismo podem ser 'produção de processos' (de participação, de aprovação, de procedimentos); 'produção de fatos' (eventos, conjunto de eventos encadeados, etc.), 'produção de objetos materiais' (obras, objetos, etc.). Os efeitos são os múltiplos resultados, intencionais e não intencionais, previstos e não previstos, desejados e não desejados dessas ações.

POLÍTICA URBANA NO BRASIL E OS DESAFIOS DE IMPLEMENTAÇÃO DE UM PROCESSO DE AVALIAÇÃO

Como já observado, ao definir os pressupostos de formulação e implementação da política urbana, a Constituição de 1988 teve como base o fortalecimento do nível local por meio da promoção da descentralização municipal. Ela reforçou o movimento municipalista que já havia no Brasil, quando define o município como um dos entes federativos conjuntamente com o estado e a União, que deve reger-se por uma Lei Orgânica própria e ter sua autonomia ampliada política, administrativa e financeiramente. O Artigo 30 da Constituição definiu competências e responsabilidades do município, expressando o que Carvalho (2000) chamou de municipalização das políticas sociais, caracterizando um processo de descentralização governamental. Ao mesmo tempo, a Carta constitucional amplia a competência dos municípios, definindo a instância municipal de poder político como a principal responsável pela formulação e implementação das políticas urbanas, dando-lhes maior autonomia política, fiscal e financeira, ampliando também seu campo de ação sinalizando um processo de descentralização político-administrativa. Os municípios passaram a ter "competências exclusivas na organização e na prestação dos serviços de transportes coletivos, na educação pré-escolar, no ensino fundamental e na organização territorial" (COMPANS, 2005, p. 180).

Em seus artigos 182 e 183, foram definidas as diretrizes básicas para a política urbana brasileira. No primeiro, afirma-se a obrigatoriedade de instituição de planos diretores para os municípios com mais de 20.000 habitantes, estabelecendo que a função social das propriedades urbanas fosse definida por meio desses planos, definindo também os instrumentos penais para o não-cumprimento da função social da propriedade: parcelamento ou edificação compulsórios, IPTU progressivo no tempo e desapropriação com títulos da dívida pública resgatáveis em até dez anos. O Artigo 183 estabelece a usucapião urbana para áreas urbanas com até 250 metros quadrados de área.

Ao eleger o plano diretor municipal como o principal instrumento de orientação do desenvolvimento urbano, impõe-se a este instrumento a responsabilidade de corrigir distorções relacionadas à precária urbanização e reorientar o rumo das cidades brasileiras.

Em 2003, com a criação do Ministério das Cidades, a questão urbana passa a ser agenda prioritária de um organismo de instância federal, e o processo de planejamento urbano passa a ser reconhecido, ao menos formalmente, como instrumento fundamental de orientação do desenvolvimento econômico, social e territorial.

A obrigatoriedade do plano diretor, de acordo com a Constituição Federal, estende-se com o Estatuto da Cidade, para outras categorias de cidade, particularmente as que se localizam em áreas metropolitanas, aglomeração urbana, cidades turísticas, entre outras, independentemente, neste caso, do tamanho de sua população.

Entre as importantes disposições do Estatuto da Cidade incluem-se aquelas que buscam democratizar o processo de gestão das cidades brasileiras. Em seu artigo 43, os instrumentos definidos como fundamentais para a garantia de uma gestão democrática da cidade são: os órgãos colegiados de política urbana, nos níveis nacional, estadual e municipal; os debates, audiências e consultas públicas; as conferências sobre assuntos de interesse urbano, nos níveis nacional, estadual e municipal; a iniciativa popular de projeto de lei e de planos, programas e projetos de desenvolvimento urbano.

A participação popular no processo de elaboração dos planos diretores municipais procura articular os diversos setores da sociedade e instituições público-privadas, podendo contribuir para criação de melhores condições de acesso à terra e à moradia, e promoção de políticas sociais inclusivas. Cabe dizer que a gestão democrática das cidades pressupõe uma ampla participação popular como princípio norteador de um processo que visa a garantir a eficácia social da Constituição e de sua legislação regulamentadora.

Com o prazo de cinco anos[4] após a aprovação do Estatuto da Cidade, o plano diretor, instrumento básico da política de desenvolvimento e expansão urbana (artigo 40), deveria ser aprovado como lei para todos os municípios brasileiros que estivessem enquadrados nas condições do Estatuto, sob pena de o prefeito incorrer em improbidade administrativa (artigo 41).

Como parte integrante do processo de planejamento municipal, ao qual o plano plurianual, as diretrizes orçamentárias e o orçamento anual devem incorporar as diretrizes e as prioridades contidas neste importante instrumento, a sua revisão periódica passa a ser obrigatória pelo menos a cada dez anos, devendo os poderes Legislativo e Executivo municipais garantir, durante o processo de sua elaboração e na fiscalização de sua implementação, a participação popular perante a promoção de audiências públicas e debates entre todas as instâncias de representatividade da sociedade civil. Ainda de acordo com o artigo 42, em seu inciso III, o plano diretor deverá conter um sistema de acompanhamento e controle, fato que pressupõe, por meio deste sistema, pretender-se garantir o acesso democrático a todo o processo de planejamento implementado a partir de então.

Com a obrigatoriedade estabelecida pelo Estatuto da Cidade para a implementação de uma nova política urbana, cria-se, a partir de 2001, uma enorme expectativa em grande parcela dos municípios brasileiros, que parte da crise urbana iria ser solucionada ou mesmo encaminhada por meio da elaboração de um novo plano diretor, participativo e democrático, e um conjunto de instrumentos urbanísticos voltados à indução do desenvolvimento urbano, à regularização fundiária, ao financiamento das políticas urbanas e à democratização da gestão das cidades.

Eficiência, eficácia e efetividade em relação aos objetivos e resultados dos instrumentos definidos no âmbito do Estatuto da Cidade pressupõem a implementação de um processo de avaliação e um monitoramento contínuo que envolvem os seguintes aspectos: o conceito que os orienta, seus objetivos e seus requisitos de implementação.

Em relação à avaliação e acompanhamento dessas políticas, há nessa lei três breves menções: a gestão urbana democrática deve contar com a "participação da população e de associações representativas dos vários segmentos da comunidade na formulação, execução e acompanhamento de planos, programas e projetos de desenvolvimento urbano" (Art. 2°, II); os instrumentos urbanísticos que demandem utilização de recursos orçamentários "devem ser objeto de controle social" (Art. 4°, §3°); e, finalmente, o plano diretor deverá conter um "sistema de acompanhamento e controle"

4 De acordo com a Lei Federal nº 11 673/2008, em seu artigo 50, o prazo para os municípios aprovarem seus planos diretores estendeu-se para 30 de junho de 2008, sete anos após a aprovação do Estatuto da Cidade.

(Art. 42, III). Como pode ser visto, são diretivas muito amplas a partir das quais não podem ser inferidos o escopo e menos ainda os procedimentos operacionais concretos para acompanhamento, controle e avaliação de políticas urbanas.

Ao mesmo tempo, a incorporação formal de dispositivos legais do Estatuto da Cidade não garante em si que as possíveis redefinições econômicas, sociais e de desenvolvimento urbano sejam garantidas somente pela simples implementação de tais instrumentos (ALVIM et al, 2006). Para Martins (2003), tais dispositivos apenas abrem espaço para a manifestação da sociedade, mas podem se tornar inoperantes se não houver interlocutores constituídos e pressão social.

Cabe questionar: como determinar o grau de exequibilidade das diretrizes e propostas contidas nos novos instrumentos da política urbana em curso nos municípios brasileiros? Como os seus resultados serão aferidos? Quais serão os procedimentos para avaliação e acompanhamento destes instrumentos? O sistema de acompanhamento e controle previsto pelo Estatuto como parte integrante do processo de planejamento tem sido implementado? Qual é o real papel dos conselhos de representantes da sociedade civil? Quais os elementos que devem ser considerados em um processo de avaliação e acompanhamento de políticas urbanas?

Outros desafios que se impõem aos formuladores e gestores de políticas urbanas são as políticas que apresentam interfaces e implicações em âmbito metropolitano, cujos processos de avaliação devem ser realizados de modo integrado. Isso se torna mais crítico em municípios situados em áreas metropolitanas, uma vez que os conflitos intermunicipais e os problemas comuns são mais evidentes, e o planejamento na esfera metropolitana é praticamente inexistente[5], exigindo uma atuação negociada caso a caso. A elaboração do conjunto de planos diretores formulados para atender à exigência federal, sem articulação na esfera regional, implica necessidade de negociação compartilhada entre os municípios.

Para Davanzo e Negreiros (2008), os principais limites que se apresentam no planejamento e na gestão das áreas metropolitanas do país, e consequentemente à avaliação de tais políticas, são: a fragmentação governamental, uma vez que o Brasil é um país federativo e a gestão metropolitana diz respeito à interface de dois ou mesmo três níveis de governo; à atuação setorial dos organismos púbicos isolados, a decorrente autonomia política e fiscal dos municípios, reforçada pelo municipalismo que o incen-

5 A Constituição Federal delegou aos estados o poder de instituir unidades regionais – regiões metropolitanas, aglomerações urbanas e microrregiões –, e consequentemente implementar o plano metropolitano, competência esta que foi contemplada nas diversas constituições estaduais.

tiva a adotar uma visão cada vez mais localista, principalmente no que se refere ao trato dos problemas comuns no âmbito de uma área metropolitana; a dispersão da atuação das agências setoriais responsáveis pelo planejamento e execução de atribuições que dizem respeito à esfera das chamadas funções públicas de interesse comum, e a demanda de recursos financeiros de forma cooperada no âmbito de todos os níveis de governo, que possam dar suporte à solução dos problemas metropolitanos.

Estas e outras questões demandam uma abordagem processual e necessitam ser consideradas e trabalhadas em todos os níveis e modalidades do processo de planejamento urbano que se instalou no Brasil a partir da Constituição Federal de 1988, e especificamente pós-Estatuto da Cidade, para que de fato a realidade possa ser transformada.

Ou seja, compreender o Estatuto da Cidade vai além de conhecer os instrumentos que ele apresenta e inova, mas inclui também considerar o que pode ser implementado a partir de suas disposições como política urbana para o conjunto do país e para cada cidade em sua especificidade, de modo participativo e descentralizado (MARTINS, 2003). Trata-se, portanto, não apenas de uma construção de sentido para os instrumentos previstos, mas a construção de sua eficácia e efetividade.

CONSIDERAÇÕES FINAIS

O tema da avaliação das políticas urbanas se faz em torno de questões com importância para a gestão urbana no contexto atual de um Brasil eminentemente urbano. Processos de avaliação e acompanhamento sistemáticos de ações urbanísticas – estruturados em torno dos conceitos de eficácia, eficiência e efetividade – podem contribuir para a construção de ambientes urbanos mais equilibrados e justos. Nesses termos, a avaliação da política urbana envolve "definição dos pressupostos que permitem orientar as escolhas dos aspectos a serem objeto de avaliação e também a definição dos critérios e parâmetros que possam medir o grau de sucesso ou fracasso das ações avaliadas" (CARDOSO, 2004, p.11). Entretanto, este mesmo autor assevera que não significa apenas conferir 'notas' – a identificação dos processos que levaram aos sucessos ou aos fracassos deve ser incorporada ao ato de avaliar.

Portanto, avaliar significa compreender de forma contextualizada a política a ser avaliada, não envolvendo, portanto, apenas uma visão diagnóstica entre o proposto e os resultados, entre o existente e o alcançado. É fundamental que se compreenda o processo histórico e o contexto sociopolítico e econômico, as intenções contidas no discurso ideológico, as possibilidades de sua real efetividade e a retroalimentação do processo.

A compreensão do contexto histórico em que se insere a política urbana brasileira, principalmente a partir de 1988, com a Constituição Federal que promove a redemocratização, a descentralização político-administrativa, bem como introduz conceitos fundamentais como o direito à cidade e a função social da propriedade e da cidade, deve estar no cerne da implementação de um sistema de avaliação e de acompanhamento como parte do processo de planejamento urbano que se instala no Brasil. Emerge, portanto, a necessidade de situar se estão explícitos os parâmetros que norteiam sua concepção, os quais se encontram no âmbito do próprio Estatuto da Cidade, principalmente implícito no conceito de justiça social e de propriedade urbana.

O processo de planejamento urbano não pode ser meramente indicativo; ao contrário, tem um caráter vinculante, tanto da administração pública como do setor privado, tendo em vista a obrigatoriedade de a propriedade urbana - pública ou privada - cumprir sua função social. Sem uma efetiva implementação deste como parte de um processo contínuo, não passará de um mero instrumento formal, cuja necessidade de revisão periódica perde o sentido.

Para Villaça (2005), o plano diretor deve ser autoaplicável. Embora os planos diretores possam vir a incorporar objetivos, diretrizes fundamentais ao desenvolvimento da cidade, muitos dos quais advindos de reivindicações da sociedade civil, a não-regulamentação de grande parte dos instrumentos, principalmente aqueles considerados inovadores, coloca em risco a efetividade destas propostas. Isso pressupõe também que para ser efetivo deve haver, por um lado, uma subordinação dos investimentos públicos necessários à viabilização de suas políticas e ações, e, por outro, um acompanhamento da formulação do orçamento municipal, sua aprovação nas Câmaras e Assembleias e a realização orçamentária (MARICATO, 2005). Ou seja, trata-se de definir quais são os recursos que serão direcionados para a implementação das ações previstas no âmbito do plano diretor e seus decorrentes instrumentos urbanísticos.

Finalmente, a implementação do plano diretor vigente é uma obrigação do poder público. Embora as suas determinações vinculem-se aos entes públicos municipais, os demais níveis também são parte deste processo, o que pressupõe, em muitos casos, uma responsabilidade de atuação compartilhada por diversas instâncias de governo no território municipal e regional. Neste contexto, observa-se que o sistema de acompanhamento exigido pelo Estatuto da Cidade vai além de publicizar indicadores e políticas de caráter municipal. Deve também incorporar questões que envolvem problemas comuns, intermunicipais, que afetam o município e a região onde se insere.

Por fim, a implementação de processos de avaliação e acompanhamento sistemáticos de ações urbanísticas – estruturados em torno dos conceitos de eficácia, eficiência e efetividade – podem contribuir para o sucesso das políticas urbanas em construção no Brasil, e consequentemente à construção de ambientes urbanos socialmente mais justos, democráticos e sustentáveis.

REFERÊNCIAS BIBLIOGRÁFICAS

ALVIM, A. A. T. B. et al. Políticas públicas e planos de urbanismo na escala local intra-urbana: instrumentos e metodologias de avaliação e acompanhamento. Relatório final de pesquisa. Fundo Mackenzie de Pesquisa – Mackpesquisa, 2006.

______. Políticas públicas e planos de urbanismo: elementos de avaliação. Relatório final de pesquisa. Fundo Mackenzie de Pesquisa – Mackpesquisa, 2007.

BELLONI, I.; MAGALHÃES, H. de; SOUZA, L. C. de. Metodologia de avaliação em políticas públicas: uma experiência em educação profissional. São Paulo: Cortez, 2000. *Questões da nossa época*, v. 75.

BARROS SILVA, P. L. (coord.). *Modelo de avaliação de programas sociais prioritários*. Relatório final. Programa de Apoio à Gestão Social no Brasil. Subcomponente: Desenho e implantação de estratégia de avaliação. Campinas, Nepp-Unicamp, 1999. Disponível em: <http://www.opas.org.br/servico/arquivos/Sala5407.pdf>. Acesso em: 13 dez. 2005.

BRASIL. Câmara dos Deputados. Centro de Documentação e Informação – CEDI; Instituto Pólis. *Estatuto da Cidade*: guia para implementação pelos municípios e cidadãos. Brasília: Câmara dos Deputados, Centro de Documentação e Informação – Cedi, Coordenação de Publicações – Codep, 2001. Disponível em: <http://federativo.bndes.gov.br/bf_bancos/estudos/e0001942.pdf>. Acesso em: 3 jun. 2002.

______. Constituição (1988). *Constituição da República Federativa do Brasil*: promulgada em 5 de outubro de 1988 e atualizada até a Emenda Constitucional n. 48, de 10 de agosto de 2005. Brasília: Casa Civil, Subchefia para Assuntos Jurídicos. Disponível em: <http://www.presidencia. gov.br>. Acesso em: 2 fev. 2006.

BARROS SILVA, P. L. (coord.). *Modelo de avaliação de programas sociais prioritários*. Relatório final. Programa de Apoio à Gestão Social no Brasil. Subcomponente: Desenho e implantação de estratégia de avaliação. Campinas, Nepp-Unicamp, 1999. Disponível em: <http://www.opas.org.br/servico/arquivos/Sala5407.pdf>. Acesso em: 13 dez. 2005.

CAMPOS, J. R. B. *Política Urbana no Brasil*. Consultoria Legislativa, Brasília: Câmara dos Deputados, 2000. Disponível em Consultoria Legislativa, 17 de maio de 2000. Acesso em 20 nov. 2008.

CARDOSO, A. L. *Balanço da política municipal de habitação 2001-2003*. São Paulo: Instituto Pólis/PUC-SP, 2004. (Observatório dos Direitos do Cidadão: acompanhamento e análise das políticas públicas da cidade de São Paulo, 21).

CARVALHO, A. W. B. de. *A descentralização formal:* o processo de descentralização pós Constituição Federal de 1988 nos municípios de pequeno porte demográfico da Zona da Mata de Minas Gerais, 2000. São Paulo, 2002. Tese (Doutorado em Arquitetura e Urbanismo) – Faculdade de Arquitetura e Urbanismo, Universidade de São Paulo.

COMPANS, R. *Empreendedorismo urbano*: entre o discurso e a prática. São Paulo: Unesp, 2005.

CYMBALISTA, R.; CARDOSO, P. M.; SANTORO, P. F. *Plano Diretor Participativo e o direito das mulheres à cidade*. São Paulo: Instituto Pólis, 2008. Disponível em: http://www.polis.org.br/utilitarios/editor2.0/UserFiles/File/genero%20renato%20cym.pdf. Acesso em 19 dez. 2008.

DAVANZO, A. M. Q.; NEGREIROS, R. *A gestão das regiões metropolitanas do interior paulista*: Região Metropolitana de Campinas e Região Metropolitana da Baixada Santista. Disponível em: <http://www.nepo.unicamp.br/textos_publish/livros/livro_vulnerabiliade/arquivos_links/arquivos/arquuivos/vulnerab_cap_9_pgs_255_274.pdf>. Acesso em 10 nov. 2008.

MARICATO, E. *O que esperar dos Planos Diretores*. In Rede Plano Diretor. Ministério das Cidades, 2005. Disponível em: <http://www.usp.br/fau/depprojeto/labhab/04textos/artgeral.htm>. Acesso em: 20 nov. 2007.

MARTINS, M. L. R. São Paulo: além do Plano Diretor. *Revista Estudos Avançados*. São Paulo, vol. 17, n. 47, 2003. pp. 167-186

MORAES, A. C. R. *Ideologias Geográficas*. Espaço, Cultura e Política no Brasil. São Paulo, Annablume, 2005, p. 44-45.

SILVA, R. T. *Eficiência e eficácia da ação governamental:* uma análise comparativa de sistemas de avaliação. Relatório Técnico. Cooperação Técnica BID – IPEA Fortalecimento da Função Avaliação nos Países da América do Sul. IPEA. Brasília, 2002.

______. Estado, políticas públicas e universidade. *Revista de Cultura e Extensão*, São Paulo: USP, n. 0, jul.-dez. 2005. Disponível em: <http://www.usp.br/prc/revista/dossie2.html>. Acesso em: 5 dez. 2005.

VILLAÇA, F. *A ilusão do Plano Diretor.* Laboratório de Habitação e Assentamentos Humanos – FAUUSP. Publicações e Artigos. Disponível em: <http//www.usp.br/fau/depprojeto/labhab/a_ilusao_do_pd_villaca.pdf>. 2005. Acesso em: 20 jun. 2007.

ZIONI, S. et al. A questão das escalas na avaliação de políticas públicas urbanas. In: XII Encontro da Associação Nacional de Pós-Graduação e Pesquisa em Planejamento Urbano e Regional, 2007, Belém. *Anais*. Belém: Anpur, 2007. CD-ROM.

Othon Jambeiro

A comunicação na Constituição de 1988

Este texto focaliza a comunicação no Brasil sob o ponto de vista da base constitucional de sua regulação. Nele se argumenta que, consideradas as constituições brasileiras do século XX, somente a Constituição de 1988 apresenta alterações substanciais relativas a este setor econômico-cultural. As continuidades são mais evidentes, destacando-se, dentre elas, a centralização do processo de outorga de canais de rádio e TV no Poder Executivo, com revisão do Legislativo, sem audiência de qualquer organismo social democraticamente constituído.

Para que melhor se compreenda a evolução constitucional do Brasil, com referência à Comunicação faz-se uma revisão das constituições brasileiras do século XX: a Constituição de 1934, que no curso da Revolução de 1930 institucionalizou a Segunda República; a Constituição de 1937, que legalizou o Estado Novo e a ditadura de Getúlio Vargas; a Constituição de 1946, que restaurou a democracia, após o final da II Guerra Mundial e a deposição de Vargas; a Constituição de 1967, que institucionalizou um regime fortemente dirigido pelos militares; e, finalmente, a Constituição de 1988, que consolidou a redemocratização do país, após 20 anos de regime militar e quatro de um governo civil de transição[1].

A análise histórica aqui feita busca, a rigor, pela reconstituição do tratamento que as constituições brasileiras dão à mídia: compreender, 20 anos depois de elaborada, a Constituição de 1988, seu processo constituinte e, particularmente, as bases constitucionais que estabeleceu para a Comunicação. No conjunto, os dados demonstram que os dispositivos constitucio-

1 As fontes principais utilizadas neste texto são Jambeiro (2000; 2001).

nais, relativos ao tema em análise, expressam mais fortemente o pensamento conservador, largamente predominante na Constituinte. Alguns avanços foram conseguidos, em bases sociais-democratas, mas quase todos se tornaram letra-morta. Exemplo marcante disso é o Conselho de Comunicação Social – ativado apenas 14 anos depois (!), em junho de 2002, e desativado em 2006 (!) –, cuja criação, com nome, poder e finalidades completamente distintas da proposta original[2], desde o início se caracterizou como uma falsa vitória das chamadas forças progressistas na Constituinte.

A CONSTITUIÇÃO DE 1934: A REVOLUÇÃO RENDE-SE À LEGALIDADE

Com o advento do século XX e as mudanças ocorridas na base socioeconômica nacional, uma nova mentalidade se expandiu nos meios urbanos. A insatisfação com o modelo de Estado vigente levou à Revolução de 1930. Inaugurou-se, então, uma nova concepção de Estado, que passou a ser visto não mais apenas como um simples mediador dos 'indivíduos livres', como advogava o liberalismo clássico, mas também como um Estado interventor e planejador, responsável pela promoção do 'bem comum'.

A Constituição de 1934 foi o primeiro 'contrato' deste novo Estado, sendo, portanto, um marco de capital importância na história política e constitucional brasileira. Não que tenha fugido dos princípios liberais, aos quais se submeteu, mas sim porque admitiu a convivência desses princípios com concepções menos individualistas e mais sociais e com um regulado, porém efetivo, intervencionismo do Estado na gestão da sociedade.

A Revolução de 1930 foi um movimento de jovens oficiais das forças armadas e setores urbanos emergentes, e constituiu-se como um rompimento com o modelo político e econômico até então hegemônico. Combatendo claramente a política do 'café-com-leite' e a chamada Política dos Governadores[3], os revolucionários propuseram e implementaram uma plataforma de modernização do país e o incentivo à sua industrialização.

Ao assumir o poder, Getúlio Vargas, o líder inconteste da Revolução, buscando implementar as mudanças prometidas, iniciou uma 'limpeza' geral na política, indicando interventores nos estados para substituir os governadores eleitos pelo velho regime. Atuando sem base jurídica legal, uma vez que

2 Originalmente propôs-se à Assembleia Constituinte a criação de um Conselho Nacional de Comunicação, com poderes deliberativos, tendo como finalidade rever as concessões de rádio e TV já feitas, estabelecer novas normas e obrigações para os concessionários e futuros concessionários, inclusive em termos de renovação das licenças, e fiscalizar o cumprimento dos contratos. O Conselho de Comunicação Social é apenas consultivo e tem como finalidade principal emitir pareceres, quando solicitado – e somente quando solicitado – para apreciação pelo Congresso Nacional.

3 Aliança política entre os governadores dos principais estados brasileiros, que garantiam favores do governo federal para os governadores alinhados, em troca do apoio político destes nas eleições.

a Constituição de 1891 foi desconsiderada pelos revolucionários, o governo provisório logo provocou forte oposição, particularmente pelas elites cafeeiras que, embora alijadas do poder, permaneciam politicamente ativas.

A oposição, explorando a insatisfação popular com a nomeação de interventores 'forasteiros' para vários estados, conseguiu detonar um Movimento Constitucionalista, que tomou corpo inicialmente em São Paulo, assumindo ali um caráter revolucionário. Embora os interesses políticos regionais e econômicos fossem os principais motivos para as elites patrocinarem a empreitada revolucionária, a grande maioria da população envolvida no combate era movida por ideais democráticos e legalistas. O movimento foi, contudo, sufocado pelo governo provisório, antes mesmo que pudesse ultrapassar os limites do estado de São Paulo. Mas, embora militarmente vitorioso, Vargas amargou uma grande derrota ao ter de convocar, logo em seguida, eleições para uma Assembleia Constituinte. Os paulistas tinham, assim, a vitória política que tanto desejavam.

Mesmo com grande representação entre os constituintes, o governo não conseguiu evitar o clima de desconfiança política com o governo provisório, fortalecida pelos acontecimentos da Revolução Constitucionalista e obviamente pelos resquícios da Republica Velha, com sua grande máquina de eleger os representantes das elites. Não tendo uma correlação de forças favorável, os representantes do governo provisório tiveram que aceitar várias exclusões no anteprojeto da Constituição escrito pelos assessores de Vargas, ficando para trás as propostas verdadeiramente revolucionárias, que estavam no programa do movimento de 1930.

Ao final, o texto constitucional manteve um controle bastante grande, como era desejo da burocracia estatal pró-Vargas, sobre a sociedade e, em particular, a economia. Sobre a Comunicação, a nova Constituição estabeleceu que a exploração dos serviços de radiocomunicação (Art. 5º, VIII) era de privativa competência da União, podendo o governo fazer concessão daqueles serviços a terceiros, tendo os estados preferência para explorá-los (Art. 5º, VIII, § 2º). As regras para as concessões seriam de competência da União, não impedindo isso que os estados pudessem legislar sobre a matéria, desde que se restringissem a suprir as possíveis lacunas deixadas pela lei federal (Art. 5 º, VIII, § 3º, e Art. 7 º, III).

Quanto à liberdade de expressão, foi mantido o direito à inviolabilidade do sigilo da correspondência, assim como a livre manifestação do pensamento, exceto em espetáculos e diversões públicas. Ficou proibido o anonimato, assegurado o direito de resposta e a permissão para a publicação de livros e periódicos. Tudo isto, contudo, condicionado a que não se fizesse propaganda de guerra nem estímulos violentos para subverter a ordem social (Art. 113, § 8 e 9).

Numa preocupação que pode ser entendida tanto como reserva de mercado para a mão-de-obra nacional quanto como precaução contra influências 'colonialistas', a Constituição determinou que o controle das empresas jornalísticas, ou de caráter noticioso (Art. 131), assim como sua administração (Art. 136), ficassem nas mãos de brasileiros natos e com residência no país. Somente estes poderiam exercer "a responsabilidade principal e a de orientação intelectual ou administrativa da imprensa política ou noticiosa" (Art. 131). Previa também que haveria uma lei orgânica de imprensa, que estabeleceria regras relativas ao trabalho dos redatores, operários e demais empregados, assegurando-lhes estabilidade, férias e aposentadoria. Além disso, o art. 135 determinava que fosse elaborada lei fixando percentagem mínima obrigatória de empregados de nacionalidade brasileira (Art. 135) nas empresas concessionárias de radiodifusão.

Aos parlamentares ficava negado o direito de serem diretores, proprietários ou sócios de concessionárias de radiodifusão, assim como de qualquer outra que tivesse contrato com a administração pública federal, estadual ou municipal.

No seu todo, a Constituição de 1934 implementou um realismo que ficou ausente na Constituição de 1891, fortalecendo o modelo de Estado interventor, desejado pelos revolucionários de 1930.

A CONSTITUIÇÃO DE 1937: NASCE O ESTADO NOVO

Promulgada a nova Constituição, o Congresso Nacional elegeu indiretamente Vargas para um mandado de quatro anos (1934-1938), fixando-se, desde então, que o próximo presidente seria eleito pelo voto direto da população. Decorridos três anos, tornou-se acirrada a guerra ideológica entre, de um lado, a Aliança Nacional Libertadora (ANL), movimento de esquerda, de orientação marxista, hegemonizado pelo PCB - Partido Comunista do Brasil, e, de outro, a Ação Integralista Brasileira (AIB), grupo de extrema direita, com forte inclinação nazi-fascista. Era um período de fortalecimento da esquerda em geral, com um grande crescimento do Partido Comunista, que pouco a pouco se tornou o principal grupo de oposição ao governo Vargas, contra o qual tentou um golpe de estado, em 1935 - a chamada Intentona Comunista.[4]

O governo estimulou, então, entre a população, o medo a uma suposta 'ameaça vermelha', e decretou Estado de Sítio[5]. Em seguida, com base

4 A Intentona Comunista foi uma tentativa de movimento insurrecional liderado pelo PCB, que acabou malograda e sem grande adesão, registrando-se ações em poucos lugares, entre eles Recife e Rio de Janeiro, todas rapidamente frustradas pelo Exército.

5 Lei política que dá total controle ao governo sobre a sociedade civil, fechando o Congresso e suspendendo direitos constitucionais.

num falso plano dos comunistas para implantar no Brasil uma sociedade socialista - Plano Cohen[6] - elaborado, na verdade, por seus auxiliares, Vargas deu, em aliança com o Exército, um golpe de Estado. Tornou sem efeito a Constituição de 1934 e outorgou outra, escrita a uma só mão[7], e com fortes conotações fascistas, quase uma cópia da Constituição Polonesa.[8] Nasce aí o autoproclamado Estado Novo, um regime ditatorial em que Vargas detém poder absoluto, o que se prolongaria até 1945.

A nova Constituição manteve a competência privativa da União sobre os serviços de Correios e sobre a exploração dos serviços de radiocomunicação e telégrafos (Art. 15, VI e VII), estes últimos continuando a poder ser concedidos a terceiros, como já previa a Constituição anterior. Também foi mantida a competência privativa da União para legislar sobre estes serviços, podendo os legislativos estaduais elaborar leis complementares, desde que não contraditórias com a lei federal e submetidas à aprovação de Vargas (Art. 16, 17 e 18). Manteve-se, igualmente, a proibição ao membro do Parlamento Federal de "exercer qualquer lugar de administração ou consulta ou ser proprietário ou sócio de empresa concessionária de serviço público" (Art. 44, c).

Quanto à censura, a Constituição repetiu a anterior, embora fechasse bem mais o cerco. Por exemplo, enquanto na Constituição de 1934 (Art. 113, § 8) a inviolabilidade da correspondência era garantida, na de 1937 era válida também para a inviolabilidade do domicílio, mas ambas passaram a ser relativas, uma vez que eram permitidas "exceções", expressas em lei (Art. 122, § 6). Da mesma forma, o direito à expressão do pensamento foi mantido, salvo prescrições de lei, como: garantia da paz, ordem e segurança nacional; defesa da moralidade pública, dos bons costumes e da infância e da juventude; proteção do interesse público, bem-estar do povo e segurança do Estado (Art. 122, § 15, "a", "b" e "c"). Ou seja, a censura era uma realidade não disfarçada na Constituição de 1937.

Ficou prevista a elaboração de lei especial para a imprensa, para a qual foram estabelecidos princípios, entre os quais o caráter público da função da imprensa, a publicação obrigatória de comunicados do governo, o direito gratuito de resposta, a proibição de anonimato, a pena de prisão para o diretor responsável pelos abusos e pecuniária para a empresa (Art. 145). Foram mantidos idênticos aos da Constituição de 1934 os artigos 146 (Idem ao Art. 136 da Constituição de 1934), que dizia respeito ao controle

6 Este nome era uma referência a um importante general comunista europeu, que ficou muito conhecido no Ocidente pelos seus métodos bastante severos na luta contra a os seus inimigos. O uso de seu nome foi uma clara tentativa de estimular o medo entre a população.

7 Foi escrita por Francisco Campos, à época acadêmico de Direito, posteriormente deputado e ministro da Justiça no Estado Novo.

8 Por este motivo, esta Constituição ficou conhecida como a Polaca.

administrativo das empresas concessionárias por brasileiros; e 153 (Idem ao Art. 135 da Constituição de 1934), que determinava porcentagem mínima de empregados brasileiros nos serviços explorados por concessão.

De um ponto de vista geral, a Constituição de 1937 repetia em muito a Constituição de 1934, pelo menos no que diz respeito à regulação da radiodifusão, embora apresente novidades quanto ao controle ideológico das empresas concessionárias. Na verdade, o regime ditatorial de Vargas – o Estado Novo – tentou manter uma aparência de regime constitucional, da mesma forma que, como veremos adiante, o fez a ditadura militar, com a Constituição 'promulgada' em 1967.

A CONSTITUIÇÃO DE 1946 RESTABELECE A DEMOCRACIA

Levado à renúncia, em 1945, após o fim da II Guerra Mundial, Vargas é substituído pelo general Eurico Gaspar Dutra, seu ex-ministro da Guerra, que convoca eleições para uma Assembleia Nacional Constituinte. Em clima de liberdade, mais de uma dezena de partidos políticos, inclusive o Partido Comunista, participam das eleições.

Dominada por liberais e representantes da tradicional oligarquia brasileira, a Constituinte identificou-se com as teorias de Keynes, dominantes então, que têm como principal pressuposto um liberalismo que permite e estimula a intervenção do Estado na gestão da sociedade, particularmente na economia.

A Constituição de 1946 reafirma o monopólio dos serviços de radiodifusão nas mãos da União, a ela atribuindo a exclusiva competência de explorar, diretamente ou mediante concessão, estes serviços[9]; e mantém a proibição de deputados e senadores terem qualquer tipo de relação com concessionárias de serviços públicos.

Numa demonstração de que o processo de democratização era limitado, estabeleceu-se que a manifestação do pensamento era livre, "sem que dependa de censura", salvo nos espetáculos e diversões públicas. Além disso, o pensamento 'livre' não podia fazer propaganda de guerra, de processos violentos para subverter a ordem política e social, ou de preconceitos de raça ou de classe. No mais, manteve-se a proibição ao anonimato, assegurou-se o direito de resposta e a não-necessidade de licença para publicação de livros e periódicos (Art. 141).

O controle das empresas de radiodifusão – que, aliás, aparece citada nominalmente pela primeira vez na história constitucional brasileira – tal

9 Art. 5º - Compete à União: [...] XII – explorar, diretamente ou mediante autorização ou concessão, os serviços de telégrafos, de radiocomunicação, de radiodifusão [...].

como havia sido estabelecido em 1931 pelo governo provisório de Vargas, permaneceu nas mãos de brasileiros natos, sendo vedadas ações ao portador e sociedades anônimas, cuja propriedade impede a identificação de responsabilidades individuais. As exceções continuavam a ser os partidos políticos, como, aliás, Vargas já houvera estabelecido.

Ao governo central ficava assegurado o direito de, durante o estado de sítio, suspender todas as garantias individuais, utilizar censura plena, e comandar diretamente as empresas concessionárias que realizassem serviço público, inclusive as emissoras de rádio.

Estes os principais dispositivos da Constituição de 1946, relacionados à Comunicação. Ela vai gerir a vida brasileira até 1967, quando é substituída por outra, embora desde 1964 importantes artigos seus tenham sido tornados sem efeito pelo regime autoproclamado 'revolucionário', que derrubou, neste último ano, por meios militares, o governo constitucional de João Goulart.

A CONSTITUIÇÃO DE 1967: CONSTITUCIONALIZANDO A DITADURA

A Constituição de 1946 vigorou dentro de uma conjuntura nacional de grandes movimentações políticas, em cinco governos democráticos distintos: Dutra, Vargas, Juscelino, Jânio Quadros e João Goulart. O primeiro e o terceiro, cumpridos por inteiro; os três outros, interrompidos: um pelo suicídio de Vargas, outro pela renúncia de Jânio e o outro pelo golpe de 1964, que estabeleceu uma ditadura militar por 20 anos.

O período é marcado pelo aparecimento de um novo veículo de comunicação de massa, a televisão, prevista pela legislação brasileira já em 1931.[10] No plano institucional, o Estado brasileiro sofre rude golpe militar, em 1964, que se prolonga até 1985. O país passa a ser marcado pelo autoritarismo, supressão dos direitos constitucionais, perseguição política, prisão e tortura dos opositores, e pela imposição da censura prévia aos meios de comunicação de massa. Em 1967, os militares impõem uma nova Constituição ao Congresso Nacional, a quinta do país, quarta da República e terceira do século XX. Ela traduziu a ordem estabelecida pelos militares golpistas de 1964 e institucionalizou a ditadura: incorporou o conteúdo dos Atos Institucionais emitidos pela 'Revolução'; aumentou o poder do Executivo, que passou a ter a iniciativa de projetos de emenda constitucional; e reduziu os poderes do Congresso. Para complementar, fora do âmbito constitucional, o novo regime institui novas leis de Imprensa e de Segurança Nacional.

Comparada com a de 1946, a nova Constituição pouco altera os dispositivos relacionados à Comunicação. Assim, por exemplo, explorar ser-

10 Decreto nº 20.047, de 27 de maio de 1931, regulamentado pelo Decreto nº 21.111, de 1º de março de 1932.

viços de radiodifusão, diretamente ou mediante autorização ou concessão, continua sendo competência exclusiva da União. Em relação à liberdade de expressão, a Constituição de 1967 demonstra como o texto constitucional reflete a situação política: no inciso relacionado ao tema[11], essa liberdade é limitada por um condicionante: o respeito à ordem, aos bons costumes, à moral, condicionante este que fica a juízo do governo, a quem cabe conceituar ordem, bons costumes e moral.

A União foi autorizada a organizar e manter a Polícia Federal, incluindo entre suas finalidades "fazer a censura de diversões públicas". Ao Conselho de Segurança Nacional foi dada a competência para autorizar, em áreas indispensáveis à segurança nacional, "[...] instalação de meios de comunicação".

Ficou mantida a proibição aos parlamentares de participar de empresas que explorassem serviços concedidos, aí incluída a radiodifusão, estabelecendo-se como pena para a infringência deste dispositivo a perda do mandato. Igual proibição atingiu os estrangeiros, as sociedades por ações ao portador e as sociedades que tivessem como acionistas, ou sócios, estrangeiros ou pessoas jurídicas. Os partidos políticos permaneceram autorizados a participar de empresas de rádio e TV.

Embora reafirme a livre manifestação de pensamento, de convicção política ou filosófica, bem como a prestação de informação independentemente de censura, o texto constitucional ressalva a excepcionalidade das diversões e espetáculos públicos. A publicação de livros, jornais e periódicos continua não dependendo de licença da autoridade. Contudo, deixa alta margem de subjetividade para apreciação do regime militar quando afirma que não serão toleradas "a propaganda de guerra, de subversão da ordem ou de preconceitos de religião, de raça ou de classe, e as publicações e exteriorizações contrárias à moral e aos bons costumes" (Art. 153).

A nova Constituição determina que,

> sem prejuízo da liberdade de pensamento e de informação, a lei poderá estabelecer outras condições para a organização e o funcionamento das empresas jornalísticas ou de televisão e de radiodifusão, no interesse do regime democrático e do combate à subversão e à corrupção (Art. 174).

11 Constituição de 1967, Artigo 153, §8º: É livre a manifestação de pensamento, de convicção política ou filosófica, bem como a prestação de informação independentemente de censura, salvo quanto a diversões e espetáculos públicos, respondendo cada um, nos termos da lei, pelos abusos que cometer. É assegurado o direito de resposta. A publicação de livros, jornais e periódicos não depende de licença da autoridade. Não serão, porém, tolerados a propaganda de guerra, de subversão da ordem ou de preconceitos de religião, de raça ou de classe, e as publicações e exteriorizações contrárias à moral e aos bons costumes.

Estava, pois, autorizado o regime militar a elaborar leis que pusessem a radiodifusão sob seu controle, bastando para isso alegar a necessidade de preservar a democracia e proteger o país da subversão. O estado de sítio foi mantido como possibilidade, dependendo de aprovação do Conselho de Segurança Nacional, podendo haver, neste caso, "censura de correspondência, da imprensa, das telecomunicações e diversões públicas".

Comparada com a Constituição de 1946, a de 1967 apresenta algumas mudanças significativas, no que se refere à Comunicação:

1) A Constituição de 1946 determinava que não fosse tolerada a divulgação de processos violentos por subversão da ordem política e social. A nova Constituição eliminou de seu texto as expressões "processos violentos" e "política e social", tornando genérica a disposição que tornava crime de subversão da ordem, isto é, seria crime o que fosse entendido como "propaganda de subversão da ordem". A alteração possibilitou considerar crime o simples falar contra qualquer aspecto do regime;
2) As expressões radiodifusão, telegrafia, radiocomunicação e telefonia, usadas na Constituição de 1946, desapareceram, para dar lugar ao termo genérico Serviços de Telecomunicações, emprestado do Código Nacional das Telecomunicações que o Congresso aprovara em 1962;
3) A Polícia Federal ganhou *status* constitucional e, junto com ela, como uma de suas missões, a censura em toda a mídia e nos espetáculos públicos;
4) O Congresso ficou autorizado a reorganizar, se necessário, a estrutura e o funcionamento da mídia, no interesse do regime democrático e da luta contra a subversão e a corrupção. Isto era uma óbvia ameaça à mídia, que poderia ter sua liberdade limitada a qualquer momento, por um Congresso na época extremamente dócil à vontade do governo militar.

A CONSTITUIÇÃO DE 1988: UM NOVO COMEÇO

O Contexto

A convocação de uma Assembleia Nacional Constituinte para reorganizar a vida política, econômica e social do país foi o ápice da transição para a democracia, após 20 anos de ditadura, semiditadura e democracia relativa. Uma transição iniciada pelas elites militares, em 1974, após significativa vitória eleitoral das forças progressistas agrupadas no MDB-Movimento Democrático Brasileiro, com o caráter de uma liberalização controlada, é concluída 10 anos depois por meio de um acordo negociado com as elites políticas.

Pelo menos cinco fatores parecem ter sido decisivos no deslanche e consolidação do processo de transição.

Primeiro, o acirramento das divergências entre os militares da *soft-line* – liderados pelo Presidente Ernesto Geisel e seu principal auxiliar, general Golbery do Couto e Silva – e os da *hard-line*, que controlavam os chamados 'órgãos de segurança', em cujo rol estavam o Serviço Nacional de Informações (SNI), os serviços secretos do Exército, Marinha, Aeronáutica e Polícias Militares de todos os estados da federação, e ainda órgãos especificamente criados para a repressão política, tais como Doi-Codi e Operação Bandeirantes.

Segundo, a ressurreição da sociedade civil, conduzida por entidades tais como ABI, OAB e SBPC; partidos políticos legais, como o MDB (depois transformado em PMDB), ajudado posteriormente pelo PT, PDT, PSB, e ilegais, como PCB e PCdoB; entidades de trabalhadores, de servidores públicos e de profissionais liberais; e movimentos políticos, culturais e sociais por anistia, democracia, desenvolvimento, liberdade de expressão, e eleições livres e diretas.

Terceiro, a imprensa que, por meio da implementação de um estilo de jornalismo voltado para a investigação de todos os ângulos, interfaces, causas e consequências dos fatos contidos nas principais notícias, corajosamente iniciou e manteve uma postura de denúncia de atos de corrupção nos governos militares, ao mesmo tempo em que clamava pelo estabelecimento de um estado de direito, dirigido por um governo democrático. Uma 'imprensa alternativa' extremamente combativa e destemida teve papel crucial no processo.

Quarto, o 'novo sindicalismo', um forte movimento de trabalhadores não ligado às tradicionais federações e confederações nacionais de sindicatos, que passou a privilegiar ações baseadas no contato direto com os operários, em seus locais de trabalho, e que promoveu greves políticas e econômicas, principalmente em São Paulo, Minas Gerais e Rio de Janeiro.

Quinto, a campanha 'antiestatista', conduzida pelos empresários, particularmente pela poderosa Fiesp-Federação das Indústrias do Estado de São Paulo, que reivindicava o fim da ação direta do Estado na economia nacional e na formulação de políticas específicas para setores empresariais, em detrimento do livre jogo do mercado.

Esses fatores tiveram decisiva influência na aceitação pelos militares de um grau de democratização bem além de sua inicial proposta de liberalização "lenta, gradual e restrita". Na verdade, a conjunção de todos eles, que assumiram rapidamente caráter nacional e abrangeram manifestações de todas as classes sociais, levou os militares a aceitar sua completa saída do poder.

A mudança de regime foi, ao final do processo, efetuada pela elite política, que por meio de negociações e fórmulas institucionais arranjou os termos da transformação do regime autoritário em democracia liberal, sob controle civil. Evitando sequelas danosas ao tênue poder civil e rupturas ideológicas e estruturais na organização do Estado, políticos, homens de negócio e líderes militares negociaram inclusive o poder com que cada um desses setores deveria entrar na chamada Nova República, nome que os negociadores civis escolheram para o regime de transição a ser instalado.

O governo civil que se seguiu ao regime militar nasceu, portanto, comprometido com – e tinha de ser construído sobre – as fundações do regime autoritário que ele substituiria. Em consequência, o grau de continuidade dos administradores e políticos do antigo regime foi muito alto, uma vez que a maior parte das elites política, administrativa e técnica que dera sustentação ao regime militar permaneceu no controle das estruturas de poder do país.

Exemplo disso foi o Ministério das Comunicações, entregue a Antonio Carlos Magalhães, um político que apoiara abertamente a ditadura militar e era altamente comprometido com os radiodifusores – inclusive porque também o era –, que manteve como seu Secretário-Geral Rômulo Villar Furtado, que havia exercido a mesma função, nos três últimos governos militares, por onze anos seguidos. Em consequência, nada foi feito para mudar, desenvolver e aperfeiçoar a regulamentação da radiodifusão nem reformar a Lei de Imprensa. Straubhaar (1989) acredita que isto ocorreu porque o governo civil identificava os meios de comunicação como um instrumento de poder que fazia tanto sentido para ele quanto tinha feito para o regime militar.

O certo é que o contexto do Brasil nos anos 1980 era o de uma sociedade urbanizada e industrializada, com uma expressiva classe média, cujos poder econômico, preferências culturais e estilo de vida a transformaram naturalmente em efetiva massa consumidora. Pressionadas pela rapidez do desenvolvimento econômico que a ditadura militar tinha conseguido implementar, as velhas estruturas, instituições e organização social tornaram-se inadequadas às novas relações econômicas e sociais no país. Novos elementos, caracteres e ideias começaram a agir e a desempenhar papéis significativos na construção de uma dimensão pública da sociedade, nos eventos artísticos e esportivos, na mídia, no turismo, bem como na ampliação da participação popular nos aspectos culturais, sociais, econômicos e políticos da sociedade.

Novas indústrias brasileiras de cultura e mídia surgiram, seguindo as tendências internacionais, subordinadas ao processo capitalista de produção e integradas ao mercado internacional de bens simbólicos. A indústria da TV havia se tornado solidamente próspera, tendo recebido do Estado os meios para levar suas imagens a todo o país, formar audiências nacionais e produzir programas também nacionais. A partir do final dos anos 1960, ela havia se tornado uma divulgadora de ideias, padrões de comportamento, valores morais, políticos e culturais e uma apoiadora do sistema produtivo, por meio, principalmente, da publicidade e do *merchandising*.[12] O Estado tornara-se, além de censor, o principal anunciante do país.

Era este, pois, o contexto brasileiro na segunda metade dos anos 1980 quando, após fortes pressões sobre o presidente da República, particularmente das forças políticas que tinham sido a real e histórica base da oposição ao regime militar, uma Assembleia Nacional Constituinte foi oficialmente convocada, no final de 1986, para iniciar seus trabalhos em fevereiro de 1987.

A Constituinte

Na Assembleia Nacional Constituinte de 1987/88, cerca de 32% dos constituintes eram homens de negócios, e outros 13% tinham estreitos laços com o setor privado da economia. Em contraste, aqueles identificados com o movimento trabalhista eram não mais que 12% (CONNIFF, 1989). Apesar desta evidente supremacia do empresariado brasileiro, nenhum dos constituintes considerava-se de "direita": 6% classificavam-se como 'moderados' ou 'centro-direita', 37% de 'centro', e 52% de 'esquerda' (SCHNEIDER, 1992).

A real composição da Constituinte levou-a a assumir posições liberais, particularmente quanto à preferência pela economia de mercado, pela empresa privada ao invés da pública, e pela não-interferência do Estado na economia. O pensamento dominante, em termos econômicos, considerava a economia de mercado mais eficiente que a economia controlada pelo governo, devendo, portanto, prevalecer claramente na Constituição. Em consequência, a nova Carta, embora tenha ratificado os pré-existentes monopólios estatais em setores básicos da economia, tais como petróleo, gás natural, telecomunicações e mineração, não se caracterizou como estatista. Para compensar tal ratificação, restringiu a expansão da intervenção do Estado na economia, e tornou praticamente impossível ao Poder Executivo a criação de novas empresas estatais sem expressa permissão do Congresso Nacional.

12 Forma de propaganda que utiliza a técnica de divulgar produtos, imagens e ideias no interior dos programas, aparentando não intencionalidade.

Esta mesma Constituinte, contudo, foi capaz de aprovar dispositivos constitucionais que deixaram os neoliberais perturbados. Tais foram os casos da redução da semana de trabalho de 48 para 44 horas, a universalização das férias de 30 dias, a extensão da licença maternidade e a criação da licença paternidade, entre outros. Estes dispositivos representaram derrotas para as majoritárias correntes neoliberais e parte dos parlamentares liberais. Também caracterizados como perdas de natureza político-ideológica para essas correntes estão vários dispositivos de natureza corporativa, principalmente os que deram tratamento privilegiado aos servidores do Estado, autarquias e empresas públicas.

Ainda outra derrota para aquelas correntes, neste caso com um significado claramente ideológico, foi o relativo aos direitos individuais. A tradição brasileira, expressa tanto na Constituição de 1934 quanto na de 1946, vinha aceitando o conceito liberal do indivíduo como o sujeito de direitos, negando tal qualidade a grupos sociais. Rompendo tal tradição, a Constituição de 1988 não só manteve as garantias e direitos individuais tradicionais, como também os estendeu às entidades coletivas. Exemplo disso é o direito dado aos partidos políticos, sindicatos e associações voluntárias para recorrerem à justiça como pessoas coletivas, quando os direitos de seus membros estejam ameaçados.

A nova Constituição foi escrita pela totalidade dos 559 membros do Parlamento Nacional (compreendendo o Senado Federal e a Câmara dos Deputados), que se dividiram em oito comitês, todos delineados para refletir o peso proporcional de cada partido político ali representado. Cada comitê, por seu turno, foi dividido em três subcomitês. A tarefa de integrar e harmonizar o previsível e frequentemente conflitivo conteúdo de todos os 24 grupos foi entregue ao Comitê de Sistematização, constituído de 93 parlamentares oriundos de todos os partidos com representação na Constituinte. Grupos sociais que se sentissem marginalizados ou não devidamente representados poderiam submeter propostas formais para o estágio final de deliberação, por meio de petições assinadas por no mínimo 30 mil eleitores.

Para realizar seu intento, a Constituinte gastou 613 dias: de 1º de fevereiro de 1987 até 5 de outubro de 1988. Durante esse período, os constituintes receberam cerca de 200 mil propostas de todos os setores da sociedade e fizeram aproximadamente 21 mil discursos. O serviço de imprensa produziu 712 programas de TV, exibidos em 170 emissoras e 700 programas de rádio, transmitidos por cerca de duas mil estações radiofônicas. Jornais e revistas publicaram em torno de 21 mil matérias sobre o processo.[13]

Tudo isto fez da Constituição de 1988 um longo, detalhado e complexo documento, contendo 245 dispositivos permanentes e 70 provisórios. Juntos, esses 315 artigos tomam 193 páginas na publicação oficial. Dentre

13 Informações divulgadas pela Secretaria da Assembleia Constituinte, após o encerramento dos trabalhos.

eles, pela primeira vez na história das constituições brasileiras, figuram cinco artigos dedicados à Comunicação, que constituem um capítulo específico, o Capítulo V – Da Comunicação Social. A despeito do grande detalhamento feito para normatizar diversos setores que jamais tinham sido tratados no nível constitucional, ficou previsto no texto constitucional a elaboração de 286 leis complementares necessárias para tornar a Constituição de fato completa. Até o final da primeira década do século XXI, a maioria dessas leis permaneceu aguardando elaboração e aprovação. Entre elas, algumas se referem à área da Comunicação, como é o caso da regulamentação da regionalização da produção de programas de rádio e TV, prevista no artigo 221.

Quando os constituintes concluíram as discussões, tinham produzido uma Constituição que consagrara muitos princípios democráticos e garantira tanto liberdades civis quanto direitos individuais e de grupo, num grau sem precedentes na história brasileira.

O resultado final

De acordo com a estruturação do trabalho dos parlamentares constituintes, os assuntos referentes à Comunicação foram alocados no Sub-Comitê de Ciência e Tecnologia, Comunicação e Informática. Este Sub-Comitê discutiu e analisou 5.585 sugestões para o texto constitucional, de abril a junho de 1987, um terço das quais, aproximadamente, relacionado com a área de Comunicação. No mesmo período, realizou 16 reuniões plenas e ouviu representantes de 17 entidades da sociedade civil vinculadas à área, abrangendo interesses industriais e comerciais, religiosos, culturais e profissionais. Depois disso, o debate quedou dominado por questões de fundo, tais como a dicotomia entre radiodifusão privada e pública, criação do Conselho Nacional de Comunicação, regras e processos de concessão de canais de rádio e TV, entre outros.

Radicalmente conduzido, o debate constitucional sobre os dispositivos que deveriam contemplar a exploração dos serviços de radiodifusão – que era o principal objeto das radicais discordâncias entre os constituintes, no campo da Comunicação – tinha como seus principais atores: de um lado, a Federação Nacional dos Jornalistas (Fenaj)[14] e parlamentares chamados genericamente

14 Embora a Frente Nacional por Políticas Democráticas de Comunicação tivesse sido mobilizada para elaborar um projeto unificado de propostas para a Constituinte, houve continuado desacordo de parte de seus membros com vários itens da proposta da Fenaj, considerada extremamente radical (exemplo do radicalismo era a reivindicação de que todos os meios de comunicação do país – aí incluídos os jornais, as revistas nacionais e as redes de TV – passassem a ser propriedade de fundações sem fins lucrativos). Não havendo tempo nem condições objetivas para a continuação dos debates e solução das divergências, a Fenaj, municiada com sua proposta aprovada tanto em um seminário nacional especificamente convocado para esse fim, como no Congresso Nacional da categoria realizado em São Paulo, no final de 1986, terminou por impor-se como representante das chamadas forças democráticas da sociedade civil organizada.

de 'progressistas', e, do outro, a Associação Brasileira de Emissoras de Rádio e Televisão (Abert) e parlamentares membros do chamado 'Centrão'. Num segundo nível, operavam lobistas dos Evangélicos, da ABI, da Associação dos Jornais e Revistas, da OAB, da CNBB, da Federação Nacional dos Radialistas, da Confederação Nacional dos Trabalhadores em Comunicações e Publicidade (Contcop), e de entidades associativas de atores, músicos e escritores.

A posição da Abert era mais reativa que pró-ativa. Ela preferia que a Constituição se omitisse completamente do assunto radiodifusão. Admitia, contudo, recuar dessa posição, e aceitaria algum dispositivo relativo ao assunto, desde que fosse para incorporar o já estabelecido no Código Nacional de Telecomunicações e no Regulamento dos Serviços de Radiodifusão, em vigor desde, respectivamente, 1962 e 1963. Na prática, a Abert fechou questão quanto aos dois pontos básicos do debate: ela propunha que a radiodifusão fosse: (1) regulada pelo Poder Executivo e não por um Conselho Nacional de Comunicação; e (2) explorada pela iniciativa privada, nos moldes estabelecidos pela legislação então em vigor.

A Fenaj, por seu turno, tinha realizado uma Conferência Nacional sobre o tema e um Congresso Nacional de Jornalistas, que ratificou as propostas elaboradas pela Conferência. Os dois eventos estabeleceram cinco diretrizes gerais como demandas mínimas para a nova Constituição:

A - Concepção de comunicação social como bem público;
B - Direito da sociedade de estar informada, informar e se expressar;
C - Estabelecimento de um sistema público de comunicação social;
D - Criação de um Conselho Nacional de Comunicação independente, com a missão de elaborar e supervisionar a implementação de políticas democráticas no setor;
E - Elaboração de normas rigorosas contra monopólios e oligopólios no campo das comunicações.

Tendo como base essas diretrizes, foram elaboradas propostas específicas para um capítulo constitucional tratando da Comunicação, sendo seus principais pontos:

1) Todo meio de comunicação de massa deve ser explorado por entidades sem fins lucrativos;
2) Um Conselho Editorial, eleito pelos empregados, deve ser instalado em todo meio;
3) Um Conselho Nacional de Comunicação Social composto por 15 representantes de entidades profissionais e sociais deve ser instituído para conceder licenças de qualquer tipo de serviço de rádio ou TV;

4) O Conselho será encarregado de fazer as concessões para exploração de serviços de rádio e TV, dando preferência a sindicatos, cooperativas profissionais, partidos políticos e organizações educacionais, comunitárias e culturais;
5) As concessões somente podem ser suspensas ou cassadas em consequência de sentença judicial;
6) O concessionário pode controlar apenas uma estação de rádio ou TV no mesmo estado.

Pouco depois do início dos trabalhos da Constituinte, em abril de 1987, as entidades que tinham permanecido ativas na Frente por Políticas Democráticas de Comunicação discutiram as propostas da Fenaj e decidiram elaborar uma proposição unificada para ser apresentada à Assembleia Constituinte, em nome da Frente. Havia, contudo, discordância quanto à questão relativa à propriedade da mídia: a Frente não concordava com a proposição da Fenaj determinando que todos os meios de comunicação de massa deveriam ser explorados por entidades sem fins lucrativos. A proposta da Frente era de que este tipo de entidade deveria ter não exclusividade, mas prioridade na concessão de rádio e TV, sendo-lhes também concedida isenção de impostos se fossem bem-sucedidas na solicitação.

Afora o dispositivo sobre propriedade da mídia, Fenaj e Frente concordaram em apresentar à Assembleia Constituinte as seguintes propostas:

A) Só brasileiros podem ser licenciados para explorar serviços de rádio e TV;
B) O Conselho Nacional de Comunicação deve ser o órgão encarregado de elaborar as políticas para o setor e de fazer as concessões para a exploração dos serviços;
C) O Conselho deve ser composto por dois representantes de concessionários de radiodifusão e proprietários de outros meios de comunicação de massa, cinco profissionais da área de comunicação, sete representantes de outras profissões e organizações populares, um representante de universidades. Seus nomes seriam aprovados pelo Parlamento. Seriam criadas Comissões, com composição semelhante à sua, em todos os estados brasileiros, sendo seus membros aprovados nas respectivas Assembleias Legislativas;
D) Todos os meios de comunicação de massa devem ter um Conselho Editorial eleito pelos empregados, com a missão de elaborar suas diretrizes editoriais;

E) Partidos políticos, sindicatos e entidades populares terão direito a usar parte do tempo de programação das emissoras de rádio e TV;
F) O direito de resposta deve ser assegurado a todos, de acordo com lei complementar;
G) As concessões poderão ser canceladas somente em consequência de sentença judicial;
H) Os concessionários podem controlar apenas uma estação de rádio ou TV por estado; aquele que estiver explorando mais de uma deve optar por uma em particular, estando o Conselho autorizado a redistribuir as outras.

A Frente mostrou-se, contudo, incapaz de articular suas combalidas forças, inclusive para resolver o desacordo com a Fenaj em torno do dispositivo referente à propriedade dos meios. Como alguém tinha que negociar alguma coisa imediatamente na Assembleia Constituinte, a Fenaj assumiu o comando do processo, com base nas suas propostas originais e no que aceitara das proposições da Frente.

A maioria dos parlamentares que compunham o Sub-Comitê de Ciência, Tecnologia, Comunicação e Informática estava dividida entre as posições das duas entidades, com variado grau de concordância e discordância de suas teses. A discussão levou finalmente ao impasse, não se conseguindo nenhum acordo ou decisão majoritária. O Sub-Comitê de Ciência e Tecnologia, Comunicação, e Informática foi o único dentre os 24 existentes a não ter conclusões a apresentar. Em consequência, as mesmas questões que inviabilizaram os trabalhos no nível inicial da elaboração da Constituição foram levadas para o Comitê específico no nível superior. Contudo, também ali foi impossível superar o impasse, o que levou aquele Comitê a ser o único dentre os oito existentes a não concluir seus trabalhos.

Levado a seguir ao Comitê de Sistematização, que era a instância final antes da apreciação do plenário, o impasse foi finalmente superado através de três formulações engenhosas, mas na realidade desfiguradoras das propostas iniciais:

1) A exploração dos serviços de radiodifusão seria complementar entre entidades privadas, públicas e estatais, isto é, admitir-se-ia a existência de fundações ou outras entidades nem estatais nem privadas, sem fins lucrativos, no setor, mas sem deslocar dali os já existentes setores privado e estatal;
2) O Conselho de Comunicação Social – não mais Conselho Nacional de Comunicação, como proposto inicialmente – seria criado, mas como um órgão apenas consultivo do Congresso Nacional, ao con-

trário do poderoso e independente conselho proposto pela Fenaj, semelhante ao FCC americano, com poderes para regular e conceder licenças para exploração de serviços de radiodifusão;

3) As concessões continuariam a ser da competência exclusiva do Poder Executivo, através do ministro das Comunicações e do presidente da República, mas seriam revistas pelo Congresso.

Na verdade, houve na Constituinte uma confluência de interesses entre grupos conservadores, constituído de parlamentares de centro e centro-direita, grupos religiosos - particularmente evangélicos -, o ministro das Comunicações, o presidente José Sarney e a Abert, visando a manter o Poder Executivo, particularmente o presidente da República, como o poder concedente para a exploração de serviços de rádio e televisão. A oposição a isto foi relativamente forte apenas enquanto o assunto esteve nos pequenos foros do Sub-Comitê e dos Comitês. No plenário, contudo, os interesses dos majoritários parlamentares concessionários ou aliados de concessionários de emissoras de rádio e TV tinham condições de ganhar qualquer confronto. Foi a percepção da iminente e inevitável derrota que fez a Fenaj e os parlamentares mais à esquerda recuarem e aceitarem a negociação conduzida por deputados 'progressistas moderados' (notadamente Arthur da Távola e Antonio Brito) a qual, se não levou às conquistas pretendidas, ao menos trouxe algumas aberturas constitucionais para a democratização do setor.

CONCLUSÃO

No cômputo geral, o resultado final da Constituinte criou novas obrigações e direitos na área da Comunicação e alterou outros constantes dos atos regulatórios então existentes:

1) Ficou intocado o caráter nacionalista da radiodifusão, permitindo-se sua exploração exclusivamente a brasileiros. O artigo 222, contudo, abre a possibilidade de, além dos brasileiros natos, também os naturalizados há mais de 10 anos poderem ser concessionários. Contudo, a chamada Lei do Cabo, aprovada em 1995, permitiu a participação de até 49% de capital estrangeiro na exploração deste tipo específico de serviços de TV. Portarias do Ministério das Comunicações, de 1997, permitiram a participação de até 100% de capital estrangeiro em empresas que exploram serviços de TV via tecnologia MMDS e DTH. E, finalmente, Emenda Constitucional, aprovada em 2002, permitiu a participação de até 30% de capital estrangeiro na imprensa e na radiodifusão. Neste último caso, en-

tretanto, continua privativo de brasileiros a gestão de conteúdos;

2) O governo federal manteve a exclusiva competência para regulamentar e explorar o serviço diretamente, ou indiretamente, através da concessão de licenças a entidades públicas ou privadas. Os estados e municípios podem atuar no setor apenas como concessionários;
3) O artigo 175 estabelece que uma lei ordinária deva ser feita para definir os direitos do público e a adequação dos serviços públicos aos seus fins, tendo-se entendido que a indústria da TV estaria também aí incluída. Aprovada em julho de 1995 pelo Congresso Nacional, tal lei explicitamente excluiu de seu alcance as concessões de serviços de radiodifusão sonora e de som e imagem;
4) O artigo 223 criou três modos de exploração dos serviços de radiodifusão no Brasil: o privado, o estatal e o público. Foi igualmente dito, muito vagamente, que os três devem ser complementares. Este dispositivo foi entendido como uma possibilidade de reduzir-se a esmagadora predominância da exploração comercial da radiodifusão. Sua natureza inovadora está em que atribui caráter 'complementar' aos três sistemas, em vez de fazê-lo com relação a um ou dois deles. Contudo, não traz qualquer concepção do que seja 'serviço público' de televisão. Como sabemos, no Brasil o uso do atributo 'público' é muito confuso: tanto na Constituição como no sistema legal do país, tudo que é relacionado ao Estado é referido como 'setor público', ou 'sistema público', ou 'serviço público';
5) O prazo de duração das concessões e permissões, antes objeto de lei ordinária, foi incorporado à Constituição, mantendo-se 10 anos para serviços de rádio e 15 anos para os de televisão. Em ambos os casos pode haver renovações sucessivas por igual período, quantas vezes sejam solicitadas;
6) O poder do Executivo para conceder e permitir a exploração de serviços de radiodifusão foi relativizado, estabelecendo-se que todos os atos de concessão e permissão devem ser revistos pelo Congresso Nacional. O presidente, contudo, continua com o poder de abrir o caminho para alguns e fechar para outros, uma vez que o Congresso revisa as concessões que o presidente decide fazer, mas não pode interferir no processo decisório conduzido previamente no âmbito do Poder Executivo;
7) A não-renovação de concessões depende agora do Congresso Nacional, sendo necessários os votos de dois quintos dos deputados e senadores para quebrar a continuidade da concessão ao mesmo concessionário. É interessante observar que o processo de radicali-

zação das posições em choque na Constituinte não impediu que a Abert conseguisse, neste caso, um dos seus grandes intentos: retirar do presidente da República a prerrogativa de negar a renovação das concessões de rádio e TV, como tinha sido estabelecido pela Regulamentação dos Serviços de Radiodifusão, em 1963. A alegação para a inclusão do dispositivo na Constituição foi o excesso de poder do presidente e a perigosa dependência da indústria da radiodifusão a uma pessoa. Tal dispositivo torna quase impossível recusar uma renovação, vez que grande número dos parlamentares tem interesse direto ou indireto em emissoras de rádio e TV, sendo, portanto, parte interessada no jogo corporativo de influencias no Congresso Nacional;

8) O Conselho de Comunicação Social foi criado como um órgão consultivo do Congresso, e até hoje é o único dispositivo constitucional diretamente relacionado com a área de radiodifusão que mereceu legislação complementar. Regulamentado pela Lei nº 8.389, de 30.12.1991, suas missões abrangem a emissão de pareceres - desde que solicitados pelo Congresso Nacional - sobre tudo que se refira à Comunicação Social, inclusive as interfaces desta área com a Cultura. Isto significa que o Conselho pode tratar de assuntos tão variados como: liberdade de pensamento, criação e expressão; produção e programação de rádio e TV; monopólio e oligopólio no setor da mídia; objetivos educacionais, artísticos, culturais e informativos dos programas de rádio e televisão; complementaridade dos sistemas privado, público e estatal de exploração dos serviços de TV e rádio; e concessão e permissão desses serviços. Instalado em 2002, foi, contudo, desativado em 2006;

9) A nova Constituição aboliu completamente a censura, sob qualquer forma, seja política, ideológica ou artística. Agora o governo federal pode apenas classificar os programas de rádio e TV em termos de propriedade e impropriedade para faixas de idade determinadas, em relação a horários de exibição, tornando pública essa classificação, com o caráter de recomendação em vez de obrigação;

10) O uso abusivo do poder econômico, visando ao domínio de mercados, eliminação de competição e manipulação de preços, deve ser objeto de lei complementar (jamais feita). O artigo 220 afirma explicitamente que a mídia não pode ser direta ou indiretamente objeto de monopólio ou oligopólio;

11) O governo deve criar meios legais para assegurar aos indivíduos e famílias a possibilidade de defesa contra programas de rádio e TV que desobedeçam aos princípios que a Constituição estabelece

para eles. Esses princípios, contidos no artigo 221, são: (a) preferência a finalidades educativas, artísticas, culturais e informativas; (b) promoção da cultura nacional e regional e estímulo à produção independente que objetive sua divulgação; (c) regionalização da produção cultural, artística e jornalística, conforme percentuais estabelecidos em lei; (d) respeito aos valores éticos e sociais da pessoa e da família. Também neste caso jamais se elaborou a necessária legislação complementar;

12) O governo deve assegurar a proteção do público contra a propaganda comercial de bens, práticas e serviços que sejam maléficos à saúde e ao ambiente. Em consequência, anúncios de tabaco, bebidas alcoólicas, agrotóxicos, medicamentos e terapias devem ser restritos e devem conter avisos sobre seus riscos, quando necessário;
13) Pessoas físicas podem possuir até 100% do capital social de uma empresa concessionária de serviços de radiodifusão. Pessoas jurídicas podem ter apenas até 30%, sem direito a voto, mesmo que se trate de partido político ou empresa cujo capital pertença exclusiva e nominalmente a brasileiros. Em 2002, emenda à Constituição permitiu a participação de capital estrangeiro na mídia brasileira com até 30% do capital, sendo-lhe negada, entretanto, participação na definição dos conteúdos;
14) A nova Constituição assegura a liberdade de palavra, o direito de resposta, privacidade, e compensação por danos morais e materiais. O anonimato é proibido;
15) Autores, artistas e toda pessoa que participe de *shows*, inclusive desportistas, têm o direito exclusivo de utilização, publicação ou reprodução de suas obras, sendo este direito transmissível aos seus herdeiros, por tempo limitado, a ser estabelecido em lei.

No balanço, o ponto mais óbvio que desponta da análise da Constituição de 1988 é que a correlação de forças entre os grupos de interesse presentes na Constituinte não favoreceu a transformação dos processos regulatórios da comunicação no Brasil. No caso da radiodifusão, é particularmente grave o fato de que o poder do presidente para fazer concessões de rádio e TV, que antes era uma simples disposição legal (Código Nacional de Telecomunicações e Regulamento dos Serviços de Radiodifusão), passou a ser um dispositivo constitucional. Na prática, isto significa que só uma reforma da Constituição pode permitir o estabelecimento de um órgão coletivo autônomo e deliberativo, semelhante ao que se pretendeu criar na Constituinte de 1987/88, para conceder e cancelar o direito de exploração de serviços de radiodifusão.

Assim, se antes bastava a aprovação de lei ordinária, por maioria simples dos parlamentares, agora, por se tratar de matéria constitucional, tal mudança depende de quorum e processo legislativo qualificados. Como se sabe, para reformar a Constituição são necessários os votos de dois terços da totalidade dos deputados federais e senadores, em quatro votações distintas. Num Parlamento que aparentemente só funciona quando estimulado pela prática da máxima 'é dando que se recebe', apenas quem possui moedas de troca muito especiais para oferecer pode esperar ser bem-sucedido em tão difícil missão. E este não parece ser o caso dos que querem democratizar a comunicação no Brasil.

REFERÊNCIAS BIBLIOGRÁFICAS

CONNIFF, M.L. & MCCANN, F.D. *Modern Brazil - Élites and Masses in Historical Perspectives.* Nebraska (USA): University of Nebraska Press, 1989.

BRASIL. Constituição da República dos Estados Unidos do Brasil (de 16 de julho de 1934). Disponível em: <http://www.planalto.gov.br/ccivil_03/Constituicao/Constituiçao34.htm>. Acesso em 15 de dezembro de 2008a.

______. Constituição dos Estados Unidos do Brasil (de 10 de novembro de 1937). Disponível em: <http://www.planalto.gov.br/ccivil_03/Constituicao/Constituiçao37.htm>. Acesso em 15 de dezembro de 2008b.

______. Constituição dos Estados Unidos do Brasil (de 18 de setembro de 1946). Disponível em: <http://www.planalto.gov.br/ccivil_03/Constituicao/Constituiçao46.htm>. Acesso em 15 de dezembro de 2008c.

______. Constituição da República Federativa do Brasil de 1967. Disponível em: <http://www.planalto.gov.br/ccivil_03/Constituicao/Constituiçao67.htm>. Acesso em 15 de dezembro de 2008d.

______. Constituição da República Federativa do Brasil de 1988. Disponível em: <http://www.planalto.gov.br/ccivil_03/Constituicao/Constituiçao.htm>. Acesso em 15 de dezembro de 2008e.

JAMBEIRO, O. *Regulando a TV.* Uma visão comparativa no Mercosul. Salvador: Edufba, 2000.

______. *A TV no Brasil do Século XX.* Salvador: Edufba, 2001.

SCHNEIDER, B.R. Privatization in the Collor Government: Triumph of Liberalism or Collapse of the Developmental State? In: CHALMERS, D.A. et al. *The Right and Democracy in Latin America.* New York: Praeger, p.225-238, 1992.

STRAUBHAAR, J.D. Television and Video in the Transition from Military to Civilian Rule in Brazil. *Latin American Research Review*, 24 (1), p.140-154, 1989.

Maximiliano Martin Vicente

Comunicação em xeque:

o debate na regulamentação pós-constituição

A COMUNICAÇÃO NA CONSTITUIÇÃO DE 1988

Repensar a Constituição de 1988 implica voltar no tempo para entender seu significado num momento importante da trajetória política do Brasil. Após uma longa e dura ditadura, a estrutura do país precisava ser revista na sua totalidade, não só para acabar com os instrumentos legais formulados pelos militares na sua passagem pelo poder, mas também para reorganizar o país dentro de moldes mais democráticos. Dentre as muitas palavras de ordem formuladas naquele momento, democracia, sem dúvida, era a mais ouvida e comentada.

Entretanto, uma ampla gama de versões e interpretações envolvia esse termo. Para uns, defender a reformulação institucional do país significava aproveitar a chance para avançar, de forma decisiva, no âmbito político, econômico e social. Assim, democracia passou a ser sinônimo de nova Constituição, novo sistema capaz de apagar um passado autoritário e limitador das manifestações populares. Para outros, democracia expressava a chance de poder, finalmente, aspirar ao comando do país pela via eleitoral.[1]

Depois de mais de vinte anos de ditadura, o processo constituinte introduziu o reconhecimento dos direitos econômicos, sociais e culturais no centro das normas orientadoras do funcionamento das instituições do Estado e dos direitos e dos deveres da cidadania, pelo menos na sua concep-

1 Uma experiência desses debates pode ser encontrada na obra *Vozes da Democracia:* histórias da comunicação na redemocratização do Brasil. São Paulo: Imprensa Oficial do Estado de São Paulo: Intervozes - Coletivo Brasil de Comunicação Social, 2006.

ção entendida como garantia de direitos individuais (PINSKY, 2003). Não cabe neste texto aprofundar o sentido desses direitos; apenas para ilustrar as afirmações anteriores, destacamos alguns dos avanços inseridos no texto constitucional: formulação do Código de Defesa do Consumidor, preservação do meio ambiente, antecipação e criação do Estatuto da Criança e do Adolescente. A Constituição também foi responsável pelo revigoramento de um 'quarto poder', ao ampliar a atuação do Ministério Público, órgão essencial na defesa da ordem jurídica e dos interesses sociais e individuais. Nunca é demais lembrar as declarações de direitos e garantias fundamentais do cidadão elencadas no art. 5º, algo relevante para o momento em que se vivia tão próximo do autoritarismo.

Mesmo com todo esse avanço, deve-se manter uma postura crítica ao se examinar de forma mais detida a regulamentação dessas mudanças, uma vez que muitas delas ainda carecem de leis específicas, mesmo com a promulgação da Constituição em 1988. Não se pode afirmar que a universalização e o acesso aos direitos fundamentais por parte de toda a população ocorram de fato. Tal ausência contribui na geração de um sistema controlado por uma minoria suficientemente forte, como para legitimar seu *status* de grupo privilegiado. Daí a necessidade de ampliar a cidadania como conjunto de práticas voltadas para estimular a participação cidadã em todas suas dimensões (TEOTÔNIO, 2006). Sem essa mobilização destinada à avaliação do estado de cumprimento dos direitos, os avanços permanecem, apenas, na lei sem que cheguem a ser exercitados socialmente. Na falta de tal ação social, resulta difícil imaginar a possibilidade de transformação das desigualdades, das discriminações e demais injustiças sociais ainda vigentes no nosso cotidiano. Um procedimento pensado nesses moldes deve ser sólido no plano da reflexão e no plano da ação e pressão social, como ocorreu nos momentos que antecederam a Constituinte, e que acabariam derrotando o autoritarismo concebido como fórmula inabalável.

Obviamente o momento é outro, muito mais complexo e individualizado, em que qualquer tipo de mobilização custa mais para acontecer. Contudo, não se pode perder esse passado tão recente e rico em experiências de participação, como foram os anos oitenta do século passado, para poder efetivar e resgatar a dimensão da consciência do poder da cidadania na óptica das maiorias marginalizadas. O conteúdo espelhado na lei torna-se letra morta quando a democracia perde os desafios do poder constituinte e da soberania popular como fundamento da práxis republicana.

De certa forma, o Capítulo V da Carta, "Da Comunicação Social", não foge do espírito geral impregnado na Constituição. Contra a falta de liberdade de imprensa e de manifestação, impostas durante o regime militar, houve um cuidado especial em formular com nitidez direitos e garantias para a liberdade de expressão e informação. Em tese, esse princípio norteador significou um avanço substancial se comparado com a censura e falta de garantias de informação ocasionadas pelos Atos Institucionais adotados no regime autoritário.

Claro que no seu conjunto de 252 artigos, muitos (concretamente 66) precisavam de algum tipo de regulamentação logo após a publicação da nova Carta Magna. Especificamente, no campo comunicacional existe coincidência entre seus estudiosos em apontar os itens passíveis de serem complementados por lei específica após a entrada em vigor da Constituição: o §3º do art. 220, que exige a edição de lei federal para estabelecer os meios legais que garantam à pessoa e à família a possibilidade de se defenderem de programas ou programações de rádio e televisão que contrariem o disposto no art. 221; não houve a edição de norma regulamentando o dispositivo que coíbe o monopólio e o oligopólio nos meios de comunicação social, previstos no §5º da Constituição Federal; não foi aprovada uma lei disciplinando os princípios referentes à produção e à programação das emissoras de rádio e televisão, conforme aponta o art. 221 da Constituição, e não se levou à prática a efetivação da Televisão Pública Estatal.

Essas lacunas não significam que o Congresso tenha se omitido em relação a temas próximos do capítulo reservado para a comunicação social. Ocorre que as resistências - conforme lembra Lima (2008) - e os interesses de parlamentares proprietários de alguns meios de comunicação não permitiram avanços mais significativos na implementação da questão da Comunicação, tema tão vital para o funcionamento do sistema democrático. Ou seja:

> Este é um capítulo que precisa ser revisado porque o clima de suspeição em todo processo de comunicação contamina a própria democracia. A classificação indicativa da programação televisiva não foi efetivada, é imprecisa, duvidosa. A regulação da propaganda de bebidas alcoólicas na televisão não foi completada. O conselho de comunicação social só foi implantado 14 anos depois de promulgada a Constituição, funcionou dois anos e, em seguida, foi vergonhosamente engavetado. O teor da programação audiovisual ainda não atende aos requisitos exigidos pela Constituição. E persiste a grande aberração protagonizada por parlamentares que não têm pudor de serem simultaneamente fiscais das concessões e concessionários de rádio e TV (DINES, 2008, p. 1).

Essas palavras condensam e catalisam as reivindicações dos segmentos mais comprometidos com a democratização da informação e da comunicação no Brasil, mas não ignoram a presença de interesses e grupos envolvidos nessa trama, preocupados em manter seus pontos de vista claramente identificados com o aspecto comercial e mercantil dos meios de comunicação. Decifrar a maneira como tais procedimentos se processam resulta numa das tarefas mais desafiadoras na hora de explicar o porquê de determinados itens não se regulamentarem ou demorarem mais do esperado para entrar em vigor. Um caso bastante ilustrativo reside na tentativa da execução ao inciso III do artigo 221 – regionalização da produção cultural, artística e jornalística, conforme percentuais estabelecidos em lei. Nesse sentido:

> Em março de 1990 tramitavam no Congresso Nacional 14 projetos de lei propondo a regulamentação do inciso III do artigo 221: 13 na Câmara dos Deputados e um no Senado Federal. Em março de 1991, com o mesmo objetivo, foi apresentado o Projeto de Lei 256, pela então deputada Jandira Feghali. Este PL tramitou por mais de 12 (doze!) anos na Câmara e logrou ser aprovado e remetido ao Senado em agosto de 2003. No Senado ele passou a ser identificado como PLC 59/2003 e sua última movimentação, em 11 de julho último, refere-se à distribuição ao senador Flexa Ribeiro para relatá-lo na CCT – Comissão de Ciência, Tecnologia, Inovação, Comunicação e Informática. Como se nota, um dos projetos que tenta a regulamentação da regionalização da produção cultural, artística e jornalística tramita no Congresso Nacional há mais de 17 (dezessete!) anos e não logrou ainda ser aprovado (LIMA, 2008, p.2).

Os dados levantados e registrados no *site* do Congresso Nacional serão abordados mais detidamente nas páginas seguintes. Pensando na maneira como a Constituição colocou a participação social nos temas relacionados com a Comunicação, sobressai a criação do Conselho de Comunicação Social (CCS) que, pelo menos em tese, desenvolveria uma função ativa ao abordar os temas pertinentes à Comunicação, motivo pelo qual será mais detalhado nas páginas seguintes.

O CONSELHO DE COMUNICAÇÃO SOCIAL (CCS) NA CONSTITUIÇÃO DE 1988

As origens do Conselho de Comunicação Social (CCS) devem-se buscar nos anos 1980, nos movimentos pela democratização da comunicação que reivindicavam, ente outras coisas, o controle público dos meios pela sociedade. Durante a Constituinte, estes movimentos conseguiram a criação de um órgão 'auxiliar' do Congresso para a área da Comunicação, contrariamente àqueles que defendiam a concepção de um conselho 'independente', nos moldes da *Federal Communications Commission* (FCC) norte-americana, com amplos poderes de regular o setor[2]. Previsto no artigo 224 da Constituição Federal, Lei nº 8.389, de 30 de dezembro de 1991, continha entre suas atribuições a realização de estudos, pareceres, recomendações e outras solicitações que lhe forem encaminhadas pelo Congresso Nacional a respeito do Título VIII, Capítulo V, da Constituição Federal, em especial sobre liberdade de manifestação do pensamento; propaganda comercial de tabaco, bebidas alcoólicas, agrotóxicos, medicamentos e terapias; produção e programação de emissoras de rádio e televisão; monopólio ou oligopólio dos meios de comunicação social; promoção da cultura nacional e regional e estímulo à produção independente e à regionalização da produção cultural, artística e jornalística; complementaridade dos sistemas privado, público e estatal de radiodifusão; defesa da pessoa e da família relativamente a programações de rádio e televisão contrárias ao disposto na Constituição Federal; outorga e renovação de concessão, permissão e autorização de serviços de radiodifusão sonora e de sons e imagens; e legislação complementar sobre dispositivos constitucionais referentes à Comunicação Social.[3]

Mesmo assim, o projeto de lei que regulamentou o CCS foi aprovado em 1991 e o Conselho só veio a ser instalado 11 anos depois, em 2002. De acordo com Daniel Herz, a ativação do Conselho ocorreu em circunstâncias anômalas, fruto do resultado de um acordo – reivindicado pelo Fórum Nacional pela Democratização da Comunicação – firmado entre os líderes dos diversos partidos no Senado, que se comprometeram a só votar a Proposta de Emenda Constitucional (PEC) que abria as empresas de mídia ao capital estrangeiro, após a composição do Conselho. As garantias para a composição e instalação do Conselho foram asseguradas no dia 22/5/2002. Testemunha do andamento dos trâmites para sua efetiva existência Herz detalhou o caminho tortuoso seguido para ter sua aprovação consolidada:

> A possibilidade de instalação do Conselho começou a ser criada, paradoxalmente, com a desastrosa aprovação da PEC na Câmara dos Deputados, em fevereiro deste ano, com o surpreendente apoio das bancadas de oposição. Sem deixar de defender posição contrária à aprovação da PEC, o Fórum percebeu que a instalação do Conselho poderia ser o único saldo político possível desta disputa no Senado, onde as oposições tenderiam a repetir a votação favorável

2 A diferença se encontra na atribuição de suas funções e de seu papel político. Da forma como se aprovou, a CCS perdeu força no sentido de se realizar um controle maior sobre as empresas de comunicação, motivo que talvez explique sua letargia para entrar em funcionamento e sua atual inoperância.

3 Mais informações podem ser obtidas em: <http://www.dji.com.br/leis_ordinarias/1991-008389/1991-008389-.htm>.

> à PEC ocorrida na Câmara. Reivindicou então que a oposição no Senado, independente de como votasse na PEC, só aceitasse viabilizar sua votação após a composição e instalação do Conselho. A proposta foi aceita (HERZ, 2002, p. 1).

Foram doze anos de espera motivada pelo receio existente contra o funcionamento desse órgão. As resistências à instalação do Conselho residiam principalmente no Executivo e entre o empresariado de comunicação. As empresas acusavam o Conselho de ser um órgão que faria 'censura' e promoveria 'intromissões indevidas' nos negócios privados da comunicação. E o Executivo sentia-se ameaçado no monopólio que detém para definir 'de fato' os assuntos da área, conforme avaliação do próprio Herz (2002).

Previa, na sua composição, treze titulares, e igual número de suplentes. Quatro vagas destinadas aos profissionais da Comunicação Social, quatro para empresários do ramo e cinco para os integrantes da sociedade civil. Todos são eleitos em sessão conjunta do Congresso Nacional, cabendo às entidades sugerir nomes à Mesa Diretora da Casa. O primeiro Conselho estava formado pelos seguintes componentes:

Composição do CCS (atualizada em maio de 2003)

REPRESENTAÇÃO	TITULARES	SUPLENTES
Presidência	Presidente: José Paulo Cavalcanti Filho	Vice-presidente: Jaime Sirotsky
Representante das empresas de rádio (inciso I)	Paulo Machado de Carvalho Neto	Emanuel Soares Carneiro
Representante das empresas de televisão (inciso II)	Roberto Wagner Monteiro	Flávio de Castro Martinez
Representante de empresas da imprensa escrita (inciso III)	Paulo Cabral de Araújo	Carlos Roberto Berlinck
Engenheiro com notório conhecimento na área de comunicação social (inciso IV)	Fernando Bittencourt	Miguel Cipolla Jr.
Representante da categoria profissional dos jornalistas (inciso V)	Daniel Koslowsky Herz	Frederico Barbosa Ghedini

REPRESENTAÇÃO	TITULARES	SUPLENTES
Representante da categoria profissional dos radialistas (inciso VI)	Francisco Pereira da Silva	Orlando José Ferreira Guilhon
Representante da categoria profissional dos artistas (inciso VII)	Berenice Isabel Mendes Bezerra	Stepan Nercessian
Representante das categorias profissionais de cinema e vídeo (inciso VIII)	Geraldo Pereira dos Santos	Antônio Ferreira de Sousa Filho
Representante da sociedade civil (inciso X)	José Paulo Cavalcanti Filho	Manuel Alceu Affonso Ferreira
Representante da sociedade civil (inciso IX)	Alberto Dines	Antônio de Pádua Teles de Carvalho
Representante da sociedade civil (inciso IX)	Jayme Sirotsky	Jorge da Cunha Lima
Representante da sociedade civil (inciso IX)	Carlos Chagas	Regina Dalva Festa
Representante da sociedade civil (inciso IX)	Ricardo Moretzsohn	Assunção Hernandes Moraes de Andrade

Nota: Presidente e Vice-presidente eleitos na 1ª Reunião do Conselho, no dia 25.6.2002.
Fonte: <http://www.abi.org.br/paginaindividual.asp?id=1222>.

O Conselho dispõe de cinco comissões temáticas, idealizadas para fins de estudo e eventual emissão de pareceres sobre assuntos relacionados com a temática pertinente. As comissões passaram a ser assim denominadas: Regionalização e Qualidade da Programação, Tecnologia Digital, Radiodifusão Comunitária, TV a Cabo e Concentração de Propriedade dos Meios de Comunicação Social[4]. A última eleição do CCS aconteceu em 2006, o que significou na prática sua desativação, pois cessaram as reuniões e, por conseguinte, seu papel de assessor do Congresso.

4 Na reunião de 03/11/2003, o presidente do Conselho designou a Comissão de Regionalização e Qualidade da Programação para analisar e emitir relatório sobre a presente matéria, constituída pelos Conselheiros Paulo Machado de Carvalho Neto (representante das empresas de rádio), Roberto Wagner Monteiro (representante das empresas de televisão), Francisco Pereira da Silva (representante da categoria profissional dos radialistas), Berenice Mendes Bezerra (representante da categoria profissional dos artistas), Alberto Dines e Carlos Chagas (representantes da sociedade civil), tendo, ainda, como suplente o conselheiro Ricardo Moretzsohn (representante da sociedade civil). Disponível em: <http://www.senado.gov.br/sf/atividade/Materia/detalhes.asp?p_cod_mate=60879>. Acesso em 4 jan 2009.

Apesar de ser um instrumento auxiliar do Congresso, as funções do Conselho, assim como sua existência, representavam clara oportunidade de poder se discutir e fazer valer a opinião cidadã sobre os temas da Comunicação, algo impensado até a promulgação da Constituição de 1988. Por ser um espaço para debater, o Conselho permitiu que se explicitassem posicionamentos trazidos à tona pelos representantes dos mais variados segmentos nele representados. Na sua curta trajetória, as atividades desenvolvidas pelas comissões do referido Conselho significaram um avanço na discussão da Comunicação em varias dimensões. Não cabe aqui entrar no detalhamento das reuniões realizadas em cada uma das cinco comissões temáticas. Aprofundaremos uma que consideramos relevante pelo alcance social de suas pertinências: a Comissão da Regionalização e Qualidade da Programação.

A COMISSÃO DE REGIONALIZAÇÃO E QUALIDADE DA PROGRAMAÇÃO: UMA TENTATIVA DE REGULAMENTAÇÃO

Constituída na reunião de 26/06/2002, a Comissão de Regionalização e Qualidade da Programação ficou composta pelos seguintes membros: Paulo Machado de Carvalho Neto (Representante das empresas de rádio), Roberto Wagner Monteiro (Representante das empresas de televisão), Berenice Isabel Mendes Bezerra (Representante da categoria profissional dos artistas), Francisco Pereira da Silva (Representante da categoria profissional dos radialistas).

Entrou em funcionamento devido ao artigo 221, que previa um item voltado para nortear a programação e produção das emissoras de rádio e televisão, incluindo a regionalização da produção cultural, artística e jornalística seguindo índices que deveriam ser formulados por lei específica. Nesse sentido um projeto de lei apresentado pela deputada Jandira Feghali (PCdoB/RJ), em 1991, veio à tona doze anos depois, e acabou aprovado na Câmara dos Deputados em 2003. Seguindo a tramitação de praxe, chegou ao Senado, que encaminhou o projeto para receber parecer do CCS.

Para estudar e emitir parecer, o CCS passou esse projeto à Comissão de Regionalização e Qualidade da Programação. Seus integrantes ouviram e receberam contribuições de mais de 20 pessoas, entidades e instituições das mais variadas áreas afetadas pelo projeto de lei. Finalmente, em 2004, depois desse longo processo, o CCS aprovou um parecer que praticamente ratificava a sua aprovação tal como veio da Câmara dos Deputados, transformando-se no PLC nº 59/2003. A última tramitação desse projeto, disponível para consulta, data de 12/11/2008 quando foi encaminhado para as Comissões de Ciência, Tecnologia, Inovação, Comunicação e Informática e de Educação, Cultura e Esporte.

Na justificativa da elaboração do projeto de lei, a deputada federal carioca Jandira Feghali alegava urgência na sua aprovação para garantir a divulgação da diversidade cultural do país, perante a supremacia da mídia com suas tentativas de padronização e hegemonização. Para tanto, estabelecia um mínimo de tempo nos meios de comunicação para divulgar as questões locais, assim como definia um período nos canais de comunicação para as produções independentes.[5]

Assim vista, parecia ser bastante justa a reivindicação da deputada do Partido Comunista do Brasil (PC do B). No entanto, por uma óptica mais apurada, verifica-se um simplismo nessas argumentações da deputada por não se tratar de uma questão matemática. A garantia do espaço não seria suficiente para assegurar a pluralidade cultural, tanto que, num primeiro momento, o projeto agradou tanto aos empresários do setor como aos trabalhadores e aos membros da sociedade civil. Por esse motivo, deveria parecer fácil e rápida sua aprovação, o que não aconteceu até o presente momento. Resta então verificar em que ponto se encontra a complexidade do conceito regional, notadamente no âmbito comunicacional, para poder compreender outros posicionamentos e interesses despertados pelo projeto de lei da regionalização da programação cultural, artística e jornalística e a produção independente nas emissoras de rádio e televisão.

Featherstone (2001), um dos muitos teóricos preocupados com as dinâmicas envolvidas entre o local e as pressões para uniformizar comportamentos por intermédio da cultura, sugere entender essa relação pela via do confronto, e como palco de embates e conflitos culturais inevitáveis. Assim, o localismo ganha destaque na sua produção por significar um espaço em construção capaz de reproduzir a diversidade cultural inerente a qualquer processo civilizatório.

Criticando as interpretações consideradas monoculturais do local, notadamente as influenciadas pelos grandes estudos sociológicos de Maine, Durkeim e Tonies, Featherstone (2001) propõe o resgate do local considerando suas peculiaridades que passam pelo tempo, tradição, culturas, classes, gêneros e impactos recebidos das ações externas. Alerta, ainda, para o perigo que representa entender o local sem abordar o espaço temporal como o espaço social de ação dos diversos grupos nele presentes. Featherstone (2001) considera uma falácia defender a ideia de unidirecionalidade para entender o progresso de uma comunidade. Essa concepção deriva, de acordo com o mesmo autor, da ideia de modernidade predominante nas ciências, ou seja, a modernidade ocidental, na qual progresso e capitalismo caminham de mãos dadas e impedem a expressão de outras forças e mani-

5 In: <http://www.senado.gov.br/sf/publicacoes/diarios/pdf/sf/2003/08/28082003/25294.pdf>.

festações inerentes a qualquer espaço transformado pelo ser humano, seja local ou nacional.

Diante de tal investida, Featherstone (2001) acredita que a audiência não é passiva e, mesmo participando de eventos trazidos pelos meios de comunicação de massa, reconstitui as informações recebidas, resultando em atividades e comportamentos nem sempre esperados pelos promotores dos produtos culturais midiáticos veiculados nos meios massivos. O autor sustenta a necessidade de se criar alguns valores universais para tentar, respeitando as particularidades, elaborar métodos e processos de análise, úteis na hora de compreender as dinâmicas locais. A proposta de Featherstone (2001) é alentadora, pois aponta para a aceitação da pluralidade de interpretações sobre o sentido do mundo formulado de diferentes posicionamentos e perspectivas.

Dos ensinamentos de Featherstone (2001), podemos deduzir que o projeto da deputada não atingiu a essência do problema, ou seja, como controlar os meios de comunicação e, mais ainda, como garantir a relação entre sua democratização e as manifestações da diversidade cultural do país. Antes da regionalização, existia uma questão prévia relacionada com o modelo de comunicação na qual a regionalização se inseriria. Isso não se encontra nos debates do CCS e muito menos no projeto da deputada Jandira Feghali.

A primeira reunião realizada pela Comissão já evidenciava um rumo que seria seguido nas subsequentes: por um lado, os representantes das emissoras mostrando a inconstitucionalidade do projeto e, por outro, os membros das demais categorias defendendo sua manutenção. Ficou evidente a necessidade de se ter um tempo maior para debater e realizar audiências públicas destinadas a aprofundar a matéria em questão. Toda essa movimentação desencadeou uma serie de reuniões marcadas pelas disputas das partes envolvidas importante para decodificar a maneira como se articulam, no âmbito do Legislativo, os procedimentos para interferir nos projetos de lei ou dilatar sua tramitação.

Todo esse jogo de pressão ficou explícito na primeira audiência pública realizada pela Comissão. Entre os convidados se encontrava o deputado federal pernambucano Roberto Magalhães. A presença se justificava por ter sido o relator do projeto original aprovado pela Câmara dos Deputados antes de ser enviado ao Senado. Sua intervenção, extremadamente rica em detalhes, significou dura denúncia das manobras realizadas, ainda no Legislativo, quando se aprovou seu nome para ser relator.

Algumas passagens narradas por esse deputado ajudam a entender o comportamento dos *lobbies* presentes e atuantes quando se interfere nos interesses dos grandes proprietários dos meios de comunicação. Na Comissão de Constituição e Justiça da Câmara dos Deputados, responsável pela avaliação da constitucionalidade dos projetos, houve um recurso por parte de alguns deputados, posteriormente retirado, modificando partes do projeto da deputada Jandira Feghali. Ocorre que tal recurso perdeu sua validade pela retirada das assinaturas dos deputados, ficando, desta maneira, o projeto com sua redação inicial. Entretanto, pela pressão dos *lobbies*, o projeto sofreu derrota diante da suspeita de inconstitucionalidade. Mas, as palavras do deputado esclarecem suficientemente essa situação e mostram procedimentos pouco éticos no cotidiano do Congresso:

> Eu vivi um drama, porque, na realidade, examinei o processo e não havia nada de errado na redação final. Aqueles votos tinham sido de protesto pela, digamos assim, tramitação irregular. E o que fiz? Alguns disseram: "Dr. Roberto, o senhor tem que arrumar algo de errado nessa redação". E eu resolvi fazer aquilo que na minha vida sempre deu certo: ficar com a verdade e a realidade. No meu parecer digo simplesmente o que aconteceu. Eu não podia falar por todos e dizia que tinha votado em sinal de protesto. Ressalvei a posição do Presidente da Comissão, que tinha oficiado, por sua vez, ao Presidente da Câmara, dizendo que era preciso um novo pronunciamento sobre a parte jurídica. A resposta foi que não, pois estava encerrada a tramitação de mérito. Estava preclusa essa matéria e só cabia unicamente se tratar da redação final. Então fiz um parecer dizendo isso e mais, que eu, no caso, tinha votado em protesto e também porque muitas pessoas tinham me alertado sobre esse projeto, com diversos argumentos, como o da diminuição da qualidade da programação das rádios, das TVs, da comunicação de um modo geral. Mas eu me convenci que de que o projeto da deputada Jandira Feghali tinha indiscutível respaldo constitucional, o art. 221. Então, na Comissão de Constituição e Justiça e de Redação não havia o que impugnar.[6]

Apesar de longo, o depoimento é rico em detalhes, mesmo com a tentativa de encobrimento de colegas por parte do deputado. O aspecto legal tentou ser burlado por meio de invenções e falsidades legais. Os argumentos não ficaram por aí. Questionava-se a qualidade das emissoras, assim como se usaram outros artifícios para bloquear a tramitação. Parece que os longos anos em que o Congresso se omitiu na regulamentação do tema previsto na Constituição não foram por acaso. Toda essa movimentação evidencia a ausência da fiscalização independente sobre as atividades legislativas, ao

6 In: <http://www.senado.gov.br/sf/publicacoes/diarios/pdf/sf/2004/04/06042004/09614.pdfhttp://www.senado.gov.br/sf/publicacoes/diarios/pdf/sf/2004/04/06042004/09614.pdf>.

mesmo tempo em que colocam em xeque os princípios democráticos e de ampla defesa dos direitos contidos na Constituição.

A intervenção do deputado resultaria no surgimento de novos argumentos para inviabilizar o projeto, agora voltados para o aspecto do cumprimento do seu conteúdo diante da precariedade das redes para desempenhar, regionalmente, a produção de matérias jornalísticas e programas culturais. O caminho seguido, por parte dos representantes das emissoras, resumiu-se em mostrar sua inviabilidade pela inexistência de infraestrutura para levar a cabo tal programação. Estes seriam alguns dos entraves enfrentados pelo deputado Roberto Magalhães no Congresso Nacional na hora de relatar o projeto sobre a Regionalização e a Qualidade da Produção.

Derrotados no Congresso, restava agora agir na Comissão com o intuito de operar mudanças nos pontos considerados mais polêmicos para as empresas de Comunicação. Insuficiência de equipamentos, inviabilidade de estabelecer novas repetidoras, dificuldades financeiras, excesso de tempo destinado à programação local, ilegalidade de itens específicos do projeto e carência de empresas independentes para produzir a programação tornaram-se argumentos mais frequentes manifestados pelo representante das patronais na sua missão de reverter o projeto.[7]

Por sua vez, os representantes dos profissionais da Comunicação e da sociedade civil apresentaram uma argumentação diferente. Para eles, a questão que se encontrava em jogo era a concentração da produção e a criação de conglomerados que não estariam dispostos a descentralizar sua produção dos grandes centros por motivos econômicos. Alegavam, ainda, que o perigo da regionalização residia no fato de poder criar novos espaços para serem ocupados, por exemplo, por empresas de telefonia e de grupos estrangeiros, afetando, dessa forma, a situação confortável em que se encontravam as empresas das mídias. De certa maneira, isso já estava claro para os grandes grupos da mídia, motivo pelo qual desejavam adiar ou reverter a ideia da regionalização tal como prevista no projeto da deputada Feghali.

A objeção principal ao projeto por parte dos representantes profissionais recaía sobre a falta de proteção e incentivo financeiro para criar grupos especializados na produção independente. Nas palavras de Geraldo Pereira dos Santos, representante das categorias profissionais de cinema a e vídeo, quando se falava da produção independente deveria se pensar em duas questões centrais: a primeira delas relativa à democracia e a segunda, à diversidade e pluralidade de expressão. Existindo pluralidade de opiniões

7 Esses argumentos foram extraídos das falas dos seguintes membros da Comissão: Paulo Machado de Carvalho Neto (Representante das empresas de rádio); Roberto Wagner Monteiro (Representante das empresas de televisão) In: <http://www.senado.gov.br/sf/atividade/Materia/detalhes.asp?p_cod_mate=60879>.

seria mais difícil conduzir a opinião pública, assim como se abriria espaço para a pluralidade e diversidade de opinião.[8]

Vale a pena destacar o procedimento seguido pelos representantes das categorias profissionais e da sociedade civil no combate às ideias dos setores empresariais, tal como pode ser observado na fala do conselheiro Geraldo Pereira dos Santos:

> Muito longe da questão setorial e corporativa que envolve esse projeto, o maior beneficiado era o povo brasileiro, o consumidor e a sociedade como um todo, que iria ter uma multiplicidade de produtos audiovisuais que só enriqueceriam os seus lares, a sua formação e a sua informação. Como representante de um segmento profissional, o da mão-de-obra, entendo que a provocação para nós, desses setores – radialistas, jornalistas, técnicos de cinema e vídeo – e também para o Governo, para a Secretaria do Audiovisual e para o Ministério da Cultura, é em termos de impacto, de geração de emprego e renda e, obviamente, de divisas para o País para o Ministério da Cultura, é em termos de impacto, de geração de emprego e renda e, obviamente, de divisas para o País.[9]

Fica evidente não só o antagonismo nos enfoques apresentados, mas também uma forma oposta em entender como deveria se operacionalizar a produção da Comunicação no país. Não resta dúvida de que os aspectos econômicos primavam sobre os demais. Tal preocupação pode ser explicada pelos custos envolvidos na execução desses programas e pela ameaça que começava a aflorar em virtude da abertura econômica promovida pelo Estado.

Desde o dia de sua instalação (3/11/03) até o dia da votação (3/05/2004), o projeto da deputada Jandira Feghali passou pelo crivo da Comissão de Regionalização e Qualidade da Programação. Nela, as divergências apontadas anteriormente se espelhariam de maneira bastante nítida. As maiores objeções vieram dos representantes dos empresários por não concordarem com o número de horas reservadas, no projeto, para a transmissão de programas regionais.

Vale a pena salientar que tal reserva já tinha sido alterada na Câmara dos Deputados em função do *lobby* desse segmento. A redação original do projeto previa a regionalização de 30% da programação diária das redes, o que, no entanto, na Câmara Federal, foi reduzido para 22 horas semanais no

8 In: <http://www.senado.gov.br/sf/publicacoes/diarios/pdf/sf/2004/04/12042004/09994.pdf>.

9 Geraldo Pereira dos Santos, In: <http://www.senado.gov.br/sf/publicacoes/diarios/pdf/sf/2004/04/12042004/09994.pdf>.

caso de emissoras que atendessem a áreas geográficas com mais um milhão e quinhentos mil domicílios com televisores; 17 horas semanais para aquelas com menos de um milhão e quinhentos mil domicílios com televisores; e dez horas semanais para as localidades com menos de quinhentos mil domicílios com televisores.[10]

Na hora de apresentar o resultado final da votação e de realizar a avaliação dos trabalhos da comissão a relatora, Berenice Isabel Mendes Bezerra expressou sua indignação diante do comportamento empresarial:

> Foi como se, infelizmente, uma borracha tivesse sido passada por tudo que foi acordado na Câmara Federal. O empresariado recomeça a discutir, como se fora do zero, a questão. No entender da Comissão, essas manifestações em especial, que ocorreram ao longo dessas duas audiências públicas, demonstraram de modo cabal a intenção, não de todo empresariado, mas de boa parte dele, de não acatar a regulamentação do art. 221 da Constituição. Não interessa. Para uma boa parte do empresariado brasileiro, ainda que se trate de um mandamento constitucional, não interessa. E o que puder fazer em termos de lobby nesta Casa, no Senado, para que isso não aconteça, seja projeto da Deputada Jandira Feghali, seja projeto de quem for, eles o farão. Isto está bem claro nos anais das nossas reuniões que acompanham nosso parecer na íntegra.[11]

As palavras de Berenice Isabel Mendes Bezerra, representante da categoria profissional dos artistas, são contundentes. Pensando na sua posição de presidente da Comissão, tal pronunciamento ganha uma dimensão inusitada. A crítica ao empresariado, além de forte, evidencia sua força e pouco respeito pelas decisões já tomadas na Câmara Federal. As manobras desse grupo procuraram interferir, inclusive, promovendo a troca de representantes no CCS. O Senador José Fogaça, contrário ao projeto de regionalização, em 27 de abril, numa sessão conjunta do Congresso Nacional, obteve a indicação para exercer o mandato de membro titular do Conselho de Comunicação Social na vaga destinada à representação das empresas da imprensa escrita. A intenção final com toda essa articulação se centrava, agora, na tentativa de rejeitar o parecer final, considerado muito avançado e contrário aos interesses dos empresários da comunicação.

Entretanto, todo esse empenho não impediu a vitória do relatório nos moldes estabelecidos pela deputada Jandira Feghali. Do total dos tre-

10 In: <http://www.senado.gov.br/sf/publicacoes/diarios/pdf/sf/2004/09/22092004/30317.pdf>.
11 In: <http://www.senado.gov.br/sf/publicacoes/diarios/pdf/sf/2004/09/22092004/30317.pdf>.

ze representantes, votaram contra o parecer final os três representantes das empresas da mídia, o engenheiro com notório conhecimento na área de comunicação social e um representante da sociedade civil. Favoráveis à aprovação se manifestaram os quatro representantes das categorias profissionais e os demais representantes da sociedade civil.

A derrota não impediu a continuação das manobras empresariais. Junto com o relatório, conseguiram encaminhar o voto separado dos delegados das empresas de Comunicação para que fosse considerado pelos senadores na hora de aprovar ou rejeitar o projeto vindo da Câmara. Apesar de não pretendermos neste artigo acompanhar seu desfecho, uma olhada na sua tramitação torna-se necessária para compreender melhor as proféticas palavras da conselheira Berenice[12]. Desde sua apresentação até o dia 12/11/2008 o projeto transita pelo Senado, ora sendo sobrestado, ora sendo emendando, ora sendo modificado, ora sendo enviado para uma comissão assessora do Senado, ora não sendo votado por falta de acordo dos líderes; em suma, não saiu do papel. Se a essa questão somamos, como já havíamos mostrado, a paralisia em que se encontra o CCS, restam algumas dúvidas relacionadas com a pretensa ampliação da participação cidadã promovida pela Constituição de 1988.

CONCLUSÃO

Resulta difícil não aceitar e perceber os avanços provenientes da Constituição de 1988 na área de Comunicação. O debate mostrado de maneira sucinta nas linhas anteriores comprova o ambiente mais aberto e democrático no qual os interesses de setores da sociedade são defendidos publicamente. Nesse jogo se manifestam as desigualdades que questionam a suposta liberdade constitucional. O acompanhamento do projeto evidenciou a pouca efetividade e interferência dos representantes da sociedade na hora de implementar os aspectos mais próximos dos interesses da maioria da população. Tal questão comprova aquilo que lembrava Featherstone (2001) ao alertar que as dinâmicas regionais, assim como a compreensão do local, só têm validade quando expressam e levam em consideração as dinâmicas de suas lutas e trajetórias. Desconsiderar este alerta abre espaço para que os grupos mais próximos do poder se apropriem, utilizando a demora e a ritualística processual dos mecanismos existentes para evitar os avanços populares.

Especificamente, o acompanhamento do projeto aprovado no Congresso e enviado ao Senado permite evidenciar a relevância de existirem espaços para o debate. No entanto, constata-se uma grande distancia entre esses atores e suas bases. A representação não significa a legitimação e independên-

12 O acompanhamento foi feito na página eletrônica disponibilizada pelo Senado no endereço: <http://www.senado.gov.br/sf/atividade/Materia/detalhes.asp?p_cod_mate=60879>.

cia do eleito. Por não ter respaldo suficientemente forte os debates, ficam, em vários momentos, restritos à exibição de argumentos, ou seja, a um jogo de retórica, esquecendo-se de que a questão em jogo implicava concepções e visões de cultura popular e, no final das contas, o setor popular permaneceu ausente de toda essa discussão realizada no âmbito da esfera institucional. Dificuldades para operacionalizar toda essa tramitação? Sem dúvida, mas, demora por demora, sem consultar à população, ainda continua sem ser aprovado...

REFERÊNCIAS BIBLIOGRÁFICAS

DINES, A. *Seqüestraram o Conselho de Comunicação Social.* Disponível em: <http://www.observatoriodaimprensa.com.br/artigos.asp?cod=477JDB001>. Acesso em 2 jan 2009.

FEATHERSTONE, M. *Cultura Global.* Petrópolis: Vozes, 2001.

FERNANDES, F. *Que tipo de República?* Rio de Janeiro: Globo, 2007.

FILHO, V.B. *Direitos Fundamentais na Constituição de 1988.* São Paulo: Juarez de Oliveira, 2002.

HERZ, D. *O Conselho de Comunicação Social.* Nova etapa de uma luta antiga. Disponível em: <http://www.observatoriodaimprensa.com.br/artigos/ipub050620022.htm>. Acesso em 2 jan 2009.

INTERVOZES. *Vozes da Democracia*: histórias da comunicação na redemocratização do Brasil. São Paulo: Imprensa Oficial do Estado de São Paulo Intervozes – Coletivo Brasil de Comunicação Social, 2006.

JAMBEIRO, O. & STRAUBHAAR, J. *Informação e Comunicação.* Salvador: Editora da UFBA, 2004.

LIMA, V. *Mídia* – Crise Política e Poder no Brasil. São Paulo: Fundação Perseu Abramo, 2006.

______. *20 anos de Constituição:* a comunicação tem algo para comemorar? Disponível em: <http://www.contee.org.br/noticias/artigos/art177.asp>. Acesso em 2 jan 2009.

PINSKY, J. *Práticas da cidadania.* São Paulo: Contexto, 2003.

TEOTÔNIO, P.J. *Constituição e construção da cidadania.* São Paulo: Editora JH Mizuno, 2006.

WEFFORT, F.C. *Qual democracia?* São Paulo: Companhia das Letras, 1992.

Cicilia M. Krohling Peruzzo

Comunicação e cidadania, uma questão de direitos humanos

O tema será desenvolvido a partir de dois eixos: as interfaces entre comunicação e cidadania e a comunicação nos movimentos sociais, comunidades e em organizações civis sem fins lucrativos. O objetivo é evidenciar essas inter-relações do ponto de vista teórico e indicar visões das práticas sociais que incorporam a noção do direito à comunicação como um direito de cidadania, nas suas realizações concretas. Diante da importância da comunicação e das tecnologias correlatas no 'que fazer' da sociedade atual, propomos a incorporação da dimensão comunicacional como uma nova categoria da cidadania.

INTERFACES ENTRE COMUNICAÇÃO E CIDADANIA

Inicialmente, diríamos que o tema "comunicação e cidadania" remete à questão dos direitos humanos. Duas palavras densas, carregadas de história, conflitos e conquistas. Denotam, por um lado, a importância da comunicação e da mídia na sociedade em razão de seu poder de informar, entreter e formar e, ao mesmo tempo, revelam seu uso nem sempre a favor da sociedade, do interesse público. Por outro lado, a cidadania se revela possível, mas simultaneamente negada. O debate sobre essas questões acende a luz sobre as contradições existentes. Ao juntarmos as duas palavras – comunicação e cidadania –, elas remetem ao tema do direito à comunicação e à cidadania como processos inter-relacionados.

Em geral, enfatiza-se cidadania como realização de direitos civis, sociais e políticos. A noção de comunicação como direito humano fica um tanto submersa nessas categorias, ao olhar desatento. Tem-se mais claramente a ideia de que todo cidadão e toda cidadã têm direito a uma moradia digna, do que sobre o direito de empoderarem-se das tecnologias da televisão e da *internet* para a difusão de mensagens das comunidades das quais participam, por exemplo. Mas, as dimensões civil, política e social da cidadania, tal como sistematizadas por Marshall (1967), trazem embutido o direito à comunicação, embora pudesse ser mais bem evidenciado.

Há dois grandes movimentos históricos envoltos nessa temática. Num primeiro movimento, está o direito à comunicação como imerso nas categorias civil, política e social de cidadania. O segundo, sobre as inter-relações entre cidadania e comunicação.

No primeiro, percebemos como os direitos de comunicar são explicitados e se entrelaçam nas esferas civil, política e social da cidadania. As dimensões – civil e política – configuram-se ainda nos séculos XVIII e XIX, respectivamente, e são classificados como de primeira geração (VIEIRA, 2000). Os direitos civis dizem respeito à liberdade individual, de ir e vir, ser reconhecido[1] legalmente, de pertencer a uma nação, de expressar opiniões e crenças etc. Os direitos políticos se referem à liberdade de se associar, interferir, participar politicamente. São direitos da pessoa. Os direitos de segunda geração – os sociais –, ainda segundo Vieira (2000), são conquistados em meados do século XX. É quando a participação – com igualdade – no nível de vida e do patrimônio social (acesso aos bens tangíveis e não-tangíveis que garantam boa qualidade de vida etc.) é reconhecida como um direitos de todos. Os meios/canais de comunicação fazem parte do patrimônio social; portanto, infere-se que o acesso a eles como forma de exercitar a liberdade de expressão representa a inclusão do direito à comunicação na dimensão social da cidadania.

Vieira (2000) e Bobbio (1992) ainda nos dizem que na segunda metade do século XX uma novidade acontece: emergem os direitos de terceira geração. É o reconhecimento de direitos humanos como direitos coletivos, portanto superando a noção individual, mas sem negá-los, claro. São direitos de grupos humanos, segmentos sociais, etnias, movimentos sociais etc., em suas diferenças. É quando os direitos de mulheres, idosos, crianças, nações, comunidades, pessoas com condições físicas diferenciadas e assim por diante passam a ser reconhecidos.

A presença da comunicação também se verifica nessa dimensão como direito à liberdade de comunicar e o direito à comunicação, porém não apenas individualmente, mas como direito coletivo, de grupos humanos e comunidades. O reconhecimento em termos legais deste direito parece contrastar com sua percepção nas práticas sociais. No Brasil, enquanto a lei de radiodifusão

1 Ser registrado ao nascer, o que garante uma identidade civil e uma nacionalidade.

comunitária, por exemplo, além de surgir somente no final da década de 1990, é limitativa, ao impedir comunidades que não sejam de base territorial operem emissoras de baixa potência, os grupos populares – exercem na prática seus direitos constitucionais de livre manifestação do pensamento, criação, expressão e informação, "sob qualquer forma, processo ou veículo" (Art. 220 da Constituição Brasileira). Uma evidência desse processo é o surgimento de associações sem fins lucrativos de rádio e de televisão comunitárias reivindicando autorização para funcionar, ou que já operam canais de comunicação – às vezes sem autorização –, e lutam na justiça pelo direito à liberdade de comunicar e contra fechamentos de emissoras e prisões de radialistas populares. É neste contexto que surge, também, a organização de entidades as mais diferentes, tais como de gênero, defesa do meio ambiente, cultura, etnia, profissão de fé, melhoria nas condições de moradia, contra a violência, de democratização da comunicação e assim por diante, e que exigem o respeito aos direitos da pessoa humana, individuais e coletivos. Exemplo: processos na justiça contra a discriminação da mídia à mulher, homossexuais etc.

Com o avanço da ciência é cada vez mais exigido o respeito aos valores humanos no campo da medicina e da bioética, ou seja, o respeito à vida, como direito de quarta geração (VIEIRA, 2000), em cujos processos também se verificam os direitos comunicacionais, tais como o acesso às informações e à informação segura.

A explicitação da comunicação como direito humano remete a direitos comunicacionais e, poderíamos dizer, à dimensão comunicacional da cidadania, o que inclui os direitos culturais. Embora presentes, mas um tanto submersos nos direitos civis, políticos e sociais, e dada a importância crescente e inquestionável da mídia e do desenvolvimento tecnológico da informática na sociedade dessa época, talvez esteja emergindo a necessidade de um desdobramento das "gerações de direitos": o reconhecimento de um direito de quinta geração, os direitos comunicacionais ou direitos à comunicação em seus múltiplos sentidos, inclusive, os direitos do âmbito da cultura.

Num segundo movimento, destacamos outros matizes das inter-relações entre cidadania e comunicação no processo histórico de sua constituição e mudança qualitativa. O exercício do direito à comunicação só é exercido plenamente se os demais direitos humanos (ou direitos de cidadania) forem respeitados. Isto quer dizer que o direito à comunicação e o direito à cidadania são, na verdade, um único processo. Este remete a múltiplos outros processos, dentre os quais enfatizamos três que, por sua vez, têm vários desdobramentos.

Primeiramente, a realização do direito ao acesso à informação, à comunicação, ao conhecimento e à cultura pressupõe:

a) que as informações e todas as formas de conhecimento sejam difundidas e estejam ao alcance do receptor. O ambiente mais amplo de relacionamento público-social favorável seria o de democracia política e midiática, além de econômica. Ou seja, o direito à comunicação se realiza onde há democracia política, meios de comunicação democráticos e distribuição da riqueza gerada socialmente. A democracia econômica diz respeito à distribuição equitativa de renda, de modo que permita a aquisição de bens (comprar o jornal, o aparelho de televisão, o computador, pagar um provedor de *internet* etc.) e a disponibilização de serviços públicos gratuitos de acesso à rede mundial de computadores, como os telecentros nas cidades e os centros de informática nas instituições de ensino e bibliotecas.
b) reconhecimento de que toda pessoa tem o direito de ter condições de compreender e absorver a informação (nível de abstração elevado), usufruir e fruir dos bens culturais e se empoderar do conhecimento. Em outras palavras, o direito de acesso à informação, ao conhecimento e à cultura pressupõe que toda pessoa tenha capacidade intelectual para entender e apreender os conteúdos veiculados, suas linguagens e seus significados.

Como se depreende, a realização do direito à comunicação se entrelaça com o direito à educação, com as condições educacionais de alto nível oferecidas às pessoas de todas as classes sociais.

Pesquisa do Indicador Nacional de Analfabetismo Funcional (Inaf), de 2005, mostrou que apenas 26% da população, com idade entre 15 e 64 anos, conseguem interpretar textos mais longos.

Diante desse quadro e de tantas outras desigualdades sociais, cabe perguntar:

Que cidadania exercemos? Todos têm de fato os mesmos direitos?

A Constituição não é respeitada nas partes em que proíbe a formação de monopólios e oligopólios na área da Comunicação (Art.220) e determina finalidades educativas, informativas, artísticas e culturais, a promoção da cultura nacional e regional, e a regionalização da produção em percentuais significativos[2] (Art. 221). Ela também não é regulamentada em leis específicas por força dos interesses dos controladores da mídia e de seus aliados no Parlamento.

Em segundo lugar, direito de dispor de conteúdos de boa qualidade, respeitosos dos direitos da pessoa e demais viventes de informação fidedigna

2 Percentuais que deveriam ser estabelecidos em lei, cujos projetos apresentados por deputados sempre são alvo do *lobby* das grandes empresas de comunicação no Congresso Nacional atrapalhando qualquer avanço e agilidade nos encaminhamentos.

e entretenimento que tenham como parâmetro o interesse público e não interesses privados. Na realidade, a garantia do acesso à informação e aos demais conteúdos mencionados no item precedente não diz respeito apenas à difusão, mas ao tipo e à qualidade do que é difundido. A informação jornalística que contribui para a cidadania é aquela transmitida com total liberdade, profunda, fiel aos acontecimentos e livre de manipulação política, ideológica ou comercial. O mesmo é válido para os demais conteúdos, dos quais se espera o respeito aos valores humanos, que não abordem as diferenças - de gênero, raça, credo, idade etc.- de maneira desrespeitosa, inverídica ou forjada.

Na prática, as violações dos direitos da pessoa nos moldes acima apontados são corriqueiras nas telas, microfones e páginas impressas. O receptor é mais visado como consumidor do que como cidadão. Interessam aos donos da mídia comercial abordagens que aumentem o número de telespectadores, ouvintes, leitores, internautas, e não qualidade da mensagem que se lhes oferecem. O programa *Big Brother* Brasil, da Rede Globo de Televisão, é um exemplo de como futilidades são exaltadas em busca de adesão do público, também ele persuadido a se expor e a aderir aos apelos participativos em torno de situações de convivência arranjadas, que se resumem na competição por prêmios. Triste o povo que se deixa manipular pela mídia.[3]

Contudo, há reações da sociedade por meio de ações impetradas na justiça e da formação de frentes contestadoras e vigilantes da sociedade civil contra os abusos da mídia. Referimo-nos à "Campanha contra a Baixaria na TV", que tem como *slogan* "Quem financia a baixaria é contra a cidadania"[4], à atuação fiscalizadora de Observatórios da Comunicação - como, por exemplo, o Observatório do Direito à Comunicação[5], Observatório de Mídia Regional[6], Observatório da Imprensa[7] -, e também a iniciativa de entidades sem fins lucrativos de recorrer ao Ministério Público para entrar com processo civil[8] contra a violação de direitos humanos na televisão.

A violação dos direitos comunicacionais também é evidente quando se impede a liberdade de expressão por meio do fechamento de rádios comuni-

3 Numa alusão a "triste do povo que precisa de heróis", de Brecht.

4 In: <http://www.eticanatv.org.br/>.

5 In: <http://www.direitoacomunicacao.org.br>.

6 In: <www.ufpe.br/observatorio/>.

7 In: <http://www.observatoriodaimprensa.com.br/>.

8 São ações civis impetradas na justiça, por meio do Ministério Público Federal, contra a violação de direitos humanos pela televisão, cujas decisões determinaram punições tais como o pagamento de multas, retirada de programa do ar e a garantia do direito de resposta. Exemplo: o programa Tardes Quentes, da Rede TV, apresentado por João Kleber, exibia quadros que violavam os direitos humanos, em especial dos homossexuais. A justiça determinou, entre outros aspectos, que no lugar do Tardes Quentes fosse exibida programação com 30 horas de duração produzida pelas organizações envolvidas na Ação Civil Pública. Resultado: programas denominados Direitos de Resposta com uma hora de duração foram veiculados durante 30 dias. In: <http://www.intervozes.org.br/destaque-4>.

tárias comprometidas com o bem-estar das localidades onde se localizam. A justificativa - o fato de não possuírem autorização para funcionar - não leva em conta que tal situação - na maioria dos casos - é consequência das próprias distorções existentes no âmbito do órgão responsável peças concessões, o Ministério das Comunicações. Também a concentração da propriedade dos meios de comunicação em poder de grandes grupos econômicos e políticos viola os direitos comunicacionais. A manipulação de consciências e a sujeição da pessoa - desde a criança - à condição de consumidora compulsiva são facilitadas pela concentração privada dos meios naqueles que os veem apenas como negócio privado. Além do fato de a Constituição do Brasil impedir a formação de oligopólios e monopólios midiáticos, a concentração viola a regra básica da cidadania, a igualdade de distribuição e usufruto do patrimônio social. Os meios de comunicação são patrimônio da humanidade e para uso em seu benefício. A democratização da propriedade dos meios de comunicação, ou seja, possibilitar o poder de seu uso por diferentes segmentos sociais entre eles, o comunitário e sem fins lucrativos, é requerida como parte dos direitos dos cidadãos.

Terceiro, o direito de acesso ao poder de comunicar. Significa a realização plena da democracia comunicacional, a qual expressa e pode ser ampliadora do exercício da cidadania. O direito à comunicação não se limita ao acesso à informação, ao respeito aos direitos humanos pela mídia, mas requer a garantia por parte do cidadão, da cidadã, dos grupos sociais, dos segmentos populacionais subjugados, dos movimentos populares e das comunidades, de disporem dos meios (canais de difusão) na condição de sujeitos de todo o processo de comunicação. Significa possuir o direito à liberdade para informar, expressar-se e comunicar com autonomia falar por si mesmos, com sua visão de mundo e falar das coisas que afetam e interessam a sociedade e cada ator coletivo envolvido, seja ele uma organização comunitária ou juvenil numa favela ou um sindicato de trabalhadores.

Essa dimensão do direito à comunicação é transformadora, sem menosprezar as outras, porque: a) altera a relação das pessoas com a mídia ao mexer com a percepção de que ela é coisa possível só ao outro, daquele que estudou, fala bem e tem boa aparência; b) questiona a centralização da propriedade dos meios de comunicação nos detentores do poder econômico e do poder político; c) põe em xeque o sistema legal que impede ou dificulta a comunicação comunitária e local. Em nosso país, só em 1998 se aprovou uma lei que permitiu a radiodifusão de baixa potência (comunitária) e, ainda, restringindo seu alcance a um quilômetro de distância. Isso num país de grandes diversidades regionais. No estado da Bahia, por exemplo, não há (pelo menos até 2008) um único meio de comunicação local em 37% dos municípios. Mas, a lei permite que as grandes redes de televisão por satélite ou de rádio produzidas nos grandes centros urbanos cheguem em zonas longínquas. Mas, fazem falando do trânsito nas grandes avenidas das metrópoles, das disputas políticas na capital federal ou do entretenimento que rouba a vez de certos cinemas para adultos, sem o mínimo respeito pelas culturas étnicas e locais. Não temos nada contra ao direito de acesso da população a esses meios, pelo contrário, mas somos contra a violação da obrigação de emitir conteúdos com responsabilidade pública e a violação dos direitos de escolha de canais de comunicação pela restrição imposta à difusão de meios locais e comunitários; d) transforma a pessoa, historicamente alijada da mídia como ator político, em sujeito; e) forja a geração de novas relações de trabalho (equipe, voluntário, colaboração), novo sentido de propriedade (a serviço ou coletiva), nova lógica de produção de mensagens (vínculo específico, mudança), novas demandas sociais (condições adequadas para funcionamento: formação, legislação, fundo público), novos conteúdos (a partir da base e das culturas populares), entre outros aspectos.

Enfim, nessa dimensão do direito de comunicar, as pessoas passam a se relacionar com os meios de comunicação como produtoras e difusoras de conteúdos. Quiçá, até como gestoras das unidades de comunicação. Mas, ao mesmo tempo, são receptoras dos conteúdos. É a realização do processo a que se referiam autores como Mário Kaplún e Juan Diaz Bordenave sobre a inversão do polo de emissão: quando o receptor passa a ser também o emissor.

O exercício desse tipo de cidadania comunicacional implica a apropriação de canais, das tecnologias de comunicação informação e do saber técnico que ajuda a transforma o cidadão em protagonista. Referimo-nos a cidadão como pessoa – incluindo homem e mulher – e como ator coletivo, pois estes compõem e representam organizações, movimentos sociais, conselhos, associações comunitárias, pastorais, sindicatos etc.

Tomando cidadania como instância participativa, tal modalidade de inserção na mídia pode ajudar a forjar a participação ativa, não só ao microfone ou diante das câmeras, mas criando programas, discutindo o que é veiculado, planejando etc. Afinal, cidadão é aquele que participa ativamente em seus múltiplos sentidos: participa na feitura da história de uma dada região, participa da política, participa das benesses econômicas e sociais, participa na profusão de ideias e conhecimentos, é aquele que comunica.

A COMUNICAÇÃO NOS MOVIMENTOS SOCIAIS[9]

Movimentos sociais são articulações da sociedade civil constituídas por segmentos da população que se reconhecem como portadores de direitos, mas que ainda não são efetivados na prática. Aqueles de base popular

9 Este e o próximo item foram reproduzidos, com breves modificações, do texto da autora 'Movimentos sociais, cidadania e o direito à comunicação comunitária nas políticas públicas', apresentado no V Colóquio Brasil-Espanha, promovido pela Intercom – Sociedade Brasileira de Estudos Interdisciplinares da Comunicação e realizado na Faculdade de Comunicação da Universidade de Brasília, em 29 de agosto de 2008.

se organizam na própria dinâmica de ação e tendem a se institucionalizar como forma de consolidação e legitimação social. Como forças organizadas, conscientes e dispostas a lutar, são artífices de primeira ordem no processo de transformação social, embora um conjunto de fatores (liberdade, consciência, união) e de atores (pessoas, igrejas, representações políticas, organizações) se some para que mudanças se concretizem.

Há várias categorias de movimentos sociais que, geralmente, são construídas a partir da origem da instituição que apoia ou os abriga (Igreja, partido, sindicato, escola, etc.), das características da natureza humana (sexo, idade, raça e cor, como, por exemplo, o movimento de mulheres, dos índios, dos negros, dos homossexuais, das crianças, etc.), de determinados problemas sociais (movimentos de transporte, moradia, saúde, lazer, ecológicos, pacifistas, defesa dos animais, entre outros). São frequentes também os movimentos construídos em razão das conjunturas políticas de uma nação (a exemplo de insurreições políticas, revoltas, motins, revoluções, etc.), assim como os surgidos a partir de ideologias – apesar de a ideologia perpassar qualquer movimento –, tais como o anarquismo e o marxismo, que geram fluxos e refluxos conforme as conjunturas (GOHN, 2004). Outras classificações de movimentos sociais são destacadas por David Aberle (apud GOHN, 2004), que ressalta as iniciativas dos transformadores, dos reformistas, dos redentores e dos alternativos.

Castells (2000) enfatiza que as identidades (necessárias na articulação dos movimentos sociais) organizam significados e podem ser classificadas como legitimadoras (introduzidas pelas instituições dominantes no intuito de manter a dominação), de resistência (criadas por atores que se sentem ameaçados pela estrutura de dominação, como por exemplo, as gangues) e identidades de projeto (forjadas por atores para construir uma nova identidade capaz de redefinir sua posição na sociedade e transformar a estrutura social).

Neste texto tomamos como base apenas os movimentos sociais populares brasileiros (das classes subalternas) que se caracterizam como transformadores e construtores de identidades de projeto. Com as devidas redefinições políticas características de um período histórico que restabelece as regras democráticas, o aperfeiçoamento da práxis dos movimentos e a criação de novos, bem como com o crescimento de Organizações Não-Governamentais (ONGs), que, por vezes, acabam assumindo funções antes exercidas por movimentos sociais, o Brasil segue gestando suas forças políticas que se dividem em frentes combativas de caráter político-contestador e aquelas mais preocupadas em encaminhar soluções diante das violações dos direitos de cidadania e/ou participar das arenas de negociação normatizadas, tais como os conselhos setoriais. Trata-se de uma diversidade de movimentos que engloba desde o Movimento dos Trabalhos Rurais Sem-Terra (MST), que desfruta de grande visibilidade pública, e outros como o Movimento Nacional dos Direitos Humanos (MNDH), a Articulação de Mulheres Brasileiras (AMB) e as dezenas de organizações de mulheres, o Movimento Nacional do Direito à Moradia (MNDM) e suas ramificações em estados do Brasil, as várias articulações do movimento ecológico, além das centenas de outros grupos e ONGs de base social que desenvolvem trabalho social-educativo, visando a resolver problemas concretos de segmentos sociais que sofrem as consequências do desrespeito aos direitos fundamentais.

O significado dessas manifestações no âmbito da sociedade civil pode ser percebido mundialmente se prestarmos atenção à mobilização internacional em torno do Fórum Social Mundial (FSM), que tem como lema "Um outro mundo é possível", e propõe um desenvolvimento que tenha o ser humano como força motivadora e destinatária de seus resultados. O elevado número de pessoas e de entidades que se reúnem anualmente desde 2001 nos fóruns para discutir e apresentar propostas alternativas de vida em sociedade indica sua importância como ator político.[10]

O Fórum Social Mundial provocou o surgimento de fóruns correlatos pelo mundo, como Fórum Social das Américas, Fórum Social Brasileiro, Fórum Social Alemão, Fórum Social Los Angeles, Fórum Social Catalão, Fórum Social Mercosul, Fórum Social Mundial da Tríplice Fronteira, Fórum Social Mundial das Migrações, Fórum Social da Zona Sul de São Paulo e muitos outros. Entre os aspectos inovadores do Fórum Social Mundial, destacamos o fato de este se constituir não como instância burocrática, mas como articulação social em formato de rede.

Trata-se de espaço para interlocução e troca de conhecimentos, e até como fonte de inspiração para planos e modos de intervenção na realidade. O evento acaba se constituindo numa grande arena de debates a partir de painéis, mesas-redondas e conferências, mas principalmente por atividades autogestionárias. Para a efetivação de tais atividades, as próprias organizações da sociedade civil se inscrevem, custeiam suas despesas, relatam suas

---

10 Nos últimos anos, o quadro participativo é o seguinte: o Fórum Social Mundial de 2005 reuniu cerca de 155 mil participantes e 6.588 organizações de mais de 156 países em Porto Alegre (Brasil). Em 2006, o FSM foi policêntrico: aconteceu em Caracas (Venezuela), Karachi (Paquistão) e Bamako (Mali) e reuniu ao todo cerca de 98 mil pessoas. Em 2007, o VII Fórum Social Mundial aconteceu na cidade de Nairóbi, capital do Quênia, com a participação de 75 mil pessoas representantes de milhares de organizações sociais vindas de mais de 100 países. Em 2008, o FSM foi descentralizado. Houve uma semana de mobilização e ação global marcada por um dia de visibilidade mundial em 26 de janeiro de 2008. Organizações, redes, movimentos sociais e coletivos de todas as partes do planeta foram convidados a planejar ações, encontros, reuniões, marchas e outras atividades realizadas nos níveis local (aldeias, zonas rurais, centros urbanos), regional e nacional (PROCESSO FSM, 2008). Até outubro de 2007, mais de 1.600 organizações e indivíduos de todo o mundo já haviam assinado o compromisso de organizar atividades na semana de mobilização, tendo como origem diversos países do mundo (BOLETIM FSM, 2007). Funcionaram também os fóruns temáticos, locais e regionais.

experiências e as colocam em discussão, o que resulta na explicitação de ampla diversidade de lutas realizadas com o objetivo último de construir a justiça social.

Diferentemente do que às vezes se pensa, há um processo de mobilização social de proporções imensas. A mídia praticamente não divulga o fenômeno do Fórum Social Mundial nem as mobilizações internas nos países e os fóruns temáticos e regionais e, quando o faz, trata-os de modo tão parcial e fragmentado que impede a compreensão de forma integral. O que ela procura enfatizar é o lado pitoresco (passeata, acampamento da juventude em seus momentos festivos, encenações de grupos indígenas), imagens de figuras importantes e polêmicas, conflitos entre dirigentes, além de fazer comparações superficiais entre os dois fóruns mundiais, o Fórum Social e o Fórum Econômico.

COMUNICAÇÃO POPULAR E MOBILIZAÇÃO

A comunicação faz parte dos processos de mobilização dos movimentos sociais em toda a história e em conformidade com os recursos disponíveis em cada época. O Fórum Social Mundial, por exemplo, tem grandes proporções porque soube usar a *internet* como canal de comunicação. Os movimentos sociais específicos também estão adequados às condições dadas para poderem se comunicar. No Brasil, estes sempre usaram meios próprios de comunicação, até pelo cerceamento à sua liberdade de expressão por meio da grande mídia. Do panfleto ao jornalzinho e dele ao *blog* e ao *website* na *internet*, do megafone ao altofalante, e dele à rádio comunitária, do *slide* ao vídeo e dele à TV Livre e ao Canal Comunitário da televisão a cabo[11], são evidências do exercício concreto do direito à comunicação como mecanismo facilitador das lutas pela conquista de direitos de cidadania.

Nessa dinâmica, o empoderamento de processos comunicacionais autônomos tem sido percebido como necessidade como canais de expressão na dinâmica de mobilização e organização popular. Mesmo sob o controle e o poder de coação do regime militar (1964-1985) em sua fase de declínio e correndo todos os riscos decorrentes da conjuntura política de então – o estado de exceção e seus mecanismos de repressão –, os movimentos sociais e outras organizações progressistas ousaram criar canais alternativos para se comunicarem. Exerceram – e continuam a exercer – o direito de comunicar na prática, tanto utilizando meios alternativos como maneira de escapar ao controle e

11 Ressalvando que a passagem de um meio artesanal de comunicação para outro de alto desenvolvimento tecnológico não significa a superação do uso das formas mais simples e antigas. Pelo contrário, a coexistência de ambas persiste nesta primeira década do século XXI.

à repressão policial, como enfrentando dispositivos legais contrários e impeditivos, como é o caso da radiodifusão comunitária. Ainda quando não havia lei de rádio comunitária, usava-se o altofalante e, posteriormente, entrava-se no ar na forma de rádio livre. Em face do fechamento de um grande número de emissoras comunitárias, algumas entraram na justiça, conforme indicado anteriormente, para garantir o direito constitucional à liberdade de expressão, e obtiveram liminares favoráveis proferidas por juízes.

No nível teórico-político, a questão das políticas públicas democráticas de comunicação foi muito discutida na América Latina[12] e demais países do então chamado 'Terceiro Mundo' nos anos 1970 e 1980, precedida pelo chamamento da Organização das Nações Unidas para a Educação, Ciência e Cultura (Unesco), ainda nos anos 1960. As motivações para tanto estavam nas condições de controle dos fluxos internacionais de informação, uma vez inseridos numa ordem econômica internacional favorável aos países centrais. Por meio das agências de notícias e da exportação de produtos da indústria cultural, além da inversão direta de recursos em meios de comunicação da América Latina, difundiam-se a visão de mundo e o modo de vida dos Estados Unidos e de países europeus, o que caracteriza uma forma de dominação cultural[13], ao mesmo tempo em que impedia a circulação mundial da informação proveniente de fontes latinas, africanas e asiáticas, e até mesmo entre os países dessas regiões. No interior dessas discussões surge a proposta de uma comunicação horizontal[14], ou seja, comunitária, participativa e democrática e realizada por meio do envolvimento ativo das pessoas como emissoras e receptoras de mensagens, como forma de contemplar outras perspectivas do direito à comunicação que não apenas o acesso à informação.

Em nível internacional se apregoou a formação de Nova Ordem Mundial da Informação e Comunicação (Nomic). A Unesco chegou a criar a Comissão Internacional para o Estudo dos Problemas da Comunicação, coordenada por Sean MacBride. O resultado dos trabalhos da Comissão foi apresentado no Informe MacBride ou "Um mundo, Muitas Vozes"[15], em fevereiro de 1980, mas nunca incorporado às políticas públicas pelos governantes.

---

12 Primeira Conferência Intergovernamental sobre Políticas de Comunicação na América Latina, realizada na Costa Rica, em julho de 1976.

13 Ver Reys Matta (1980); Beltrán (1982) e Wertheim (1979).

14 Recomendamos a leitura de: REYS MATTA, F. *From Right to práxis*: a model of communciation with active social participation. Paper apresentado no Seminar on International de Communications and Third Word Participation. Amsterdam, 5-8 de setembro de 1977; BELTRÁN, L. R. Adeus a Aristóteles. Comunicação & Sociedade: revista do Programa de Pós-Graduação em Comunicação Social. S.B.do Campo: UMESP, n.6, p.5-35. Set.1981, além de obras de Mário Kaplún, Juan Diaz Bordenave, Miguel Azcueta, Daniel Prieto Castilho e da própria autora, entre outros.

15 Documento publicado no Brasil pela Editora da Fundação Getúlio Vargas, em 1983, sob o título *Um mundo e muitas vozes:* comunicação e informação em nossa época.

OUTRAS CONSIDERAÇÕES

Há que se dizer que, apesar dos avanços conseguidos no cotidiano das lutas sociais, não é tarefa fácil mobilizar a população para se tornar sujeito da comunicação, nem mobilizar a sociedade como um todo para debate sobre o papel da mídia na sociedade. As visões são majoritariamente impregnadas do individualismo e de outros valores do jogo de interesses do mercado capitalista. A força desmobilizadora dos meios de comunicação para os temas da cidadania comunicacional ativa é mais forte do que as pequenas iniciativas populares em contrário. Estamos acostumados a assistir à televisão como expectadores; logo, a mudança de posição para o atrás das câmeras e dos microfones não se dá de uma hora para outra. As raízes históricas de opressão deixam suas marcas. Mesmo no processo constituinte, momento histórico em que a sociedade civil pôde se articular e propor novas leis para a Carta Magma do país, o tema da Comunicação não ganhava muitos adeptos. Comunicação ainda soa como algo distante, inacessível talvez para a maioria. Mas, quando os segmentos organizados se conscientizam da importância da comunicação nos processos de mobilização social, nem os impedimentos jurídicos conseguem matar a sede do exercício do direito de comunicar. Nesse processo, surgem manifestações culturais e comunicacionais construindo uma nova comunicação.

A sociedade avança mais rapidamente do que seu aparato jurídico. A Constituição não é respeitada, principalmente por aqueles que deveriam ser seus maiores guardiães, mas, como comunicar é um direito humano, o movimento social exerce esse direito e o faz correndo todos os riscos. Exemplo: o governo autoriza o funcionamento de rádio comunitária em nome de associação não-representativa, em decorrência do *lobby* político e religioso, mas os grupos que desenvolvem trabalho comunitário continuam reivindicando legalmente seu direito de possuir uma emissora e, enquanto o processo não é decidido, continuam irradiando suas mensagens, pois têm consciência da necessidade do rádio no trabalho de mobilização social. Emissoras são fechadas, abrem-se outras, pelos mesmos motivos. As práticas sociais estão à frente das leis em se tratando de democratização da comunicação. As pessoas reconhecem que suas organizações coletivas têm direitos à liberdade de expressão e ao acesso a canais midiáticos.

Outros sinais apontam para o crescimento de uma nova perspectiva comunicacional, como a demanda pela convocação da I Conferência Nacional de Comunicação, a realização da I Conferência Estadual de Comunicação da Bahia[16], o crescimento no número de Observatórios da Mídia

16 Mobilizou, em 2008, mais de 200 delegados de todo o estado para discutir as necessidades e os rumos da Comunicação.

e da Comunicação, a tentativa de fazer valer direitos na Justiça, a tentativa de regular eticamente a publicidade dirigida ao público infantil, a criação de ouvidorias e conselhos de leitores nos meios de comunicação, além do revigoramento das mídias alternativas neste início de século.

São evidências de que a cidadania é histórica. É conquistada e ampliada a passos lentos. Tal ampliação significa mudança de qualidade, a qual muda na proporção da tomada de consciência, da força mobilizadora e do poder de pressão da sociedade civil. Uma inovação que aparece com mais clareza é a incorporação da comunicação como um direito não apenas da pessoa individualmente, mas dos grupos sociais, dos movimentos populares, comunidades e organizações sem fins lucrativos, respeitadas suas diferenças; portanto, um direito de quinta geração, que perpassa todas as dimensões da cidadania. E mais, ousaríamos indicar a premência de uma distinção da comunicação no contexto dos direitos de cidadania. Tratar-se-ia de avançar no *status* da cidadania, pois agregaria a dimensão comunicacional às históricas categorias civil, política e social.

REFERÊNCIAS BIBLIOGRÁFICAS

BELTRÁN, L.R. Adeus a Aristóteles. *Comunicação & Sociedade*: revista do Programa de Pós-Graduação em Comunicação Social. São Bernardo do Campo: UMESP, n.6, p.5-35. Set.1981.

______, CORDONA, E.F. de. *Comunicação dominada*: os Estados Unidos e os meios de comunicação da América Latina. São Paulo: Paz e Terra, 1982.

CASTELLS, M. *A era da informação*: economia, sociedade e cultura – poder da Identidade. 2. ed. São Paulo: Paz e Terra, 2000.

BOBBIO, N. *A era dos direitos*. 4. reimp. Rio de Janeiro: Campus, 1992.

BOLETIM FSM, 2007. *Fórum Social Mundial*. Porto Alegre: FSM, 5 out.2007. Recebido por e-mail.

GOHN, M. da G. *Teorias dos movimentos sociais*: paradigmas clássicos e contemporâneos. 4. ed. São Paulo: Loyola, 2004.

Mac BRIDE, S. *Un solo mundo, voces múltiples*. México: Fondo de Cultura Económica, 1987. Coleção Popular. Disponível em: <http://unesdoc.unesco.org/images/0004/000400/040066sb.pdf>. Acesso em: 27 jan 2008.

MARSHALL, J.F. *Cidadania, classe social e status*. Rio de Janeiro: Zahar, 1967.

PERUZZO, C.M.K. *Comunicação nos movimentos populares*: a participação na construção da cidadania. 4. ed. Petrópolis: Vozes, 2004.

______. Direito à comunicação comunitária, participação popular e cidadania. *Revista Latinoamericana de Ciencias de la Comunicación*, a. 2, n. 3, p.18-41, jul/dic.2005.

PINSKY, J.; PINSKY, C.B. (Orgs.). *História da cidadania*. São Paulo: Contexto, 2003.

PROCESSO FSM 2008. Chamada para um Dia de Mobilização e Ação Global. Fórum Social Mundial. Porto Alegre: FSM, [s/d.]. Disponível em:

<http://www.forumsocialmundial.org.br/dinamic.php?pagina=chamada2008>. Acesso em: 29 jun 2008.

REYS MATTA, F. *A informação na nova ordem internacional*. Rio de Janeiro: Paz e Terra, 1980.

______. *From Right to praxis*: a model of communication with active social participation. *Paper* apresentado no Seminar on International de Communications and Third Word Participation. Amsterdam, 5-8 de setembro de 1977.

SHILLER, H. *O império norte-americano das comunicações*. Petrópolis: Vozes, 1978.

VIEIRA, L. *Cidadania e globalização*. 4ª ed. Rio de Janeiro: Record, 2000.

WERTHEIM, J. (Org.) *Meios de comunicação: realidade e mito*. São Paulo: Nacional, 1979.

Murilo César Soares

O jornalismo como instituição política

A política moderna é em grande parte política mediatizada, de tal modo que um estudo da democracia nas condições contemporâneas pressupõe tacitamente estudar a maneira pela qual os meios representam os acontecimentos políticos, influindo na opinião pública e no próprio processo político (McNAIR, 2000). Indo além dessa constatação, Cook (2005) considera o jornalismo contemporâneo uma autêntica instituição política, com base em critérios como seu desenvolvimento histórico, a natureza compartilhada e a previsibilidade de seus produtos, os quais são realizados por meio de organizações. Para o autor, o jornalismo pode ser visto como instituição política também pela forma com que o trabalho dos jornalistas se entrelaça com o governo, a ponto de as notícias, elas próprias, desempenharem tarefas governamentais. Para ele, notícias são uma "co-produção" dos meios noticiosos e do governo, "resultado da colaboração e do conflito entre jornalistas, autoridades e outros atores políticos", de modo a tornar os meios noticiosos "uma força política central no governo" (COOK, 2005, p. 3).

A essa tese acrescentamos que o jornalismo apresenta a peculiaridade de ser uma instituição política 'da sociedade civil', ou seja, independente do Estado, instrumento de expressão e de criação de uma esfera pública. Como consequência, é preciso reconhecer que a instituição jornalística será marcada pelas divisões e conflitos próprios da sociedade civil, em especial os que se travam, ainda que por meios econômicos, legais e simbólicos, entre as classes sociais. Ou seja, a imprensa, como propriedade de grupos econômicos, não é indiferente a essas clivagens, em termos de sua atuação.

Como instituição da sociedade civil, alega-se, a instituição jornalística tem uma independência e um distanciamento do poder político, o que faz os jornalistas serem como que observadores avançados da sociedade em relação ao governo, profissionais da informação sobre os rumos que as autoridades dão à coisa pública e sobre o destino dado ao dinheiro dos impostos. Mas, se o distanciamento institucional existe de direito, o governo tem recursos para aproximar-se dos meios noticiosos. McNair (2005) observa que o ambiente político é constituído pelas regulamentações, controles formais e informais, de modo que a própria "notícia é uma forma social e histórica que foi moldada por [...] interesses políticos expressos na legislação" (BRUHN-JENSEN, 1986, *apud* McNAIR, 2005: 95). Ele acentua a importância dos controles formais e informais sobre a produção jornalística, lembrando que formas de jornalismo antissistema não são dominantes, mesmo na democracia. Outro aspecto importante na constituição do ambiente político são as guerras que, historicamente, sempre diminuem as liberdades ou, pelo menos, constrangem os jornais a um apoio ao governo. McNair (2005) aponta, ainda, que o governo também é anunciante dos jornais, além de fonte da maioria das informações políticas e que políticos e autoridades tentam permanentemente conquistar os jornalistas para coberturas favoráveis. Tendo em vista o caso brasileiro, acrescentamos, por fim, os financiamentos de bancos oficiais, perdões fiscais, concessões e renovações de canais de rádio e televisão, circunstâncias que revelam como o ambiente político estatal pode envolver as empresas jornalísticas.

Neste trabalho, levando em conta esses pressupostos, pretendemos discutir teoricamente as formas possíveis de influência política do jornalismo como instituição da sociedade civil, argumentando que ela se dá por meio de dois processos que, praticamente, definem a natureza do noticiário: o agendamento e o enquadramento.

AGENDAMENTO E PROCESSOS POLÍTICOS

O conceito de agendamento é usado geralmente para indicar o estabelecimento de uma ordem de prioridades para os leitores, como resultado da atividade jornalística. Segundo McCombs (2004), um dos proponentes do conceito e pesquisador pioneiro do agendamento, ou *agenda setting*, a agenda pública é uma realidade de segunda mão, estruturada pelas reportagens. A maneira de conhecer qual a agenda do público é perguntando a uma amostra da população "qual é o mais importante problema do país hoje?" Quando se tabulam os resultados, percebe-se que há uma correspondência entre alguns assuntos indicados como os mais importantes pelo público e aqueles salientados nas reportagens, de modo que se pode estabelecer uma relação entre os destaques dos meios noticiosos e a agenda das preocupações coletivas. Essa não seria uma influência premeditada, mas um resultado da necessidade dos meios de selecionar e destacar uns poucos tópicos em seus noticiários.[1]

Devido a esse poder de definição da agenda pública, Miguel (2003) identificou os meios de comunicação como uma forma de representação política. Segundo ele, já no debate político das campanhas eleitorais, seria possível perceber a importância da agenda pública para o eleitor, pois as alternativas eleitorais são situadas num campo de controvérsias sobre determinados temas pautados pelo jornalismo: a informação relevante para a decisão do voto se encontra num quadro restrito que é a agenda mediática. A mesma situação ocorre quando os eleitores julgam a conduta pretérita de seus representantes, decisão que está balizada pela agenda pública. Como os meios são disseminadores mais importantes de conteúdos simbólicos, observa o autor, a pauta das questões consideradas relevantes acaba sendo influenciada pela visibilidade mediática dessas questões, de modo que, até mesmo os políticos precisam sensibilizar os meios antes de propor certos assuntos na agenda pública. Ele conclui que "a relação entre representantes e representados depende, em grande medida, dos assuntos tematizados e colocados para decisão".

Fuks (2002) também apontou a formação de agenda como uma questão politicamente importante, que desloca o foco dos estudos dos assuntos públicos das suas condições objetivas para o estudo dos processos sociais relacionados às disputas pela sua definição, em arenas argumentativas. Igualmente, reconhece que a comunicação de massa, na medida em que atua como ponte de articulação entre as demais arenas e como canal de difusão do que ocorre dentro delas, é uma arena estratégica para a formação da agenda pública.

O significado político do processo de agendamento parece claro quando se pressupõe a influência das representações dos acontecimentos na ação dos movimentos sociais e das suas repercussões na opinião pública, que podem influenciar ações de autoridades e governantes. No entanto, a teoria de agendamento relativa aos leitores constitui apenas uma aplicação limitada da teoria, pois agendamento, na realidade, diz respeito a qualquer processo de transferência de saliência de uma agenda a outra. Após o reconhecimento do fenômeno do agendamento dos leitores, a pergunta que os pesquisadores passaram a se fazer, crucial para avaliar o papel dos meios no processo político, é: "quem agenda os meios?" McCombs (2004) considera que haja três níveis de influência no agendamento dos jornais: primeiro, as

1 O conceito de Cenário de Representação da Política – CR-p - proposto por Venício Artur de Lima (1994, 1995, 2001), a nosso ver, implica a questão do agendamento. O CR-p é o cenário formado pelas representações hegemônicas da política que aparecem na rede de televisão dominante e que, por força de sua difusão, acaba constituindo o âmbito do pensamento e das decisões da maioria dos cidadãos, em especial no processo eleitoral.

fontes externas de notícias, como o governo, porta-vozes, campanhas políticas; segundo, o agendamento recíproco entre os meios de comunicação; terceiro, as normas sociais e tradições do jornalismo. Tratando do primeiro nível, ele observa um movimento circular no relacionamento entre a cobertura de notícias e a evolução das políticas públicas, num padrão documentado, nos Estados Unidos, para assuntos como AIDS, aquecimento global e drogas. Muito do que sabemos tem origem em informação oficial – as autoridades públicas constituem uma importante fonte de notícias. As campanhas eleitorais também fazem um esforço para capturar a agenda dos meios. Já o agendamento intermeios significa que os meios de elite exercem influência sobre a agenda dos outros meios, e que os jornalistas observam as coberturas de seus colegas como forma de validar seus próprios julgamentos sobre os acontecimentos, o que explicaria a redundância da agenda de notícias (McCOMBS, 2004).

Por último, os critérios profissionais do jornalismo exercem uma pressão na seleção das notícias diárias. Nesse sentido, consideramos que a agenda dos meios seja uma resultante, também, dos chamados critérios de noticiabilidade, um tema relevante da teoria do jornalismo (WOLF, 1987; SOUZA, 1995; TRAQUINA, 2004). Em outras palavras, os temas com maior potencial de formar a agenda dos jornais são os que apresentarem maior valor-notícia, segundo diversos filtros profissionais jornalísticos.

Os jornais agendam prioritariamente o que é inédito, traduzindo certo nível de incerteza, como ocorrências imprevistas, acontecimentos fortuitos, os quais apresentam interesse maior para serem convertidos em notícias. Relatos sobre questões permanentes, situações estáveis ou processos com alguma duração, supostamente sabidos, "óbvios", no sentido da sua previsibilidade, formando um "estado de coisas", têm baixo grau de informação, não constituem notícia no sentido de novidade, e só costumam ser abordadas a propósito de um acontecimento imprevisto, que fornece um pretexto para se referir a esses assuntos. Já acontecimentos com certo ineditismo ou incerteza (eleições, revoluções, acidentes), por serem menos prováveis, têm maior taxa de informação (PIGNATARI, 2003), suscitando mais atenção dos meios noticiosos.

Mas, além do ineditismo, é preciso que esse acontecimento ocorra dentro de certo espectro da realidade, caracterizado como mais noticiável segundo os critérios do meio, mas geralmente envolvendo governo, crime, negatividade, economia, pessoas importantes, impacto sobre a nação, número de pessoas envolvidas, os quais determinam o destaque das manchetes. No caso da política, os acontecimentos institucionais, as ações de autoridades e personalidades políticas, a inadequação à ética política e à legalidade são altamente noticiáveis pelos meios. Eventualmente, estes podem tomar a iniciativa de investigar, pesquisar, criticar, denunciar, agindo no sentido de descobrir um item de agenda, ao invés de se colocar a reboque dos acontecimentos.

Uma tentativa de representar as prováveis influências entre as agendas dos meios de comunicação, do governo e dos leitores e os fatores da noticiabilidade aparece representada nas Figuras 1 e 2. Em ambos os casos, trata-se da transferência de saliência entre agendas, passando pelo filtro da noticiabilidade, que, como vimos, é frequentemente arbitrado pelos critérios jornalísticos ou pelos meios noticiosos.

No primeiro caso, o governo é considerado o primeiro agendador, conseguindo pautar os meios e, desse modo, conquistar a possibilidade de influir na opinião dos leitores. Diversos autores destacam o peso das ações e falas dos órgãos do governo e das autoridades na definição das pautas das redações. Há muitas leis sendo discutidas e votadas no âmbito legislativo, iniciativas da esfera administrativa originadas em áreas técnicas e administrativas do Executivo, decisões de motivação estritamente política, quer dizer, o governo tem agendas originadas e definidas internamente. Além dos critérios estritos de avaliação da noticiabilidade sobre a importância destes fatos de origem governamental, há o poder e *status* das fontes oficiais, as quais estão geralmente incluídas nas rotinas diárias dos jornalistas, com a finalidade de garantir a produção adequada de notícias nos ciclos diários de reportagem e edição das matérias até os horários de fechamento. Essas circunstâncias garantem ao governo uma proeminência indiscutível na agenda midiática em relação a outras fontes (movimentos sociais, cientistas, críticos da política) que não estejam incluídas nas rondas jornalísticas diárias. Essa capacidade de iniciativa permitiria ao governo, nesses casos, liderar o processo de agendamento dos leitores, numa forma que foi denominada "modelo de ativação em cascata", segundo o qual a administração central influencia elites políticas e especialistas que influenciam os meios, gerando novos enquadramentos (conceitos e imagens) que influenciam a sociedade, aparecendo, finalmente, em pesquisas de opinião e outros indicadores (ENTMAN, 2004).

Figura 1: Percurso provável do agendamento a partir do governo

AGENDA DO GOVERNO + (NOTICIABILIDADE?) → AGENDA DOS MEIOS → AGENDA DOS LEITORES

Já na Figura 2, tomamos como ponto de partida um evento, pressupondo um percurso provável originário de uma fonte não-governamental.

Avaliado como noticiável pelos meios, com base nos critérios de noticiabilidade, sua saliência é transferida para a agenda dos leitores e de outros setores da sociedade, os quais podem, eventualmente, expressar-se por meio de cartas, manifestos, protestos, atos públicos, etc., levando a saliência para a agenda do governo, pressionando a tomada de providências pelas autoridades. Situações críticas nas áreas social (saúde, educação, segurança, alimentação), econômica e cultural podem exemplificar esse tipo de agendamento.

Figura 2: Percurso provável do agendamento dos meios, a partir de eventos

EVENTO + (NOTICIABILIDADE) (ou fonte)	➔	AGENDA DOS MEIOS	➔	AGENDA DOS LEITORES	➔	AGENDA DO GOVERNO

No entanto, o fato de um assunto ser agendado pelos meios não leva, necessariamente, a manifestações dos leitores, nem estas manifestações o tornarão necessariamente objeto de política pública ou mesmo de ações pontuais. Muitas vezes, ao assunto pautado pelos meios o governo responde apenas retoricamente, através de notas oficiais, discursos, justificativas protocolares, etc. As altas taxas de juros no governo Lula, ao longo dos anos, foram sempre muito criticadas pelos meios, expressando a opinião da maioria dos empresários dos setores produtivos e do comércio, bem como dos economistas ligados às universidades e aos setores não-financeiros da economia, que veem nessa política um entrave ao crescimento econômico. No entanto, essa crítica sistemática atravessou anos sem afetar a política do Comitê de Política Monetária do Banco Central, que nas suas reuniões mensais continuou mantendo as taxas em patamar elevado, a pretexto de ameaça de um retorno da inflação. O mesmo se pode dizer das críticas à complexidade fiscal no Brasil, que são veiculadas pelos meios há anos, gerando manifestações de descontentamento de setores empresariais e que, apesar disso, não produziram uma iniciativa oficial de reforma tributária ou a simplificação de leis da matéria. Outros exemplos poderiam ser arrolados nessa mesma direção.

Já denúncias de ilegalidades, corrupção e usurpações de direitos envolvendo autoridades e funcionários, quando divulgadas pela imprensa, em geral têm merecido atenção diferente, levando, via de regra, a ações corretivas mais ágeis ou a ação jurídica ou repressiva de instâncias do próprio Estado. Nem poderia ser diferente, pois, caso contrário, as autoridades incorreriam em omissão. Esse percurso seria típico de uma das mais proeminentes formas de ação da imprensa, a de "cão de guarda", comum em escândalos ou comportamentos ilegais, criando as melhores oportunidades para os jornalistas se apresentarem "trabalhando pela democracia" (GANS, 2003).

Em sentido contrário, o Legislativo é mais sensível aos temas agendados pelos meios. Por exemplo, a imprensa, claramente, influiu em decisões parlamentares, como o caso das críticas reiteradas dos meios no final de 2005 aos salários extraordinários dos deputados em convocações em períodos de férias, bem como à excessiva duração do recesso parlamentar, levando à votação de legislação, durante a convocação extraordinária de janeiro de 2006, que reduziu a duração do recesso parlamentar do Congresso e proibiu pagamentos extras aos deputados e senadores em convocações extraordinárias.

Rodrigues (2002) constatou um forte agendamento do Congresso Nacional pela imprensa, atribuindo esse fato ao cenário de cobertura jornalística da instituição, caracterizado pelo grande número de jornalistas que ali atuam e pela relação de proximidade pessoal que eles acabam tendo com os parlamentares. Acrescentaríamos a essas explicações que parlamentares, na condição de representantes da sociedade, estão mais atentos às direções do debate público, às avaliações e opiniões correntes. Além disso, a ação política do Parlamento, de forma semelhante aos meios de comunicação, tem uma natureza discursiva, simbólica, em que frequentemente o pronunciamento do legislador é uma espécie de diálogo com as reportagens, que lhe permite expressar individualmente, sem compromissos com a implementação concreta das ideias, que demanda recursos financeiros, pessoal, projetos, etc. Ou seja, o parlamentar tem um espaço para uma ação retórica, cuja finalidade pode se limitar, eventualmente, em repercutir publicamente os acontecimentos agendados pelos meios, expressando seu ponto de vista.

Conclui Rodrigues (2002) que os meios noticiosos agendam os temas para os discursos de parlamentares, os quais frequentemente usam como referência matérias veiculadas sobre diversos assuntos; o jornalismo também agenda temas para discussão em comissões, originando, em alguns casos, as próprias comissões; pode influir na ação do parlamentar, alterando sua orientação; a imprensa pode, finalmente, trazer temas latentes para discussão, sendo considerada fonte de poder e influência pelos próprios parlamentares. Citando Cook (1989), ela diz que fazer notícias se tornou um processo de fazer leis, porque os parlamentares temem a crítica dos meios que acompanham o trabalho legislativo.

A pesquisa constatou que os parlamentares também tentam influenciar a agenda da imprensa por meio de sua proximidade com os jornalistas, criando situações para chamar a atenção dos meios e, dessa forma, agendar a opinião pública. Para a pesquisadora, as agendas acabam, então, influenciando-se reciprocamente, numa relação triangular: a imprensa agendaria o

Congresso visando também à opinião pública. Em contrapartida, em outros momentos, o Congresso é que procuraria agendar a imprensa, para, por meio dela, a agendar a opinião pública. Essa influência circular das agendas é representada pela autora conforme a Figura 3, que poderia ser um modelo de funcionamento do próprio espaço público midiatizado, cuja referência central seriam os meios noticiosos.

Figura 3 – Influências recíprocas entre agendas

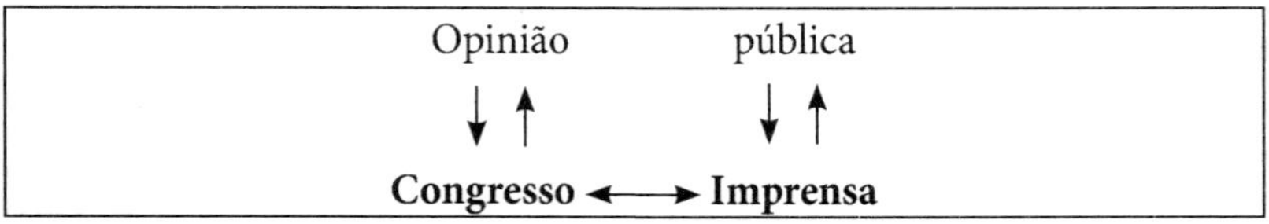

(Fonte: RODRIGUES, In: MOTTA, 2002, p. 108).

A influência dos meios na ação do Executivo e do Legislativo parece, assim, desenhar trajetórias alternativas, embora a imprensa costume ser identificada frequentemente como responsável pelas ações políticas, originando expressões como "poder da imprensa" ou "quarto poder". Essa percepção ampliada do poder do jornalismo pode ser efeito da própria centralidade desfrutada pelos meios de comunicação, através dos quais se dá a disseminação e o compartilhamento de grande parte das informações em discussão.

ENQUADRAMENTO

Enquadramento (*framing*) é outro atributo peculiar ao jornalismo, e que permite à imprensa desempenhar um papel no processo político. Trata-se de um conceito surgido na Sociologia e trazido para os estudos de comunicação para se referir às propriedades construtivas das representações jornalísticas. As referências originais desse conceito encontram-se na obra *Frame Analysis*, do sociólogo norte-americano Erving Goffman (1974), na qual os enquadramentos são definidos como marcos interpretativos construídos socialmente, que permitem às pessoas atribuir sentidos aos acontecimentos e às situações sociais, basicamente, respondendo à pergunta: "o que está acontecendo aqui?" Ou seja, trata-se de um processo de definição de situação, implicando construção de sentido para os eventos cotidianos. A psicologia cognitiva é outra fonte importante para o estudo do enquadramento, por meio de pesquisas que demonstram como mudanças na formulação de problemas provocam variações nas percepções das pessoas (PORTO, 2004).

Trazido aos estudos de jornalismo, o enquadramento diz respeito à capacidade dos meios de produzir e disseminar uma interpretação do mundo, por intermédio de uma retórica implícita, enraizada na própria estrutura dos textos jornalísticos, indicando o papel dos meios noticiosos na construção das representações públicas. Os enquadramentos de notícias existiriam em dois níveis: a) como princípios mentais ou esquemas de processamento da informação e b) como características do texto noticioso (ENTMAN, 1991). Neste caso, os enquadramentos residem nas propriedades específicas da narrativa noticiosa que encorajam percepções e pensamentos sobre eventos e compreensões particulares sobre eles. Os enquadramentos de notícias são construídos por palavras, metáforas, conceitos, símbolos, imagens visuais enfatizadas na narrativa noticiosa.

O conceito foi utilizado pela primeira vez nos estudos de comunicação pela socióloga Gaye Tuchman, no livro *Making News* (1978), no qual a autora defende que o enquadramento constitui uma característica essencial das notícias, as quais definem a realidade e balizam o entendimento da vida contemporânea. No entanto, seria Todd Gitlin, em seu clássico *The Whole World is Watching* (1980), o primeiro autor a propor uma definição clara e sistemática do conceito, que serviria de base para diversas pesquisas sobre enquadramentos da mídia:

> Os enquadramentos da *mídia* [...] organizam o mundo tanto para os jornalistas que escrevem relatos sobre ele, como também, em um grau importante, para nós que recorremos às suas notícias. Enquadramentos da mídia são padrões persistentes de cognição, interpretação e apresentação, de seleção, ênfase e exclusão, através dos quais os manipuladores de símbolos organizam o discurso, seja verbal ou visual, de forma rotineira (GITLIN, 1980, p. 7 *apud* PORTO, 2004, p. 4).

Segundo Entman (1991), ao fornecer, repetir e, portanto, reforçar palavras e imagens que referenciam algumas ideias, mas não outras, os enquadramentos tornam algumas ideias mais salientes no texto, outras menos e outras inteiramente invisíveis. As orientações dos enquadramentos são difíceis de serem detectadas, porque muitos artifícios podem parecer "naturais", simples escolhas de palavras ou imagens. A comparação com outros textos, no entanto, mostra que essas escolhas não são inevitáveis ou não-problemáticas, sendo centrais para o modo como a notícia enquadra e interpreta os eventos. Para o autor, através da repetição, focalização e associações reforçadoras, palavras e imagens, o enquadramento torna uma interpretação básica mais rapidamente discernível e memorável que outras. Os fatores essenciais do enquadramento são seleção de certos aspectos da realidade e a saliência dada a eles no texto comunicativo, de modo a construir uma definição particular do problema, uma interpretação causal ou avaliação moral (ENTMAN, 1991).

Carragee e Roefs (2004) defendem que os enquadramentos expressam a distribuição do poder social e político, conectando-se dessa forma à hegemonia ideológica. Os enquadramentos podem dominar de tal maneira o discurso, a ponto de serem tidos como senso comum ou descrições transparentes dos fatos em vez de interpretações. Para os autores, os enquadramentos são patrocinados por múltiplos atores sociais, incluindo políticos, organizações e movimentos sociais, e as reportagens seriam como fóruns para disputas entre enquadramentos concorrentes, nos quais atores políticos competiriam pela construção social da realidade, por meio de suas definições dos assuntos. No entanto, os enquadramentos das elites são geralmente favorecidos, devido a seus recursos econômicos, à centralização da coleta de notícias em instituições e à tendência dos repórteres a atribuir maior credibilidade a fontes oficiais do que aos seus desafiadores. Por isso, os autores atribuem muita importância, nas pesquisas sobre o enquadramento, à análise das questões ligadas ao poder social e político.

No que diz respeito aos enquadramentos noticiosos dos temas da política, toda uma série de questões se desenha, especialmente a partir da hipótese de que eles possam resultar não apenas de percepções das redações, mas também, em larga medida, de posições dos próprios meios de comunicação como organizações. No caso do Brasil, em que se observa um caráter conservador e polarizado dos meios (AZEVEDO, 2006), pode-se argumentar que determinados acontecimentos sejam definidos e avaliados segundo as visões políticas dos grupos dirigentes ou dos interesses de grupos ou setores do *establishment*. Um resultado desse comportamento é dado pelo engajamento de algumas publicações, em especial revistas semanais de informação (AZEVEDO, 2006). Nessas circunstâncias, os enquadramentos das coberturas jornalísticas interessadas em influir nos acontecimentos e nas decisões das autoridades poderiam corresponder mais ao interesse de classes, setores e grupos do que ao interesse das maiorias. Essa hipótese encontra apoio em estudos comparativos de coberturas jornalísticas, que revelam enquadramentos contrastantes, que possivelmente sugerem inclinações dos veículos.

Assim, por exemplo, uma análise dos enquadramentos de revistas semanais sobre o chamado caso do 'mensalão', ocorrido em 2005, envolvendo a denúncia de distribuição de dinheiro pelo PT a partidos aliados na Câmara Federal, mostrou que a revista Veja se destacou, por exemplo, por enquadrar o episódio enfatizando a responsabilidade pessoal do presidente Lula, enquanto a revista Carta Capital atribuiu a responsabilidade ao próprio PT (SILVA, 2008). Outro estudo, investigando o período eleitoral de 2006, focalizou como as revistas semanais Veja e Carta Capital enquadraram o personagem Lula (então presidente, concorrendo à reeleição), quando ocorreu o chamado 'escândalo do dossiê', no qual integrantes do PT teriam procurado comprar informações comprometedoras sobre o candidato do PSDB ao governo de São Paulo. Veja enquadrou o presidente-candidato criticando-o sob o prisma da legalidade, destacando as denúncias de corrupção contra o PT e a responsabilidade do próprio candidato no 'escândalo do dossiê'. Em contraste, o enquadramento de Lula pela revista Carta Capital enfatizava a legitimidade do candidato à reeleição, salientando sua vantagem eleitoral, o sucesso das políticas sociais do primeiro mandato, a aprovação do governo pelas maiorias (SOARES, 2006).

O JORNALISMO NA POLÍTICA DEMOCRÁTICA

Consideramos o jornalismo, neste texto, instituição política e verificamos alguns papéis que ele pode desempenhar. Primeiramente, indicamos as ações do governo procurando transferir suas prioridades para os meios e daí para os leitores. Argumentamos que, embora os meios sejam instituições da sociedade civil, as instâncias do Executivo apresentam sua grande capacidade de influência devido ao poder do aparelho do Estado. Além dos seus recursos econômicos e do poder político, o governo dispõe de dispositivos como agências de notícias, agências de publicidade e de profissionais, como assessores de imprensa, porta-vozes, relações públicas, especialistas, os quais exercem uma ação contínua sobre o jornalismo. Em termos de informação, programas de ação, decretos, planos de investimentos, intervenções pontuais de agências e órgãos públicos, etc. são iniciativas do Estado que constituem um conteúdo importante da agenda dos meios noticiosos, devido ao seu impacto direto sobre a sociedade e a economia.

Em seguida, observamos que, pelo agendamento e enquadramento, os jornais procuram influir sobre a ação do governo, reconhecendo as limitações dessa influência. A agenda dos meios com base em fontes não-governamentais poderia se transferir à sociedade, levando-a a se expressar em sondagens de opinião, manifestações de associações da sociedade civil, sindicatos, opiniões de personalidades e lideranças civis, atos públicos, passeatas, protestos, cartas à redação, etc. No entanto, esta agenda não transfere, necessariamente, saliência para a agenda do Executivo, sob a forma de prioridades ou de ações públicas efetivas a respeito dos problemas indicados, limitando-se a suscitar, muitas vezes, manifestações protocolares, que provavelmente têm apenas uma finalidade contemporizadora. Isso significaria uma limitação intrínseca do papel dos meios no processo político administrativo, por ser uma ação de natureza simbólica. O jornalismo pauta as questões para outros atores sociais, geralmente a opinião pública, a qual, eventualmente, suscita falas de autoridades e de representantes políticos, mas não consegue, necessariamente, influir nas políticas públicas ou ações específicas. Haveria uma independência relativa entre políticas públicas do governo e agenda mediática, o que revelaria a limitação do poder dos meios noticiosos na política.

Ao contrário do Executivo, as agendas dos parlamentares, como mostrou Rodrigues (2002), são permeáveis a essas influências, segundo ela pela forma de suas interações com os jornalistas.

Quanto aos diferentes enquadramentos construídos pelas matérias jornalísticas, vimos que eles correspondem às representações distintas dos eventos, num ambiente de competição e conflito, na disputa pelas definições de realidade, de modo que a diversidade de enquadramentos dos veículos contribuiria para construir os significados sociais das questões indicadas. No entanto, no caso dos meios de maior influência, a diferença de enquadramentos se dá numa faixa do espectro das opiniões, deixando invisível uma gama de interpretações que corresponderia às visões de outros atores sociais. Como vimos, estudos do enquadramento tendem a revelar uma dominância das representações que valorizam o *status quo* em detrimento da contestação. Dessa maneira, os enquadramentos não marcariam os limites de todas as definições de realidade em disputa, mas de algumas delas, preferencialmente aquelas que não colocam diretamente em xeque aspectos da ordem vigente.

Na combinação de agenda mediática e enquadramento, poderíamos cogitar que os meios noticiosos formam um painel parcial da sociedade, geralmente super-representando temas de interesse de classe média, de onde provêm os leitores e consumidores dos produtos anunciados nesses meios, apresentando esses temas segundo enquadramentos peculiares a essa classe. Notícias e enquadramentos de interesse das maiorias podem ser encontrados, mas com menor frequência, sendo geralmente motivados por acontecimentos pontuais (calamidades, acidentes, crise educacional, de segurança ou sanitária) ou então sob a forma de ameaças à própria classe média, como a criminalidade, ocupações de terras ou de instalações, greves e outras ações. Por sua vez, ações podem ser planejadas por movimentos sociais, exatamente com a finalidade de serem agendadas, a fim de conferir visibilidade mediática às suas reivindicações, constituindo uma estratégia dos movimentos para agendar o governo.

Considerando, portanto, o jornalismo uma instituição política enraizada na sociedade civil, observamos que ele contribui para as definições de realidade, prioritariamente a partir das perspectivas de grupos hegemônicos, embora setores da sociedade civil, como movimentos sociais, por exemplo, consigam agendá-lo também (SOARES, 2005). O que essa análise sugere, finalmente, é que os meios informativos atuam, em todos os casos, literalmente, como 'mediadores' das representações de cada campo, sendo os condutores principais dos processos de agendamento, instaurando um fórum público, no qual a sociedade e o governo definem as questões, avaliam prioridades, num processo de influência circular entre as agendas do governo, dos leitores e dos meios.

REFERÊNCIAS BIBLIOGRÁFICAS

AZEVEDO, F.A. Democracia e mídia no Brasil: um balanço dos anos recentes. In: GOULART, J.O. (Org.) *Mídia e democracia.* São Paulo: Annablume, 2006.

BENNETT, W.L.; PICKARD, V.W.; IOZZI, D.P; SCHROEDER, C.L.; LAGOS, T.; CASWELL, C.E. Managing the public sphere: journalistic construction of the great globalization debate. *Journal of Communication*, 54(3), p. 437-55, Sept., 2004.

BRUHN-JENSEN, K. *Making sense of the news.* Aarhus: Aarhus University Press, 1986.

CARRAGEE, K.M; ROEFS, W. The neglegct of power in recent framing research. *Journal of communication*, 54(2), p. 214-33, Jun., 2004.

COOK, T.E. *Making laws & making news. Media strategies in the US House of Representatives.* Washington: The Brookings Institution, 1989.

______. *Governing with the news: the news media as a political institution.* Chicago/London: The University of Chicago Press, 2005.

CURRAN, J. *Media and power.* London/New York: Routledge, 2006.

D'ANGELO, P. News framing as a multiparadigmatic research program: a response to Entman. *Journal of Communication.* December, 2002.

ENTMAN, R.M. *Projections of power. Framing news, public opinion and U.S. foreign policy.* Chicago: The University of Chicago Press, 2004.

______. Framing US Coverage of International News: contrast in narratives of the KAL and Iran Air incidents. *Journal of Communication*, 41 (4), Autumn, 1991.

FUKS, M. Definição de agenda, debate público e problemas sociais: uma perspectiva argumentativa da dinâmica do conflito social. *Revista Brasileira de Informação Bibliográfica em Ciências Sociais.* Rio de Janeiro, n. 49, 1° semestre de 2000.

GAMSON, W.A.; MODIGLIANI, A. Media discourse and public opinion on nuclear power: a constructionist approach. *American Journal of Sociology, 95, 1-37.*

GANS, H.J. *Democracy and the news.* Oxford: Oxford University Press, 2003.

JAMIESON, K.H.; WALDMAN, P. *The press effect: politicians, journalists and the stories that shape the political world.* Oxford/New York: The Oxford University Press, 2003.

LIMA, V.A. de. Televisão e poder: a hipótese do cenário de representação da política, CR-P. *Comunicação & Política*, Nova Série, v. 1, n.1, p 5-22, ago./nov. 1994.

______. CR-P: novos aspectos teóricos e implicações para a análise política. *Comunicação & política*, nova série, v. 1, n. 3, p 95-106, abr./jul. 1995.

______. *Mídia, teoria e política.* São Paulo, Ed. Fundação Perseu Abramo: 2001.

MARTIN, C.R.; OSHAGEM, H. Disciplining the workforce: The news media frame a General Motors plant closing. *Communication Research*, 24, 669-97.

McCOMBS, M. *Setting the agenda.* Cambridge: Polity Press, 2004.

McLEOD, D; DETENBER, D.H. Framing effects of television news coverage of social protest. *Journal of Communication.* Summer, 1999, p. 3-23.

McNAIR, B. *Journalism and democracy: an evaluation of the political public sphere.* London/New York: Routledge, 2000.

MIGUEL, L.F. Representação política em 3-D: elementos para uma teoria ampliada da representação política. *Revista Brasileira de Ciências Sociais.* V.18 n. 51. São Paulo, Fev. 2003.

MOTA, L.G. *Imprensa e poder.* Brasília: Ed. UnB, S. Paulo: Imprensa Oficial do Estado, 2002.

PIGNATARI, D. *Informação Linguagem Comunicação.* São Paulo: Ateliê Editorial, 2003.

PORTO, M.P. Enquadramentos da mídia e política. In: RUBIM, A.A. (org.) *Comunicação e Política:* conceitos e abordagens. Salvador: EdUFBA, 2004. p. 73-104.

REESE, S.D; GANDY JR., O.H.; GRANT, A.E. *Framing public life. Perspectives on media and our understanding of the social world.* Mahwah/New Jersey/London: Lawrence Erlbaum Associates, Publishers, 2001.

RODRIGUES, M.R. Agendando o Congresso Nacional: do *agenda-setting* à crise da democracia representativa. In: MOTA, L.G. *Imprensa e poder.* Brasília: Ed. UnB, S. Paulo: Imprensa Oficial do Estado, 2002. P. 103-23.

RUBIM, A.A.C. *Comunicação e política.* São Paulo: Hacker, 2000.

SEABRA, R.; SOUZA, V. (orgs.) *Jornalismo político.* Teoria, história e técnicas. Rio de Janeiro/São Paulo, 2006.

SCHUDSON, M. *The power of the news.* Cambridge/London: Harvard University Press, 2003.

______. *The sociology of news.* New York/London: W. W. Norton & Company, 2003.

SEMETKO, H.A.; VALKENBURG, P.M. Framing European politics: a content analysis of press and television news. *Journal of Communication.* Spring, 2000. p. 93-109.

SHEN, F.; EDWARDS, H.H. Economic individualism, humanitarism and welfare reform: a value-based account of frame effects. *Journal of Communication.* Dec. 2005, p. 795-808.

SILVA, V.J. *O escândalo do mensalão em revistas semanais:* uma análise de enquadramento. Dissertação de Mestrado. Bauru: FAAC-UNESP, agosto de 2009. 137 p.

SOARES, M.C. Democracia, legitimidade e legalidade nos enquadramentos jornalísticos da campanha presidencial de 2006. In: GOULART, J.O. (Org.) *Mídia e democracia.* São Paulo: Annablume, 2006.

______. Comunicação, Democracia e Hegemonia. *Comunicação: Veredas*, número 4, de 2005, p.

SOUZA, J.P. *As notícias e os seus efeitos.* Porto: 1995. Disponível em: <http://bocc.ubi.pt>.

TRAQUINA, N. *Teorias do jornalismo.* Porque as notícias são como são. V. 1. Florianópolis: Insular, 2004.

WOLF, M. *Teorias da comunicação de massa.* Lisboa: Presença, 1987.

Rachel Moreno

Mulher, mídia e controle social

ERA UMA VEZ...

Muitos hão de se perguntar sobre como surgiu e o porquê da súbita importância do tema 'mídia' na pauta das feministas. Temos que fazer uma retrospectiva breve para aí chegar.

A TV ENTRE NÓS

A TV no Brasil tem sua estréia em abril de 1950. Os primeiros receptores de TV são fabricados por Bernardo Kocubej, com a marca *Invictus*. Apesar de se tornarem mais acessíveis, ainda é um produto caro, e possuir um televisor passa a ser um símbolo de *status*. Para se ter idéia, em 1952, o valor para compra de um televisor é 3 vezes maior que a mais sofisticada radiola do mercado e um pouco mais barato que um carro. Por isso, existem apenas 11 mil televisores no Brasil.

Em 1954, o Brasil já passa a possuir 34 mil aparelhos de televisão. Mas só começa a funcionar às 16 horas. Em 1961 é fixado em 3 minutos o intervalo comercial, por decreto federal e, no ano seguinte, é instituído o Código Brasileiro de Telecomunicações, autorizando o governo a constituir uma empresa pública – a Embratel.

Em 1963 chegam ao Brasil os primeiros aparelhos de TV a cores, importados dos Estados Unidos.

A partir de 1964, a televisão tem a missão de acelerar o processo de circulação de capital, para viabilizar a forma de acumulação monopolista adotada desde então. Em 1965, o Estado investe na propagação de televisão: constrói um moderno sistema de micro-ondas com o dinheiro arrecadado pelo Fundo Nacional de Telecomunicações e gerenciado pela recém-criada Embratel, abre crédito para a compra de receptores, fornece infraestrutura para a sua expansão.

A propagação da TV cresce exponencialmente. E finalmente, em 1996, o Brasil se torna o 6º produtor de aparelhos de TV, produzindo cerca de 7,5 milhões de unidades e é o 3º maior consumidor, perdendo para os EUA e o Japão. E hoje, segundo dados do IBGE, temos a TV presente em 98% dos lares brasileiros, disseminando e unificando a linguagem, o sotaque, os valores, a cultura das emissoras reinantes, e homogeneizando os hábitos, a cultura, o lazer.

A CULTURA EM TORNO DA TV

A penetração da televisão é hoje maior no Brasil do que qualquer outro eletrodoméstico, atingindo como vimos 98% dos lares. Em função da estrutura piramidal acentuada de nossa distribuição de renda, os recursos financeiros e hábitos de lazer terminam por ser escassos, e a televisão se oferece como alternativa cômoda e barata.

Por ser o principal eletrodoméstico, ocupa geralmente um espaço privilegiado, na sala, reunindo a família e eventuais vizinhos, agregados ou amigos, no partilhar da programação. Sua presença se fez tão dominante que os lances da novela de maior audiência fazem parte das conversas das comadres, da discussão na escola, entra na cultura e galvaniza reações e torcidas.

É também importante lembrar que, tanto o nível e qualidade de instrução dominante, quanto, na outra ponta, a disseminação das novas tecnologias eletrônicas, terminam por desestimular o hábito de leitura, delegando à TV a função de ser o principal meio de informação.

Por outro lado, enquanto as mães saem para trabalhar, entregam o cuidado de seus filhos à 'babá eletrônica', como passou a ser chamada a TV. O hábito assim se estabelece, tornando-se tema também da conversa familiar que, aos poucos, míngua de tanto lhe ceder o espaço.

•••

A mídia tem sido discutida nos anos recentes pelos diversos segmentos a ela ligados – ou aos que aspiram a um espaço para veiculação de sua produção, que não encontram nesta nossa mídia quase-monopolizada. É o caso da Fenaj e de outros atores sociais.

Outros agrupamentos, como o TVER, coordenado por Marta Suplicy, então deputada, iniciaram a discussão sobre o conteúdo, abrindo um espaço de manifestação dos telespectadores descontentes, e pensando na formulação de legislação a respeito do tema.

O Fórum Social Mundial permitiu a apresentação dos diversos níveis de discussão e do encontro dos diversos segmentos e rumos de atuação. Permitiu também o encontro com experiências de outros países, como o espanhol *Consuma Hasta Morrir*.

O Parlamento e a sociedade civil novamente estabeleceram pontes e o tema avançou mais um pouco com o lançamento da campanha 'Quem patrocina a baixaria é contra a cidadania', mais conhecida como 'Campanha contra a baixaria na TV' ou, finalmente, 'Campanha pela Ética na TV', sob o estímulo do então deputado Orlando Fantazzini.

Uma diversidade de segmentos sociais adere à campanha, entre os quais o GLBT e o Movimento Negro, particularmente representado pela organização das religiões africanas, o Instituto Ethos pela Cidadania, bem como a Cives (empresários pela cidadania), entre outros. Em São Paulo, forma-se a frente parlamentar pela ética na TV, ocorrendo o mesmo em Brasília, ancorada na Comissão dos Direitos Humanos. A Comissão de Ciência e Tecnologia começa a se interessar pelo tema.

Pela primeira vez, numa ação da 'Campanha pela ética na TV', obtém-se o 'direito de resposta'. O programa do João Kleber sai do ar e, durante um mês, a emissora subsidia a produção de um programa substituto, em que todos os segmentos que se sentiram ofendidos com o seu programa gravam e veiculam a discussão sobre temas que lhes são caros – o movimento negro, os grupos homossexuais, e os direitos humanos em geral ganham um espaço que, inclusive, duplica a audiência, que passa de 1 a 2 pontos.

A partir da universidade, a questão de gênero constrói o seu espaço em nível de pós-graduação, e algumas poucas teses despontam trazendo alguns aspectos do tema mulher na mídia.

Vivenciou-se também uma tentativa de construção da 'TV dos Trabalhadores', patrocinada pela CUT, a qual durou alguns meses. As mulheres tentaram se fazer representar na construção das TVs Comunitárias.

•••

No governo Lula, as expectativas se inovam. Espera-se uma abertura e democratização do acesso aos meios de comunicação. Entretanto, embora se avance em termos tecnológicos, a política e as novas determinações parecem contemplar o interesse dos sempre e poucos mesmos.

O movimento feminista entra em cena, desta vez de forma conjunta. Os grupos se movimentam, aglutinam-se em momentos pontuais e em frentes de atuação. Os diversos segmentos militantes na área de comunicação se juntam na reivindicação pela convocação de uma Conferência Nacional de Comunicação.

•••

A AÇÃO DAS MULHERES

O movimento feminista se manifestava até então apenas pontualmente, com relação a uma ou outra propaganda particularmente discriminatória, entre as quais se destacam a de uma mecânica, com o anúncio 'Tá na cara que precisa de uma funilaria', bem como a propaganda da Kaiser ('Cerveja e mulher, especialidades da casa'), os dois casos, de forma vitoriosa (ambos os anúncios foram proibidos e/ou penalizados).

A Secretaria de Políticas para as Mulheres realiza o primeiro e segundo Encontros Mulher e Mídia, trazendo mulheres profissionais da mídia e exemplos de propaganda nas quais a mulher é merecedora de um tratamento diferenciado.

Nasce o Instituto Patrícia Galvão, com o fim precípuo de discutir particularmente a imagem da mulher na propaganda. Algum tempo depois, a Marcha Mundial de Mulheres começa a trazer, em seus textos, o *slogan* 'contra a mercantilização do corpo da mulher'.

Em 2007, na preparação da manifestação unificada do Dia Internacional da Mulher, tece-se uma ponte entre o procedimento dos grupos de atuação diante da mídia e o movimento feminista, discutindo e aprovando a coleta de um abaixo-assinado de protesto contra a imagem estereotipada da mulher na programação de todas as emissoras de TV e, invocando 'o direito humano à comunicação', o movimento exige o direito de resposta.

No dia 23 de abril de 2007, por uma iniciativa do Observatório da Mulher, endossada por uma série de outras grupos que habitualmente se somam na preparação do 8 de março (Dia Internacional da Mulher), realiza-se uma audiência pública no Ministério Público Federal, com o movimento de mulheres e representantes de todas as emissoras de TV (com exceção da TV Globo, que, reinstada a se manifestar, incorpora-se mais tarde ao processo). Foi uma audiência histórica. O movimento feminista todo representado, alguns segmentos da OAB e todos os representantes jurídicos das emissoras ouviam as mulheres dividindo a fala e demonstrando conhecer a sua importância para a mídia, enquanto também mostravam quão seletiva e desatualizada estava a sua imagem na mídia, que parecia ignorar o seu avanço político e profissional, as suas demandas sociais, os novos problemas enfrentados, e o *gap* que existe entre esta realidade contemporânea e a imagem e valores ultrapassados exibidos na mídia, abusando de sua exploração como 'musa' para vender produtos e valores, e invisibilizando os seus novos problemas e papéis sociais.

Confessaram suas limitações – nada podiam decidir. Foi então definida uma comissão de mulheres com a incumbência de apresentar as suas demandas nas diversas emissoras de TV, numa reunião que se deu com algum representante da presidência, da programação e do jurídico, num "tour" que foi feito em dois meses.

Em cada emissora, os olhos da responsável pela programação brilhavam ante as perspectivas novas que se lhes descortinavam. Mas, no retorno marcado no Ministério Público Federal, esconderam-se atrás de seus representantes de classe - Abra e Abert - para negar tudo, alegando que tudo sempre haviam oferecido.

Preocupados com a intervenção do Ministério Público Federal, vociferavam pela liberdade de fazer o que bem lhes conviesse, e não houve nenhum tipo de acordo. Aliás, confessamos que teríamos ficado preocupadas caso conseguíssemos facilmente o seu consentimento.

Perdida esta batalha, decidimos ampliar e reforçar as nossas hostes.

Realizamos um seminário, na CUT, rediscutindo a questão e sensibilizando um número maior de mulheres do Estado. Decidimos nos organizar na 'Articulação Mulher e Mídia'. Dezenas de outras conferências, palestras e debates se sucederam. Incluímos o tema na pauta dos "16 dias de ativismo contra a violência à mulher", num evento no sindicato dos jornalistas.

Em seguida, o movimento feminista passou a se integrar às demais manifestações das agendas pela democratização dos meios de comunicação - na manifestação que marcou o dia 5 de outubro (dia de renovação de algumas concessões de TV), na articulação de redes, etc.

Em fins de 2007, anunciava-se a Conferência Nacional de Políticas para as Mulheres, precedida por suas etapas municipal e estadual. Nas três etapas, São Paulo se organiza e consegue aprovar a inclusão do tema como eixo político. O governo municipal, estadual e federal passam a receber a recomendação da elaboração de políticas que garantam a democratização do acesso à comunicação e viabilize a ação e controle social sobre a imagem da mulher na mídia. As mulheres aprovam que este seja um critério importante para a outorga e renovação (ou não) das concessões. E a bandeira entra nas conclusões das Conferências Municipal, Estadual, Nacional da Mulher. A nível nacional, define-se como o 8º eixo de políticas públicas.

Pleiteamos patrocínio para a realização de um seminário nacional para formar uma rede nacional, preparar a implantação capilarizada do controle social da imagem da mulher na TV, rádio, jornal, música, *outdoor*, anúncios; e finalmente para incluir a satisfação/diagnóstico do controle social como critério para manutenção e renovação ou não da concessão.

Conseguimos o apoio da Secretaria de Políticas para a Mulher para este nosso projeto, ao qual demos início, através de uma videoconferência, também de âmbito nacional. E cá estamos, rumo ao seminário que nos permitirá estabelecer uma pauta e organização conjuntas.

Mas, se esta descrição deu conta de traçar o contexto mais recente da questão, esta ainda persiste pela importância do tema nestes últimos tempos. Talvez devêssemos recorrer a análises mais efetivamente históricas e políticas, como convém ao tema. Os textos recentes de Marilena Chauí se somam aos de outros teóricos da área de ciências sociais e psicologia, para nos colocar nos trilhos de uma análise da trajetória e dos porquês.

•••

O CONTEXTO

Com o fim do taylorismo, o trabalho passa a ser cada vez mais terceirizado, individualizado, distante, isolado. Aumenta a dificuldade de controlar o trabalhador, assim como aumenta a dificuldade de organizar resistência sem o encontro no mesmo local de trabalho. O sistema tem necessidade de estender o controle, de passar à colonização cada vez mais sutil e eficaz de corpos e mentes.

Com a sociedade de consumo na fase de globalização do capitalismo, estendem-se o monopólio e oligopólio, criando a necessidade de pasteurizar os gostos, as culturas e o consumo para dar vazão à produção em série da mercadoria.

A MÍDIA

A mídia vem preencher essas funções de forma inovadora e trazendo uma nova eficiência, nesta nova missão colonizadora. Vem ocupando o tempo de lazer e o espaço de informação. Vem prometendo mostrar os valores mais positivos e o caminho para alcançar o sucesso e a felicidade. Aos poucos, a felicidade (não alcançada, como seria fácil prever) se transforma em ditadura do gozo. Ser feliz é a nova e universal obrigação – e o caminho a trilhar passa pelo consumo de produtos, serviços, modelos, valores e comportamentos veiculados. A mídia nos brinda diuturnamente com modelos de beleza e de felicidade.

E a mídia nos retrata e coloniza, no ângulo que lhes convém, oferecendo imagens e valores de mulheres para os homens – e de mulheres para si. Assim, como produzem imagens valoradas de homens de sucesso, de crianças felizes, de trabalhadores adequados e de todos os segmentos sociais – ora cuidadosamente invisibilizados, ora seletivamente presentes em determinados ângulos – e ausentes em outros –, ora pré-qualificados implícita ou explicitamente no ângulo, no contexto, no subtexto.

Assim, discutir o que a mídia faz com a imagem das mulheres e os interesses a que isto serve representa uma reflexão sobre o que ela faz com todos nós. E pretende desconstruir este mecanismo de controle de uma minoria sobre a maioria da população – o aparelho ideológico nas mãos do capital.

AS MULHERES – UM *CASE*

Em primeiro lugar, nossos parâmetros: eu gostaria de iniciar dizendo de que ponto de vista falamos. Defendemos a liberdade de expressão e valorizamos a TV, que faz parte do cotidiano das mulheres. A TV entrou nas casas e hoje é a babá eletrônica a quem confiamos nossos filhos; é também concorrente ou auxiliar dos professores e da escola; é, ou poderia ser, uma janela para o mundo; finalmente, serve de objeto intermediário para o diálogo intergeracional.

Por outro lado, nós também nos valorizamos diante da TV, por saber de nossa importância para ela: nós, mulheres, somos 52% da população do Brasil, compomos a maioria da audiência televisiva e somos responsáveis por nada menos que 80% das decisões de consumo (compramos desde a cueca do marido à fraldinha do nenê, aos alimentos e produtos de higiene para todos, até os cosméticos). E, mesmo assim, não nos vemos devidamente representadas na televisão em toda a nossa diversidade.

POR QUE NOS PREOCUPARMOS COM A TV

É importante lembrar que, em nosso país, temos mais penetração de TVs do que de geladeiras – as TVs estão presentes em praticamente todos os lares e, a partir da classe média, estão presentes em praticamente todos os aposentos, com exceção do banheiro. Num país em que são escassas as opções de lazer, cultura e entretenimento, a TV, como já dissemos, é uma das poucas opções de baixo custo.

Além disso, é a grande auxiliar das mães, enquanto trabalham – dentro ou fora de casa – quando elas servem de babá eletrônica, desde a mais tenra idade – aproveitando-se do fato para fazer as crianças interiorizarem o ritmo, que as prepara para a absorção do conteúdo e valores apresentados na TV.

A TV é uma concessão pública. No Brasil, são poucas as famílias que concentram o poder que representam essas concessões. E não há critérios – quer determinado pelo governo, quer proposto pelos que pleiteiam uma concessão – em termos do que se propõem fazer, apresentar e veicular. Não há, portanto, critério para avaliação do quanto efetivamente preenchem requisitos objetivos para a cessão e a renovação desta concessão.

Assim, salvo raríssimas e recentes exceções, a renovação é praticamente automática. E, na hora da discussão de qualquer modificação, o poder do *lobby* mais poderoso se faz sentir, com toda a sua força de pressão.

Segundo os dados do Instituto de Estudos e Pesquisas em Comunicação (Epcom), instituição ligada ao Fórum Nacional pela Democratização da Comunicação (FNDC), existem 35 grupos de abrangência nacional no Brasil, controlando 516 veículos de comunicação. O grupo Abril controla 74 desses veículos; as organizações Globo dominam 69. No *ranking* das corporações, são seguidas de perto por Band e Record, com 47 e 34 veículos, respectivamente.

Segundo a pesquisa, a Rede Globo detém hoje 340 veículos de comunicação em todo o Brasil. As sete principais redes detêm 1.110 dos 1.553 veículos de comunicação brasileiros - 71,5%. Entre as sete, cinco são exatamente as mesmas de 30 anos atrás, quando os estudos começaram, durante a ditadura militar.

A segunda constatação é a escancarada proximidade com o poder político, o que talvez explique a produção conservadora da maioria desses veículos, e sua defesa intransigente dos valores de mercado. A Constituição Federal proíbe que políticos eleitos sejam sócios ou diretores de veículos de comunicação. Entretanto, segundo dados oficiais, 271 políticos controlam 324 meios. Um notório desrespeito à lei máxima do país.

Segundo os dados, o partido com maior domínio dos meios é o DEM (hoje na oposição). 58 deputados, senadores e prefeitos do partido são sócios ou diretores de empresas de mídia. Em segundo lugar vem o governista PMDB, com 48 políticos. O PSDB (hoje oposição), com 43, e o PP, com 23, completam a lista dos quatro principais. O sítio também aponta o estado de Minas Gerais como aquele em que há mais políticos detentores de veículos midiáticos. São 38 contra 28, em São Paulo, e 24, na Bahia.

A pesquisa começou há trinta anos, com a Associação Brasileira de Ensino e Pesquisa da Comunicação (Abepec). Foi por muito tempo comandada por Daniel Herz, que nos anos 1980 detectou a avassaladora concessão de outorgas do governo Sarney, através do ministro das Comunicações Antonio Carlos Magalhães (em menos de três anos, Sarney concedeu 527 concessões de rádio e TV). Herz morreu há dois anos, mas, como se vê, o trabalho de sua vida foi ampliado e publicizado. É tarefa de todos que sonham com uma comunicação mais democrática divulgar o endereço e utilizar suas informações.

EM QUE CONTEXTO SE DÁ TAL AÇÃO?

A mídia atual representa uma forte determinante de normatização e de pasteurização dos gostos e culturas, ocupando o tempo de lazer e espaço de informação. E promete a felicidade geral, através do consumo de produtos e de estilos de vida. A felicidade transformada em dever, já que parece ao alcance da mão, e assim se transforma na já referida ditadura do gozo.

Vivemos num bombardeio incessante de modelos de beleza e felicidade. No centro da imagem vendida, a mulher, sempre no ângulo que lhes convém - uma imagem de mulheres produzida para os homens; imagem de mulheres produzidas para si mesmas se sucedem, complementam, e nos oferecem imagens e modelos para o nosso imaginário, para as nossas aspirações.

AÇÃO DA TV

Através de seus conteúdos discursivos, a mídia divulga seus valores - na voz das personagens de novela, de entrevistadas, de matérias jornalísticas, da propaganda. Capturando fluxos nômades, que desterritorializa, ressignifica para vender produtos, modelos de beleza e promessa de felicidade. E seleciona os fatos, dá-lhes a versão que lhes convém, desqualificando o movimento. E como nos retratam, que imagem apresentam de nós?

Na mídia, e em particular na TV, a mulher não pensa - 'sente', 'acha', chora e se emociona. O mundo privado se amplifica, socializa, em ritmo, tempo e espaço que o tornam vizinho e real - como na novela, na qual se vêem papéis, valores e fins que 'nos convêm'.

Estamos presentes como mulher-samambaia, enfeitando de biquíni o espaço da revista aos fins de semana. Estamos ausentes nos espaços 'sérios'. Criminalizam ou ridicularizam o movimento e suas demandas - quer se trate de mulheres campesinas, da Marcha das Margaridas, das nossas datas e manifestações, das reivindicações e reflexões acerca do direito a políticas públicas, do aborto, do fim da discriminação, etc.

Faltam as nossas demandas sociais e políticas, falta a nossa problemática e a realidade atuais, falta diversidade e falta o plural, o contraditório no que se refere às mulheres.

EFEITOS DA TV

A TV tem o poder de produzir a 'realidade' - o que deu na TV passa a ser real. Induz um ritmo de receptividade, compete com a escola e interfere na formação da subjetividade. Consequentemente, tem forte impacto no imaginário da população, na determinação de seus desejos, de sua percepção da realidade e de seus valores. Vejamos como.

Sabemos que a TV não inventa comportamentos, tendências ou valores. Mas ela captura comportamentos e tendências, e decide a quais dar visibilidade, legitimidade, importância. A partir daí, ela produz apelos eficientes e valora estilos de vida. De acordo com esses valores, vende produtos, modelos de beleza, promessas de felicidade (transformado em ditadura do gozo - imediato e efêmero - focado no consumo de produtos, modelos e valores).

Seleciona e apropria-se de algumas tendências novas, que recontextualiza e ressignifica, dando-lhes uma visibilidade que as amplifica. Como quando, por exemplo, se apropria da velha calça rancheira e desbotada dos estudantes das décadas de 1960 e 1970, usada nas passeatas e no dia-a-dia como forma de protesto contra, inclusive, o consumo, e hoje vendendo *jeans stone-washed*, cuidadosamente rasgados, e a preço de ouro, fazendo deles a moda do momento...

E submete isso tudo a pesquisas de adequação e refinamento dos conceitos, mede o impacto, a compreensão, a credibilidade, busca subsídios, faz pré e pós-testes. Acompanha as idéias e produtos através de um cuidadoso monitoramento, com o auxílio de todas as ferramentas de *marketing* e das ciências de que possa lançar mão.

A PRODUÇÃO DA 'REALIDADE'

Como produção da realidade, a seleção dos fatos e imagens, as versões e interpretações apresentadas, a utilização de "especialistas" sobre os mais diversos temas (selecionados segundo a compatibilidade de suas opiniões com as da emissora) e a redução do espaço e tempo ao 'aqui e agora' servem de instrumentos para a produção da 'realidade'.

Exemplo disso é o caso do acidente do avião da TAM, imediatamente atribuído ao governo, à força inclusive da argumentação de especialistas cuja opinião pudesse reforçar a versão inicial e que, aos poucos, esvanece-se discretamente, na medida em que dados e fatos concretos contradizem a versão inicialmente apresentada.

Outro exemplo é a sistemática criminalização dos movimentos sociais, como é o caso do MST, dos movimentos grevistas e outros.

Outro caso, ainda, é a resultante dificuldade em se encontrar um professor disposto a lecionar no Jardim Ângela, em função da imagem exclusivamente negativa da região, que os professores só conhecem através do noticiário de TV. E, finalmente, a ausência de determinadas notícias, por já não constituírem 'novidade' – como é o caso da ausência de denúncias sobre o tráfico de mulheres, frequente em Belém, mas ausente do noticiário por não mais representar novidade.

A PRODUÇÃO DA SUBJETIVIDADE

Por outro lado, sabemos que toda apreensão da realidade é necessariamente uma reconstrução subjetiva do real. O mundo 'é' aquilo que nos afeta. A nossa percepção vem da atribuição de sentido aos fenômenos, associativa entre o real e o conhecimento anterior.

Neste processo, queremos constituir o nosso discurso individual, buscamos a particularização. Mas também nos posicionamos, criamos o nosso 'eu social', buscando o nosso pertencimento global. A opinião pública é anterior à individual. Na verdade, ela é causa, determinante, fator e matéria-prima para a opinião individual. E a TV representa a voz dominante da 'opinião pública'.

O mundo nos revela o que não podemos ver em nós, e a mídia é o 'espelho do mundo' - amplia fronteiras, estabelece o que mostrar e o que não mostrar, legitima e amplifica o que foca, fazendo uma seleção econômica e ideológica, com o poder de quem é ao mesmo tempo dono da estrada e também dos veículos que por ela passam – na medida em que detém a concessão e monopoliza a produção do conteúdo que exibe.

Através deste conteúdo, divulga seus valores através das personagens de novela, dos entrevistados, de matérias jornalísticas, da propaganda. Como formamos opinião a partir do que vemos, e como a televisão aparece como 'a opinião pública' que legitima o que exibe, ela exerce uma influência fundamental na 'formação da subjetividade'. Ela exibe modelos e valores, *que* 'introjetamos como nossos', e que passam a constituir o nosso 'padrão aspiracional' – posso não ser igual à Gisele Bündchen, mas quero ser maisparecida com ela; fico tremendamente infeliz pela distância que nos separa e faço tudo quanto me prescrevem para encurtá-la.

PURA SELEÇÃO

Através da produção de seu discurso, feito de imagens, programação, publicidade, a TV influencia na 'formação da subjetividade' – já que esta 'janela para o mundo' seleciona e exibe basicamente o que se considera socialmente aprovado. Seleciona os fatos e sua versão a ser dada, a qualificação do movimento. Seleciona também a imagem e linguagem com que se dirige à mulher.

PURA EMOÇÃO

Nos papéis e traços culturalmente atribuídos aos gêneros, a linguagem feminina é a da emoção. E é esta – e exclusivamente esta – a linguagem com que a mídia se dirige às mulheres. Limitando-as à emoção e aos papéis e valores mais tradicionalmente designados como femininos.

Mas nós, mulheres, mudamos. Aliás, mudamos mais na vida real do que na nossa imagem na TV. As estatísticas mostram o quanto avançamos em termos de educação, em que os dados mostram a evolução nos últimos anos: concluíram 2º grau ou mais: homens (14,4% para 17,5%) e mulheres (16,4% para 20,4%); no trabalho, 2º grau ou mais: homens (de 17,3% para 21,2%) e mulheres (de 24,9% para 30,4%).

No trabalho, cresceu nossa participação e valorização em todos os níveis (embora de forma ainda mais rarefeita nos escalões superiores). Cresceu a nossa importância na contribuição no orçamento familiar, no qual ocupamos mais a chefia da família ou a chefia compartilhada. A nossa vivência da sexualidade é hoje mais livre, o que implica uma realidade e riscos a minimizar (contracepção, sexo seguro, direitos). O casamento e a maternidade não são mais a única fonte de realização: é hoje legítimo optar por ter ou não ter filhos, e temos fontes adicionais de realização. Hoje já há certo grau de partilha do trabalho doméstico – e esta é uma atitude a ser reforçada e mais disseminada. Mas não é o que vemos na TV!

E, no entanto, pesquisas comparativas internacionais, replicadas no Brasil, acusam a nossa invisibilidade nos espaços ditos 'sérios' da programação. Assim, tomando o telejornal como espaço sério, lembramos que o relatório de pesquisa da GMMP (Projeto Global de Monitoramento da Mídia), mostra claramente a aniquilação simbólica das mulheres pela exclusão de suas vidas e pela trivialização de suas experiências.

Mesmo constituindo 52% da população mundial, o estudo mostrou que as mulheres aparecem em apenas 21% das notícias. Ou seja, para cada mulher que aparece no noticiário, cinco homens são retratados.

A análise qualitativa da presença das mulheres como fonte de reportagens mostra que a opinião feminina é retratada em somente 14% dos artigos sobre política e em 20% sobre economia, os dois temas que dominam a agenda dos países. A voz feminina também é preterida quando se trata de ouvir a opinião de especialistas: 83% deles são homens. E, no entanto, somos a maioria da população e estamos em todos os cursos e carreiras – será que fazemos tão pouco?

Outro caso: as negras. Tomemos como exemplo a imagem das mulheres negras na programação televisiva. Nossa TV tem mais loiras que na TV francesa, onde este é o protótipo da maioria da população. Na sociedade de consumo, na qual se ver como consumidor é tido como um critério de existência, a ausência de modelos leva as personalidades menos estruturadas a um rebaixamento da autoestima.

Mas hoje temos um segmento significativo de classe média negra. E os anunciantes têm cada vez mais interesse no chamado 'consumidor de baixa renda', em que é maior a concentração de negros. Este nicho de interesse crescente tem chamado a atenção da indústria de cosméticos, das cervejarias e de uma diversidade de produtos de consumo popular. E a tendência de ampliar a presença de negros na chamada 'comunicação comercial' é de crescimento – é a regra do mercado: onde há demanda, há que se atender. O dinheiro não tem cor nem preconceitos.

Já na programação, temos novamente um distanciamento entre a imagem mostrada e as conquistas na vida real. Na TV, os negros continuam confinados a nichos e papéis restritos. As mulheres aparecem no papel de doméstica, de confidente da heroína branca. Quando são muitos os negros, é porque o cenário é o da senzala. Ou, ainda, aparecem como suspeitos ou marginais.

As crianças negras praticamente não têm super-heróis ou mesmo famílias negras na programação infantil em que se mirar. Não há apresentadores negros de programas infantis e os poucos que aparecem como figurantes no cenário servem mais para pretensamente 'demonstrar' a ausência de preconceito do que efetivamente para representar a diversidade em sua real dimensão.

Hoje, temos cá e lá um(a) ou outro(a) apresentador(a) negro(a) na TV. Mas, segundo os últimos dados do IBGE, se os negros representam hoje 45% da população, estamos ainda longe de uma efetiva representação.

AS MULHERES EM GERAL

Mas, vejamos mais atentamente a imagem das mulheres, em geral, na TV, em que temos uma mistura marcante de invisibilidades e de estereótipos na programação, na qual se pede que as mulheres mostrem quem elas são pelo que consomem. E na qual se sucedem as mulheres do estereótipo 'bela e burra', a 'boa'. Em que a mulher é mercantilização e vende qualquer coisa, sendo oferecida como brinde ou como promessa de troféu, que virá a partir da compra do produto anunciado. O nosso lado de Deusa Minerva, com sua sabedoria; as Dianas-caçadoras e autossuficientes, as Amazonas estão em falta. Já as musas abundam na TV.

Em consequência disso, as mulheres brasileiras são as que mais se submetem a sacrifícios para 'ser bela', segundo as pesquisas internacionais. Disso resulta que fazemos a alegria da indústria farmacêutica, dos médicos, dos cirurgiões, dos hospitais, do bisturi, do botox e do silicone – uma pesquisa internacional da Unilever mostra quão baixa resulta a autoestima das mulheres brasileiras.

Assim, só em 2003, as brasileiras gastaram R$ 17 bilhões na compra de produtos cosméticos e de perfumaria. Uma ampla pesquisa realizada em dez países pela empresa Unilever mostra que, dos países investigados, entre eles Estados Unidos, Inglaterra e França, o Brasil aparece como aquele em que as mulheres estão mais desconfortáveis consigo mesmas, como mostra o resultado da pergunta abaixo:

- □ O que as brasileiras declaram ver quando estão diante do espelho
- ■ Uma pessoa nada *sexy* 100%
- ■ Uma imagem pouco bonita 98%

- Uma pessoa estressada..91%
- Alguém que precisa de plástica 54%
- Uma silhueta meio gordinha 51%

Fonte: ETCOFF (UNILEVER/DOVE, 1999).

Outro estudo global, encomendado pela *Dove* em 2005 e realizado em 10 países para explorar a autoestima e o impacto que ideais de beleza têm nas vidas das mulheres e das garotas, pesquisou 3.300 garotas e mulheres entre 15 e 64 anos no Brasil, Canadá, China, Alemanha, Itália, Japão, México, Arábia Saudita, Reino Unido e Estados Unidos. E os resultados da pesquisa revelam que:

- 90% das mulheres entre 15 e 64 anos, no mundo inteiro, querem mudar pelo menos um aspecto da sua aparência física, sendo que o peso é o primeiro no *ranking*;
- 67% das mulheres entre 15 e 64 anos evitam atividades sociais por se sentirem mal com sua aparência, como, por exemplo, expressar uma opinião em público, ir à escola, ir ao médico;
- que mais de 92% das garotas declaram que querem mudar pelo menos um aspecto da sua aparência.

Deve ter sido a partir destes resultados de pesquisa que a marca *Dove* decidiu apostar na diversificação da imagem da mulher, incluindo alguma diversidade e algumas gordinhas e, implicitamente, questionando os ditames estreitos dos modelos de beleza. Como se ouvissem as nossas demandas e endossassem o nosso discurso, esperando, assim, vender mais sabonetes.

NOSSAS CRIANÇAS

As crianças as brasileiras estão, relativamente ao resto do mundo, entre as que mais vêem TV. E, por uma estranha 'coincidência', as crianças brasileiras são as mais precocemente erotizadas. A gravidez adolescente surpreende? Como assim?! Sabe-se também que as crianças assistem à programação adulta, já que a TV se transforma aos poucos de babá eletrônica a objeto intermediário de sua relação e conversa com os pais.

Enquanto isso, as crianças vêem, desejam e consomem o chamado *fun-food*, que não nutre, mas engorda, e temos, em consequência do sedentarismo do hábito da audiência à TV, somada ao consumo dos produtos ali anunciados, problemas de obesidade e de doenças correlatas precoces.

As crianças das classes majoritárias vivenciam a perversidade da exclusão social, desejando e muitas vezes não podendo comprar o tênis de *grife*, ou conhecer o sabor do *Toddynho* que a TV anuncia de forma sedutora.

Dados de pesquisa divulgados em *El periódico y Ceaccu* mostram que uma criança pode assistir a '91 anúncios' de *fast-food* (bolachinhas, docinhos, salgadinhos, estabelecimentos tipo Mc Donald's, etc.) em 'uma manhã'.

A TV estabelece uma competição desigual com a escola – ela é uma educadora informal muito mais charmosa e sofisticadamente produzida do que as aulas e seu ambiente na escola. E, silenciosa e inocentemente, as crianças absorvem os modelos e valores que a TV valoriza. Mesmo porque a diferenciação entre o que é real e a fantasia é uma elaboração que se dá com o tempo, e as crianças tendem a atribuir o valor de verdade às mais diversas fantasias vendidas pela TV.

A escola e os professores tendem atualmente a ignorar a TV e a tentar estabelecer uma difícil competição pela mais seriedade dos ensinamentos da escola. Mas qual será a atitude mais adequada e avançada hoje? Não será hora de aproveitar o espaço privilegiado da escola e da sala de aula para formar pequenos e grandes telespectadores críticos? Não é tarefa já pronta e provavelmente demanda um pouco de preparo anterior, mas seria de fundamental importância discutir com os alunos: Como se produz a imagem? Como se produzem os 'fatos'? O que se quer dizer com isso? Os porquês, a construção de alternativas, etc.

AS CRÍTICAS AO CONTEÚDO DA TV

O conteúdo da TV tem sido denunciado por ONGs diversas, e pelo Fórum pela Ética na TV, em sua 'Campanha contra a baixaria'. Denúncias, *ranking* e pareceres, contato com a emissora e, finalmente, contato com os anunciantes têm questionado e tentado estabelecer critérios de respeito para com os direitos humanos. Este procedimento resultou na sensibilização de alguns anunciantes que suspenderam o seu suporte comercial por não quererem associar a imagem de seus produtos a um programa de chamada 'baixaria'. Conseguiu o direito de resposta no programa do João Kleber.

Hoje é a vez do direito de resposta das mulheres, que entraram com representação no Ministério Público Federal e ainda disputam este direito. Por que e o que queremos, afinal? Para fundamentar mais o nosso pleito, tomamos, como pressupostos finais:

- ☐ A TV é uma concessão pública;
- ☐ Isto tem, ou deveria ter, consequências em termos de sua responsabilidade social;
- ☐ O jornalismo tem missão e regras, e seria recomendável que voltasse a beber da fonte destes pressupostos;
- ☐ A comunicação se inscreve como um dos direitos humanos;

- ☐ Comunicação implica uma via de duas mãos, em que a gente vê e é visto, ouve e fala, comunicando-se assim efetivamente;
- ☐ A veiculação de imagens e realidades alternativas e diversificadas amplia o espectro para a formação da subjetividade – e isso torna a escolha e as composições mais ricas e mais flexíveis;
- ☐ Retrato mais fiel da realidade acusa uma 'diversidade' (na tipologia, nas realidades, na problemática, nos conflitos e nas nossas reivindicações) maior do que a que nos mostra a TV.

Finalmente, o que queremos:

- ☐ Queremos nos ver, em nossa diversidade e pluralidade, na TV;
- ☐ Queremos um tratamento respeitoso;
- ☐ Queremos que a TV contemple mais a sua responsabilidade social;
- ☐ Queremos a 'democratização ao acesso', o direito à comunicação (direito de antena) e o estabelecimento de um novo marco regulatório;
- ☐ Que espaço nos reserva a TV pública em discussão? E a comercial?
- ☐ Que critérios podemos pensar em termos de concessão?
- ☐ Queremos estabelecer um 'controle social' sobre o conteúdo e imagem na TV – uma espécie de observatório da mulher na mídia;
    - ☐ Queremos que este seja um critério para outorga e renovação – ou não – das concessões feitas pelo governo, em nosso nome;
    - ☐ Queremos e devemos traçar o caminho e definir apoios e parcerias.

REFERÊNCIAS BIBLIOGRÁFICAS

CHAUÍ, M. *Simulacro e poder* – uma análise da mídia. São Paulo: Fundação Perseu Abramo, 2006.

ETCOFF, N. *A lei do mais belo* – a ciência da beleza. Rio de Janeiro: Objetiva, 1999.

GUATTARI, F. & DELEUZE, G. *O anti-Édipo* – capitalismo e esquizofrenia. São Paulo: Assírio & Alvim, 1996.

MORENO, R. *A beleza impossível* – Mulher, Mídia e Consumo. São Paulo: Agora, 2008.

OBSERVATÓRIO DA MULHER. Sítio eletrônico: <http://www. observatoriodamulher.org.br>.

Sobre os Autores

Angélica A. T. Benatti Alvim
Doutora em Arquitetura e Urbanismo pela FAU/USP e professora da Faculdade de Arquitetura e Urbanismo da Universidade Presbiteriana Mackenzie. E-Mail: <**abalvim@uol.com.br**>.

Antônio Sérgio Rocha
Doutor em Ciência Política pela Universidade de São Paulo (USP) e Coordenador executivo da pesquisa "Em busca do processo constituinte, 1985-88" no âmbito do Centro de Estudos de Cultura Contemporânea (CEDEC). E-mail: <**asergio@cedec.org.br**>.

Carlo José Napolitano
Doutor em Sociologia, professor substituto no Departamento de Ciências Humanas da FAAC/UNESP/Bauru, professor adjunto no IESB-PREVE. E-Mail: <**carlonapolitano@travelnet.com.br**>.

Cicero Araujo
Professor titular do Departamento de Ciência Política da FFLCH/USP e secretário executivo da Associação Nacional de Pós-Graduação em Ciências Sociais (ANPOCS). E-mail: <**crararaujo@usp.br**>.

Cicilia M. Krohling Peruzzo
Doutora em Ciências da Comunicação pela Universidade de São Paulo (USP), é professora do Programa de Pós-Graduação em Comunicação da Universidade Metodista de São Paulo (UMESP). E-Mail: <**kperuzzo@uol.com.br**>.

Jefferson O. Goulart (org.)
Doutor em Ciência Política pela Universidade de São Paulo (USP), é professor do Departamento de Ciências Humanas da FAAC/UNESP e pesquisador do Centro de Estudos de Cultura Contemporânea (CEDEC).
E-Mail: <**jgoulart@faac.unesp.br**>.

Luiz Guilherme Rivera de Castro
Doutor em Arquitetura e Urbanismo pela FAU/USP e professor da Faculdade de Arquitetura e Urbanismo da Universidade Presbiteriana Mackenzie.
E-Mail: <**lgcastro@mackenzie.com.br**>.

Maximiliano Martin Vicente
Livre-Docente, Professor Adjunto do Departamento de Ciências Humanas e do Programa de Pós-Graduação em Comunicação da FAAC/UNESP.
E-Mail: <**maxvicente@bol.com.br**>.

Murilo César Soares
Livre-Docente, Professor Adjunto do Departamento de Ciências Humanas e do Programa de Pós-Graduação em Comunicação da FAAC/UNESP.
E-Mail: <**murilo@faac.unesp.br**>.

Nelson Saule Júnior
Doutor em Direito pela Pontifícia Universidade Católica de São Paulo, onde é professor e coordenador do Escritório Modelo. Coordena a Área Direito à Cidade do Instituto Pólis e é diretor do Instituto Brasileiro de Direito Urbanístico.
E-Mail: <**nelsaule@uol.com.br**>.

Othon Jambeiro
Jornalista e Doutor em Comunicação pela University of Westminster (Londres), é professor Titular da Universidade Federal da Bahia (UFBA).
E-Mail: <**othonfernando@uol.com.br**>.

Rachel Moreno
Psicóloga pela Universidade de São Paulo (USP) e pós-graduada em Meio Ambiente pela Fundação Escola de Sociologia e Política de São Paulo.
E-Mail: <**moreno@postbox.com.br**>.

Sarah Feldman
Professora Livre-Docente do curso de Graduação e do Programa de Pós-Graduação em Arquitetura e Urbanismo da EESC/USP.
E-Mail: <**sarahfel@sc.usp.br**>.

CARACTERÍSTICAS DESTE LIVRO

Formato: 14x21 cm
Mancha: 10,5x17,3 cm
Tipologia: Minion (texto)
Myriad (títulos)
Papel: offset 90 g/m^2 (miolo)
Cartão supremo 250 g/m^2 (capa)
Impressão: Linear B
1ª edição: 2009

Este livro foi impresso em sistema digital por

www.linearb.com.br